古代歷史文化 研究輯刊

七 編

王 明 蓀 主編

第 14 冊

明代廣東沿海經濟發展之研究

鄭 俊 彬 著

國家圖書館出版品預行編目資料

明代廣東沿海經濟發展之研究／鄭俊彬 著 — 初版 — 新北市：
花木蘭文化出版社，2012〔民101〕
目 6+240 面；19×26 公分
（古代歷史文化研究輯刊 七編；第 14 冊）
ISBN：978-986-254-824-0（精裝）
1. 經濟發展 2. 明代 3. 廣東省
618   101002883

ISBN-978-986-254-824-0

9 789862 548240

古代歷史文化研究輯刊
七 編 第十四冊   ISBN：978-986-254-824-0

明代廣東沿海經濟發展之研究

作　　者　鄭俊彬
主　　編　王明蓀
總 編 輯　杜潔祥
出　　版　花木蘭文化出版社
發 行 所　花木蘭文化出版社
發 行 人　高小娟
聯絡地址　新北市永和區中正路五九五號七樓
　　　　　電話：02-2923-1455／傳眞：02-2923-1452
網　　址　http://www.huamulan.tw 信箱 sut81518@gmail.com
印　　刷　普羅文化出版廣告事業
初　　版　2012 年 3 月
定　　價　七編 24 冊（精裝）新台幣 38,000 元

明代廣東沿海經濟發展之研究

鄭俊彬　著

作者簡介

鄭俊彬，1957 年 5 月 1 日生於台東縣卑南，成長於彰化縣溪州，大學、碩士、博士皆就讀於中國文化大學史學系，以明代社會經濟生活史為專攻研讀方向，累進成果，匯集成書，提供對明代庶民生活經濟有興趣者參考閱讀。

提　要

　　《明代廣東沿海經濟發展之研究》文中對明代廣東庶民經濟生活及其對外貿易，有極詳細之探討，可作為讀者瞭解明代庶民經濟生活的指南。農、商時代，產品環境決定商業條件，首先討論農產品及其特殊產物；再則探討商業行銷網路之硬體交通建設，條條道路通京城，條條航線通南洋，是廣東商業競爭優勢；進一層次討論商人應用農產品及交通網活暢商業情形；地方商品之行銷，則以廣鹽為例，在管制行銷下，探討政府的商策；特殊產業，如「珍珠產業」和「漁民生活」等專題探討當時地方庶民經濟生活之先鋒；最後討論庶民經濟發展中之阻礙，從天災到人禍，廣東的庶民如何克服層層阻礙，讓經濟更加活暢。本論文對當時庶民經濟生活有極詳細討論，可作為瞭解明代庶民生活經濟可參考之書。

謝　辭

　　本文撰述，承宋師旭軒之悉心指導，舉凡史料之指引，思路之抉發，文稿之刪訂與潤飾，均蒙惠渥，在此謹致由衷的謝忱與敬意。

　　並感謝程師筱溪於歷史地理專題研究課程上多方的啓示，以及吳師智和的鞭策與鼓勵，皆予我莫大助益，於此一併致謝。

目

次

第一章　緒　論

　　明代廣東轄有十府，惟南雄、韶州二府，居枕山谷，而潮州、惠州、廣州、肇慶、高州、雷州、廉州、瓊州等八府，皆濱臨大海，從東往西，海岸線綿延長達數千里，內可通中原，外接諸夷，在經濟發展上，自秦漢以來，悉以海外貿易爲大宗，降及明代也不例外。因此前賢時彥，對於廣東海外貿易等問題之研究，成就斐然，已非本文研究之重點，故不擬再作重複之探討。〔註1〕

　　然而前人的研究成果，大抵以海外貿易爲範疇，卻少有談及廣東內部經濟之開發，尤其是沿海經濟之經營。故本文乃針對明代廣東沿海經濟之發展爲主題，作一專題研究，以分析廣東除海外貿易外，還有那些特殊經濟問題，值得研究。因爲廣東經濟之發展，對外貿易，祇是其中之一環，除外諸多環節是促使廣東經濟發展得以正常運作的因素。所以本文著手研究朝廷如何經營這些環節經濟，而其經營所得，又應用在那一方面，作一系統的分析與整理。

〔註 1〕 小葉田淳，《中世日支通交貿易の研究》（日本：刀江書院，昭和 16 年 11 月 28 日發行）此書共分八章，對於日明交涉的開始，和明朝的海外交通政策，及日明之間的貿易制度均有詳細的研究。而張維華，《明代海外貿易簡論》（上海人民出版社，1956 年 12 月第一次印刷）一書中，對廣東之海貿及南洋之經營，也有精論。此外如張德昌，〈明代廣州之海舶貿易〉（收於《清華學報》七卷二期，民國 21 年 6 月），頁 1～18。和內田直作，王懷中譯，〈明代的朝貢貿易制度〉（收於《食貨半月刊》四卷一期，民國 25 年 6 月 1 日），頁 42～51。及陳玉英，〈明代貢舶貿易研究〉（收於《樹德學報》七卷三期，民國 64 年 7 月出版），頁 189～216。凡此論文對廣東之海外貿易，均有專門性的研究，讀者可逕自查閱參考。在此不再贅述。

　　由於時間、能力、材料等限制，本文實不可能將沿海經濟發展，作全部深入的探討，故將本文之研究目標，朝下列幾個方向來進行：一則對廣東之自然、人文地理，作一輪廓性的介紹，期能明瞭廣東之行政區域沿革、地形、氣候、物產之一般情形；二則研究內外交通之開發，而以內部及沿海交通路線之開發爲主，蓋粵省之對外交通，尤其是與南洋的關係，前賢時彥之研究成果已多，不擬再作疊牀架屋之舉，而將重心放在境內驛遞之經營與開發，及其沿海各府之交通往來，以明廣東交通之大略〔註2〕；三則探討粵境商業之興起與開展，期能彌補前賢時彥祇注重海外貿易問題研究之偏頗性，使粵境商業之發展，昭然於世；四則以廣鹽爲主題，探討朝廷對廣鹽之經營與運銷，及其行銷所得之價值應用和得失；五則以採珠爲專題，探討朝廷開採珠池利潤得失，及其對民生經濟造成困擾之情形；六則以濱海及江河漁戶爲主題，來探討漁戶之捕魚技術，及朝廷對此批低收入者之態度，和其所造成沿海不靖之原因；七則以天然災害、官宦貪瀆、盜寇的騷擾等因素，來看對廣東經濟發展，造成何種程度之斲傷。本文擬朝此七個重點方向，作一綜合性之探討，期能對明代廣東沿海經濟之經營與發展，獲致一個初步之輪廓，以作爲爾後研究整個明代廣東區域經濟發展之階梯。

　　因本文係以專題爲研究範疇，每一章自可成一段落，所以在章節之編排，篇幅之多寡，無法一一兼顧，以之畸輕畸重，失當之處，在所難免。然而在本文論述上，有許多地方，皆是前賢時彥所未曾著墨者，則爲本文對學術研究不無貢獻之處。

　　至於本文所參考之資料，約可以分成四類：一則爲當代史料，如：《明實錄》、會典、明人奏議、文集、筆記等；二則爲地方志，其中尤以明人纂修者爲主，此間一時無法檢尋之明代方志，始參考清人纂修之方志；三則爲民國以來學者專家之研究成果，包括專著、論文、札記等；四則爲外人之研究成果。在上述四種資料中，以前三項最具參考價值，是故參考引用也就特多。

〔註 2〕關於南洋交通之文章，總論性的有徐玉虎先生，《明代鄭和航海圖之研究》（台北：台灣學生書局，民國65年7月初版）此書於中國沿海航行針路之解釋，極盡詳細。其他如陳啓樵著，《明代中國與滿剌加之關係》（香港：珠海書院中國歷史研究所研究生畢業論文，民國63年5月手抄本），及陳星新，〈廣東國際交通史〉（收於《廣東文物》，香港：中國協進會出版，民國38年）卷六〈史地交通部門〉，頁9～43，及吳晗著，〈十六世紀以前之中國與南洋〉（收於《清華學報》第十一卷第一期，民國25年4月）頁137～186。凡此論文專書均對廣東與南洋之交通有專精研究。

　　至於在研究方法運用上，由於本文除大量採用《明實錄》、官書、明人筆記外，又大批採用方志，因此在史料運用上，除注重蒐集、歸納、分析、比較、演繹等方法外；又特別重視辨僞及考證，尤其是一些清人纂修之方志，時有混淆雜亂，作不實記載之處，本文爲求客觀起見，概不採入，務求廣東沿海經濟發展之眞面貌。

第二章　沿革地理及氣候物產

第一節　區域沿革

上古無「廣東」一詞，總稱五嶺以南爲「蠻彝」或「雕題」〔註1〕。對中原人士而言，雕題仍是一個陌生詭異而危險的地方。除了罪犯逃亡之外，少有人願意至此居住，大部分的住民爲僚僮等蠻人〔註2〕。這種情形至周代初年稍有改進，據《詩經·江漢章》上說：「王命召虎，式辟四方，徹我疆土。匪疚匪棘，王國來極。于疆于里，至于南海。」〔註3〕雖然爲誇大之詞，可見此時中土之軍事力量已介入南越蠻荒之地。周元王二年（西元前 474），越王勾踐平吳，江南至揚粵之地，逐爲越有〔註4〕。周顯王三十五年（西元前334），越王伐楚，楚子熊商大敗越王，越地逐臣服於楚，楚王易其名爲「百粵」，亦

〔註1〕顧祖禹，《讀史方輿紀要》卷一〇〇〈廣東一〉（台北：洪氏出版社，中華民國71 年1 月出版），頁4149。

〔註2〕黃佐，《廣東通志》，嘉靖本，卷第三，〈事紀一〉（香港：大東圖書公司印行，1977 年9 月第一版），頁4。

〔註3〕毛亨，《毛詩》，《四部叢刊初編》，宋刊巾箱本，卷十八（台北：台灣商務印書館影印，民國54 年8 月），頁143～4，〈江漢章〉八句。

〔註4〕按司馬遷《史記》卷四十一（台北：鼎文書局，民國68 年2 月二版），〈越王勾踐世家第十一〉，頁1746，所言：越王勾踐平吳後，以淮上地與楚，而自擁有江南屬于揚粵之地。又據班固《漢書》卷二十八下〈地理志下〉（台北：鼎文書局，民國68 年2 月二版），頁1669，所載：「今之蒼梧、鬱林、合浦、交阯、九眞、日南，皆粵分也。其君禹後，帝少康之庶子云，封於會稽，文身斷髮，以避蛟龍之害，後二十世，至勾踐稱王，與吳王闔廬戰，敗之雋李，夫差立，勾踐乘勝伐吳，吳大破之，棲會稽，臣服請平。後用范蠡、大夫種計，遂伐滅吳，兼併其地。」

謂「揚粵」，中土文化也於此時經楚國傳入嶺南〔註5〕。秦始皇二十四年（西元前223），王翦滅楚，乘勝略定粵地〔註6〕。二十六年（西元前221），以屠睢爲南海尉以典南粵〔註7〕。三十三年（西元前214），又略得陸梁地，遂以前後征服之地，設置南海、桂林、象郡等三郡〔註8〕，此爲嶺南置郡之開始。秦末，中原爭亂。南海尉趙佗，負山阻險，據地稱王，漢因封之〔註9〕。佗後數代，其相呂嘉、王建德反〔註10〕。漢武帝於元鼎五年（西元前112），遣路博德、楊僕討平之。遂置南海、合浦、桂林、蒼梧、鬱林、交阯、九眞、日南等七郡〔註11〕。元封元年（西元前110），又取得南海中州土千里。再設儋耳、珠崖二郡〔註12〕，至此海南島也入版中土。元封五年（西元前106），武帝設交阯部刺史，總領九郡之務。事有統籌，人文日盛，衣冠禮樂，漸齒中州〔註13〕。昭帝始元五年（西元前82）廢儋耳郡，併屬珠崖郡〔註14〕。元帝初元三年（西元前46），因珠崖屢叛，遂棄其地〔註15〕。迨東漢光武帝建武二十年（西元前44），伏波將軍馬援平交阯徵側、徵貳二姐弟之亂。漢威遠播，

〔註5〕《史記》卷四十一，頁1751：「越伐楚，楚威王大敗越，盡取故吳地至浙江，而越以此散，諸子爭立爲王爲君，濱於江南海上，臣服於楚。」

〔註6〕《史記》卷七十三，白起王翦列傳第十三，頁2341：「……翦因舉兵追之，今壯士擊，大破荊軍，至蘄南，殺其將軍項燕，荊兵遂敗走，秦因乘勝略定荊地城邑。歲餘，虜荊王負芻，竟平荊地爲郡縣。因南征百越之君。」

〔註7〕黃佐，前引書，卷三〈事紀五〉，頁5，引《南海志》：「秦定天下爲三十六郡，郡置守尉監，南海非三十六郡之限，另置南海尉以典之，所謂東南一尉是也。」

〔註8〕《史記》卷六〈秦始皇本紀第六〉，頁253，又按《史記正義》說：「嶺南之人，多處山陸，其性強梁，故曰陸梁。」

〔註9〕《史記》卷一一三〈南越列傳第五三〉，頁2967～8：「秦已破滅，佗即擊併桂林、象郡，自立爲南越王。高帝已定天下，爲中國勞苦，故釋佗弗誅。漢十一年，遣陸賈因立佗爲南越王，與剖符通史，和集百越，毋爲南邊患。」

〔註10〕同前註引書，頁2973～4。南越呂嘉因相王三代，功高震主，遂殺其王，立明王長男建德爲王，叛漢爲亂。

〔註11〕《漢書》卷六〈武帝紀六〉，頁188。

〔註12〕《漢書》卷二十八下〈地理志第八下〉，頁1670：「自合浦徐聞入海，得下州，東西南北方千里，武帝元封元年略以爲儋耳，珠崖郡。」

〔註13〕范曄，《後漢書》卷八十六（台北：鼎文書局，民國67年11月三版），〈南蠻西南夷列傳第七十六〉，頁2835：「武帝元鼎五年……分置九郡，交阯刺使領焉。」

〔註14〕《漢書》卷七〈昭帝紀第七〉，頁223。

〔註15〕《漢書》卷九〈元帝紀第九〉，頁283：「元帝初元三年，珠崖郡山南縣反，博謀群臣，待詔賈捐之以爲宜棄珠崖，救民饑饉，乃罷珠崖。」又據《後漢書》卷八十六，頁283所載：「中國貪珠崖珍貨，漸相侵侮，故率數年一反。以至元帝初元三年，遂罷之，凡立郡六十五年。」

海外慕儀，貢獻始調，復立珠崖，隸屬合浦〔註16〕。漢獻帝建安八年（203）改交阯部刺史爲交州部刺史〔註17〕。十五年（210）徙治南海，築城立郭，綏和百粵，民用寧集。〔註18〕

　　降及三國，粵地屬吳，黃武五年（226），因交州地處偏遠，不易治理。仍分置廣州，管轄合浦以北之南海、蒼梧、鬱林等三郡；交州主治安南。廣州之得名始此〔註19〕。晉平吳，仍舊置交、廣二州〔註20〕。南朝宋，又析而爲三：廣州，領郡十七，治番禺。交州，領郡十二，治龍編。越州，領郡三，治臨章〔註21〕。梁陳以後，置州益多，廢置混雜，無復古制，不能悉舉〔註22〕。隋開皇十年（590）平陳，置廣州總管，治大庾〔註23〕。二十年（600）徙治南海〔註24〕。大業末年，屬于蕭銑。唐高祖武德四年（621）討平之，置廣州總管府。七年（624）改總管爲大都督〔註25〕。太宗貞觀中又改爲中都督府。永徽後，又改爲嶺南五管〔註26〕。肅宗乾元元年（758），又改爲嶺南五府經

〔註16〕《後漢書》卷二十四〈馬援列傳第一十四〉，頁838：「交阯女子徵側及女弟徵貳反，攻沒其郡，九眞、日南、合浦蠻夷皆應之，寇略嶺外六十餘城，側自立爲王。於是璽書拜援伏波將軍⋯⋯南擊交阯⋯⋯遂緣海而進，隨山刊道千餘里，十八年春，軍至浪泊上，與賊戰，破之。⋯⋯明年正月斬徵側、徵貳，傳首洛陽。」

〔註17〕黃佐，前引書，卷三，頁31，引《交廣記》：「刺史張津令交阯太守士燮表言，伏見十二州皆曰州，而交獨爲交阯、刺史何天恩不平乎？若普天之下，可爲十二州，獨不可爲十三州乎？臣昧死以請，詔報聽許。」

〔註18〕同前註引書，頁33，引《交廣春秋》：「初沿贏陵縣，元封五年，移治蒼梧，建安十五年，治南海郡番禺縣。」

〔註19〕按陳壽《三國志》卷四十九（台北：鼎文書局，民國67年1月三版），〈劉繇太史慈士燮傳第四〉，頁293：「權以交阯縣遠，乃分合浦以北爲廣州，呂岱爲刺史，交阯以南爲交州，戴良爲刺史。」又按房玄齡《晉書》卷十五，志第五〈地理下〉（台北：鼎文書局，民國68年2月二版）：「吳黃武五年，割南海、蒼梧、鬱林三郡，立廣州、交阯、日南、九眞、合浦四郡爲交州。」

〔註20〕同前註下引書卷頁。

〔註21〕沈約，《宋書》卷三十八，志第二十八〈州郡四〉（台北：鼎文書局，民國68年2月二版），頁1189～1208。

〔註22〕見杜佑，《通典》卷一八四〈北郡十四〉（台北：新興書局，民國52年10月新一版），頁977～978，古南越。

〔註23〕魏徵，《隋書》卷二〈帝紀二〉（台北：鼎文書局，民國68年2月二版），頁35，及卷三十一，志第二十六〈地理下〉，頁88。

〔註24〕劉昫等，《舊唐書》卷四十一，志第二十一〈地理四〉（台北：鼎文書局，民國68年2月二版），頁1711～1719。

〔註25〕同註24。

〔註26〕同註24。

略使〔註27〕。懿宗咸通二年（861），分嶺南爲東、西二道，以韶州、康、端、封、梧、藤、羅、雷、崖爲東郡〔註28〕。廣東之得名始此。五代時，爲南漢所據〔註29〕。宋太祖開寶四年（971）平南漢，置廣東南路經略安撫司。以廣州守臣兼領，且設提點刑獄司治韶州〔註30〕。南宋因之不變〔註31〕。元置廣東道宣尉司及肅政廉訪司於廣州。隸屬江西行中書省。又置海北海南道宣尉司和肅政廉訪司於雷州，屬湖廣行中書省管轄。〔註32〕

　　元末中原板蕩，群雄競起，廣東爲何眞所據。明太祖洪武元年（1368），平何眞〔註33〕，仍依元代建置，設廣東、海北二道〔註34〕。二年（1369）三月，把海北海南道畫歸廣東〔註35〕。九年（1376）六月，改行中書省爲承宣布政使司，領有十府，直隸州一，屬州七，轄縣七十。〔註36〕

　　「廣東」一詞，由上古至明初，是指廣義的廣東。涵蓋五嶺以南整個區域，包括今之廣東、廣西全部，和江西、越南一部分。其間因革損益，各代不同〔註37〕。演變至元末，已稍具有近代廣東雛形，然而仍包括江西、廣西

〔註27〕同註 24。

〔註28〕同前，卷十九上，本紀第十九上〈懿宗〉，頁 652：「咸通三年五月敕：『……宜分嶺南爲東西道節度觀察處置等使，以廣州爲嶺南東道，邕州爲嶺南西道……』」。

〔註29〕歐陽修等，《新五代史》卷六十五（台北：鼎文書局，民國 68 年 2 月二版），南漢世家第五，頁 810～1：「隱父子起封州，遭世多故，數有功於嶺南，遂有南海。……唐末，南海最後亂，僖宗以後，大臣出鎮者，天下皆亂，無所之，惟南海而已，自隱始亦自立。」

〔註30〕脱脱，《宋史》卷二〈太祖二〉（台北：鼎文書局，民國 67 年 9 月出版），頁 33，及卷八十九，志第四十三〈地理六〉，頁 2235～2249。

〔註31〕馬端臨，文獻通考，卷三二三，輿地九，古南越（台北：新興書局，民國 52 年 10 月新一版），頁 3539 所記載，可看出自北宋置海南東路以後，南宋就承之不變。

〔註32〕張廷玉等，《明史》卷四十五，志二十一〈地理六〉（台北：鼎文書局，民國 69 年 1 月），頁 1133。

〔註33〕《永樂大典本地方志彙刊・廣州府・建置沿革》（京都：中文出版社，1981 年 4 月出版），頁 15，引《歸附始末圖經》說：「廣州自元末，盜賊四起，侵掠城市，各據一鄉一縣，其後東莞何眞，糾率義兵防禦城郭，丁未冬，聞大軍平定江西、福建，遂遣其屬梁復初等納款歸順。」

〔註34〕同註 31。

〔註35〕同註 31。

〔註36〕同註 1。

〔註37〕邱濬，《大學衍義補》卷一五三（京都：中文出版社，1979 年 1 月出版），頁 21，〈四方夷蕃之情上〉：「按交阯，本秦漢以來，中國郡縣之地，五代時爲劉

一部分。而司法、行政權仍以江西、湖廣二省兼領之，不能視爲一獨立的行政區。迨明太祖設置廣東等處承宣布政使司，領有廣、肇、韶、南、惠、潮、高、雷、廉、瓊等十府，奠定近代廣東行政區域。其轄區爲清代及民國時代的廣東省所承襲，惟府州縣的區畫時有變更。〔註38〕

第二節　地理位置

　　廣東位於北緯二十六度，至二十度間，北回歸線橫貫中央〔註39〕。西接廣西，西南距安南，北以五嶺和江西、湖廣爲境。東以淺丘與福建爲鄰。南環瓊崖，控黎夷之門。東西相距約一千八百六十公里，南北約二千一百六十公里。全域面積爲四千二十八里〔註40〕。地雖遠離中原，然物阜民豐，尤饒魚鹽。又有南海市舶之利，資用饒足〔註41〕。天下無事，修完險阻，積穀訓兵，可據地稱王，如秦之趙佗〔註42〕，南漢之劉隱〔註43〕，元末之何眞〔註44〕。有事，則由雄、連踰五嶺，可下湖廣、江西二省。東出惠潮可制福建。西南出高廉可控交阯、廣西，往往能震撼中原〔註45〕。如晉之盧循〔註46〕，唐之

　　　　隱所并，至宋初始封爲郡王，然猶受中國官爵勳階，……孝宗時，始封以王稱國，而天下因以高麗，眞臘視之，不復知其爲中國郡縣矣……」。
〔註38〕見阮元等，《廣東通志》，清道光二年刊本，卷三～九（台北：中華叢書編審委員會印行，民國48年12月），頁93～205，〈郡縣沿革〉。
〔註39〕王益崖，《中國地理》（台北：正中書局，民國59年10月台七版），頁369。
〔註40〕參龔柴著，《小方壺齋輿地叢鈔·廣東考略》卷一七七（台北：廣文書局，民國51年4月初版），頁1：「廣東古稱百粵地，又名東粵，東西相距約千八百六十里，南北約二千二百六十，東與南界大洋，東北界福建，北界江西、湖南，西界廣西，南界南越。」
〔註41〕參羅欽順，羅整庵先生存稿，《百部叢書集成》之二十六，《正誼堂全書》十一函，卷二（台北：藝文印書館，民國54年至59年），頁9，〈送參議周君之任廣東序〉：「……廣東北拒五嶺之陽，南跨大海，其土田肥微，歲入常厚，漁鹽之利，番檣貫舶之珍。復充溢於城中，以波及於四方，四方仰之，皆以百貨之府。」又見鮑振方，《輿地形勢》，《百部叢書集成》之七十一，《後知不足齋叢書》第四函，〈形勢論·廣東〉（台北：藝文印書館，民國54年至59年），頁19：「大抵廣東之地，以香玳瑁，海外珍異，溢於中國，其富足恃也。」
〔註42〕同註9。
〔註43〕同註29。
〔註44〕同註33。
〔註45〕姚虞，《嶺海輿圖》，《史料三編》（台北：廣文書局，民國58年7月初版），頁2～3，〈嶺海總圖序〉。及朱健，《古今治平治略·國朝疆域》卷二十四（台北：國立中央圖書館公藏善本書，明崇禎十二年原刊本），頁617：「廣東古百

黃巢〔註 47〕，皆其顯例。可見廣東在政治地理上兼有進可攻、退可守之「攻擊性」和「割據性」兩大特殊形勢。

廣東西部及西北部之地理位置也頗為重要。經過廣西之西江水系，秦漢以來，即為西南交通之大動脈。嶺南物產經此，源源不斷，向西南輸送〔註 48〕。西陲之高、廉二府，每被用作經營中南半島之基地〔註 49〕。因此廣東西部及西南部之新興商業城市，和軍事重鎮，即與此交通位置有關。〔註 50〕

此外，沿海許多澳嶼港灣，不僅為軍事衛所要地〔註 51〕，並且為廣東與內地重要商業門戶。番貨番人皆經由此入內地，所以廣東占盡近海天然之便，遂成為明代中西經濟文化溝通的樞紐。〔註 52〕

廣東為南海之要區，故承受西力的影響既早且鉅。對整個明代的海外貿

粵地，五嶺之外為樂土，北負雄連，以臨荊吳，東肩惠潮，以制閩越，內闢高廉以控交桂，外藩雷瓊以扼黎夷，而形勢寓焉。」

〔註 46〕 參《晉書》卷一○○〈列傳第七十盧循〉，頁 3634 所言：盧循與孫恩作戰，恩亡，餘眾推循為王，後劉裕討循，循遂去海外，至番禺，佔領廣州，逐刺史吳隱之，自攝州事，號平南將軍。後利用劉裕北伐，又舉眾寇南康，盧陵、豫章諸郡，擾亂一時。

〔註 47〕 見歐陽修等，《新唐書》卷二二五下，列傳第一五○下〈逆臣下・黃巢〉，頁 6451～6460。

〔註 48〕 見《漢書》卷九十五〈西南夷兩粵朝鮮傳第六十五〉，頁 3839，漢武時，唐蒙風曉南粵，食蜀枸醬，及知道出西北牂牁江，出番禺城下。是則嶺南物質向西南輸送最佳例證。

〔註 49〕 同註 45。

〔註 50〕 據顧炎武，《肇域志》卷二〈廣東二〉（台北：國立中央圖書館公藏善本書，清同治間鈔本），頁 95 所載：欽州防城界連交阯，貿易咸集，商貨多聚於此。

〔註 51〕 據杜臻，《粵閩巡視記略》，《四庫全書珍本》四集，文淵閣本，卷一（台北：台灣商務印書館影印，民國 62 年出版），頁 10～12，所載：「明太祖洪武二年命平章廖永忠，參政朱亮祖取廣東，遂命亮祖鎮守，建置衛所，分布要害，其沿海者，潮州衛……碣石衛……南海衛……廣海衛……肇慶衛……神電衛……雷州衛……廉州衛……衛設指揮等官……星羅戍守……又多建燉烽，……頗稱嚴整。」

〔註 52〕 據李東陽等，《明孝宗實錄》卷之七十三（台北：中央研究院史語所校勘，據國立北平圖書館紅格鈔本微捲影印發行，民國 57 年），頁 3 下～4 上。弘治六年三月丁丑條所載：「兩廣總督都御史閔珪奏：『廣東沿海地多私通番舶，絡繹不絕，不待比號，先行貨賣，備倭官軍為張勢，越次申報有司，供應糜費不貲，事宜禁止。……凡番舡抵岸，備倭官軍押赴布政司，比對勘合相同，貢期不違，方與轉呈提督市舶太監及巡按等官，具奏起送。如有違礙，捕獲送問……』可見番人不但貢期登陸廣東沿海，與內地人民貿易，且非貢舶時期，亦與內地人民貿易。凡此不勝枚舉，特舉一件。

易及東西文化的推動與發展，其重要性，不可言喻。

第三節　地勢大要

北部丘陵斜坡地——五嶺以南之粵境，地形呈斜坡狀。境內均爲丘陵，高度平均在七百公尺左右，坡度平緩。因之，全域河川密度不大，但侵蝕甚烈，河谷頗寬，滿目所見，盡是殘丘和河谷平原〔註53〕，實爲農作最佳生產地。分布其間之河谷，又提供絕佳之交通管道。而河川多可通行船，爲本區運輸上，增加不少方便。〔註54〕

珠江三角洲——本區地形，三面皆山。大體上由北、西、東三面向內傾斜，河流亦由三面向內匯合。其中源自南雄合郴江北來者爲北江；自江西安遠流經惠陽者爲東江；自封川高要來者爲西江；三江會於番禺出海。下游帶來豐富的沖積物而匯成珠江三角洲，爲嶺南全域之菁華〔註55〕。境內四時花開，稻田二熟，桑蠶五收，農產之豐，人口之密，市肆之繁，堪稱嶺南之首區〔註56〕。瀕海地區，丘陵直逼海岸，沿岸多港，地位上又面臨南海。而南海自古爲東西海運頻繁之區，海上貿易已有千年歷史，阿拉伯人及葡萄牙人，先後東航，均自廣州上陸。番舶交湊，壤貨千積，壟斷全國海貿，實受地形良好之利。〔註57〕

南路——南路西起欽州，地界交阯；東盡兩陽；南臨大海，以雷州半島與瓊州隔峽相峙；北界與廣西爲鄰〔註58〕。陸上高聳之山嶺，分據東西二方〔註59〕。中部，沿岸、及雷州半島之全境，或爲起伏輕微之丘陵，或屬平坦

〔註53〕 王益崖，前引書，頁326。

〔註54〕 見第三章〈內外交通之次第開發〉。

〔註55〕 《讀史方輿紀要》卷一○○〈廣東一〉，頁4156～4158。

〔註56〕 《肇域志・廣東二》，頁102。

〔註57〕 郭棐，《廣東通志》（國立中央圖書館漢學研究中心收集海外佚本書，明萬曆三十年刊本）卷二十四〈郡縣志一・廣州府・輿圖〉：「大抵西北負山，東南帶海，水陸會同，通道于日南諸夷，其珠璣玳瑁，果布之湊，灌輸上國，昔號繁富矣。」又見，張維華，《明史歐州四國傳注釋》（上海古籍出版社）第一卷，《明史》卷三二五〈列傳二一三佛郎機傳〉，頁1～57。張先生主張葡使最初至廣州以在正德十二年爲可據。

〔註58〕 吳尚時，曾昭璇，〈廣東南路〉（《嶺南學報》，1929年～1948年，台北：東方文化書局影印，民國68年夏）第七卷，第一期，頁85～189。

〔註59〕 《肇域志・廣東一》，頁69：「高州府，據叢山之中，居兩廣之間，谿徑復結，巨海襟連。」而雷、廉二府，群山環繞，不待贅敘。

之台地〔註60〕。然因河川各自出海，不相統屬，流量亦以勢分而力薄。不但難收灌溉之利，也無航運之利可言〔註61〕。濱海沿岸，雖多岬灣，惟灣水過淺，淤積又盛。加上地瘠貧乏，物產不豐，至無發展海貿之餘力〔註62〕。然因濱海之水既淺，水產條件良好，居民以魚鹽爲生。西起欽州之防城，經雷州半島，東止陽江，無處不有漁港及漁場〔註63〕。南區居民，因地形限制，加上土地貧瘠，祇好以採海爲生。

瓊崖——瓊崖懸隔海南中，東西廣九百里，南北長一千一百四十里，縣亙三千餘里〔註64〕。島上有五指諸山，高而險要爲黎獠所據，州縣環列其下〔註65〕。全城位於海南之衝，北接中國內地，南隣南海諸邦，自古便成爲中國與南海的海上交通之中點站〔註66〕。宋代南海番舶來華貿易，必停泊於此〔註67〕。明代南海貿易大開，仍爲停泊站〔註68〕。加上境內香料產量豐富，

〔註60〕 同註58。
〔註61〕 見張岳，《小山類稿》，《四庫全書珍本》五集，文淵閣本，卷十四，（台北：台灣商務印書館影印，民國63年），頁13～16，重建永平巡檢司記：「……蓋廉郡之水，皆南流入海。……」及見《肇域志·廣東一》，頁70所言高州府之鑑江，源出電白縣鉛山，繞府城下，合陵羅水入海。又頁76言：限門在吳川縣南三十里，其門狹曲折，折納三川之水（吳川、陵羅、浮山）放于海，然水道曲狹，值潮退，沙漬淺露，或潮滿風急，舟楫皆不敢往來。
〔註62〕 《小山類稿》卷十五，頁3，〈告山川文〉：「此邦（廉州）之無溝洫圩岸以耕，無覓遷蓄聚以食，取給於歲，而仰成于天，數月不雨，釋其黎鋤，以待饑饉流莩而已。」
〔註63〕 見郭棐，前引書，卷七十二〈雜志二〉，頁22，雷州府：「潿州，今遂溪縣西南二百里，特起西南海中，周圍七十里……人多田少，民以採海爲生。」其餘請參見第七章〈捕漁事業之發展〉。
〔註64〕 《肇域志·廣東二》，頁96。
〔註65〕 郭棐，前引書，卷六，頁42。
〔註66〕 按李昉，《太平廣記》卷二八六（台北：新興書局據乾隆乙亥年刻本影印，民國58年12月新一版），頁6：「唐振州（崖州）民陳武振者……爲海中大豪、犀象、玳瑁，倉庫數百。先是西域賈船，漂溺至者，因而有焉。……」可見當時常有蕃商至瓊崖，而瓊崖亦爲南海舶航線必經地，詳見第三章〈內外交通之開發〉。
〔註67〕 樓鑰，《玫瑰集》，《四部叢刊初編》，上海商務印書館編印，武英殿聚珍版本，卷三（台北：台灣商務印書館影印，民國54年8月），頁41～42，〈送萬耕道師瓊管詩〉：「曉行不計幾多里，彼岸往往夕陽春，琉球大食更天表，舶交海上俱朝宗，勢須至此少休息，乘風經集番禺東，不然船政不可爲，兩地雖遠休戚同。」可見宋時番舶，先在瓊州稍事休息，再航行至番禺。
〔註68〕 《肇域志·廣東二》，頁5，所載可見明代瓊州位於南海航線中站，海泊至此，皆停泊以便補給淡水。如文昌縣北一百里海中之七里山，下出淡泉，航海者

無限供應中土所需〔註69〕。以致沿海港埠連縣，商業城市，不斷出現〔註70〕。瓊崖受地形良好之惠，在明代海外貿易上，扮演重要角色。〔註71〕

　　廣東境內有山地、河川、丘陵、平原、盆地、海岸、島嶼。各地區地形情況不一，產業經營方式隨之亦有差異。惟大體而論，除了南路，因河川分流入海及山脈高聳造成阻礙外，其他地區，皆有利於交通及經濟上的發展。

第四節　氣候變遷

　　廣東三面臨海，地跨北回歸線兩側，加上孤懸海中之瓊州，氣候大體呈現出副熱帶濕潤型、冬暖乾旱型、熱帶季風型等三個類別。然多雨潮濕，則為其共通性〔註72〕。然而歷史演進中，氣候變化萬千。據《三輔黃圖》所載，漢武帝元鼎元年（西元前116）破南越後。於京師扶荔宮種植南海之荔枝、龍眼、檳榔、橄欖等熱帶植物，經年枯死〔註73〕。可見在漢代，嶺南氣候已較北地潮濕炎熱。至隋、唐、五代，嶺南不但滿山遍野都是荔枝、龍眼、柑橘、橄欖、椰子等熱帶水果〔註74〕。而荒山野外，更是充斥著蚺蛇、麞、鹿、象等熱帶動物〔註75〕。尤其是野象成群，潮、雷兩州百姓，肆意捕捉，爭食其鼻〔註76〕。至南漢，更常利用大象對外作戰〔註77〕。所以隋、唐、五代時，

必於此汲泉。又如陵水縣之雙如嶼，下亦有淡泉，商舟往來，必汲其泉。
〔註69〕　歐陽璨等，《瓊州府志》卷三（國立中央圖書館收集海外佚本書，明萬曆年間刊本），頁170，土產。
〔註70〕　同前註引書，卷八，頁6，沿海衝要條中，可看出瓊州商船出入主要港口有白沙、鋪前、抱陵、清瀾、那鹿、桐栖鹽水、三亞、榆林、烏妮等港。
〔註71〕　萬應植等，《瓊州府志》卷八（清乾隆四十年刊本，國立故宮博物院普通舊籍，以下簡稱故宮普舊），頁25～26，邊海各國條所載，如暹邏、占城、滿刺加諸蕃貢獻，道經瓊州，必遣指揮，千百戶鎮撫等護送至京。
〔註72〕　王益崖，前引書，頁369～370。
〔註73〕　不著撰者，《三輔黃圖》，《百部叢書集成》之十六，《關中叢書》第一函，卷上（台北：藝文印書館，民國59年），頁23：「扶荔宮，在上林苑中，漢武帝元鼎六年破南越，起扶荔宮，必植所得奇草異木，龍眼、荔枝、檳榔、椰子、橄欖、千歲皆百餘本，上木南北異宜，歲時多枯瘁。」
〔註74〕　《新唐書》卷四十三上，志第三十三上〈志理上〉，頁1095～1115。
〔註75〕　段公路，《北戶錄》，《百部叢書集成》之七十六，《十萬卷樓叢書》第六函，卷一（台北：藝文印書館，民國58年），頁9：「蚺蛇，大者長十餘丈，圍可七八尺，多在樹上候、鹿過者，吸而吞之。……食象，三歲而出其骨。」
〔註76〕　同前註引書，卷二，頁8，象鼻炙：「廣之屬城，循州、雷州皆產黑象，土人捕之，爭食其鼻。」又見劉恂，《嶺表錄異》，《四庫全書珍本》別集，文淵閣

整個嶺南籠罩在「一歲之間，暑熱過半。晝燠夜寒，晴燠雨寒。晨夕霧昏，春夏雨淫」之炎熱潮濕氣候中〔註78〕。至宋、元兩代，粵東氣候，仍然燠熱潮濕如昔。〔註79〕

明代，從大庾嶺以南至羅浮一帶，春寒秋熱，一年之間，暑熱過半。盛夏多雨，深冬久晴，晴則揮扇，雨則夜寒，氣候極爲不穩定，一日之天氣，常至數變〔註80〕。廣州一帶，雖四時花開，然暑熱亦過半，臘月久晴，隆冬不雪，晨夕間，霧氣彌漫，春夏常霪雨，以致男子多夏間，不過一褲一襦，婦女三年再增一布裙而已。男女常常赤足臨流，不履不襪，足見天氣之燠熱〔註81〕。惠州府亦春夏霪雨，多燠少寒，霜雪罕見〔註82〕。韶州府，則因爲受高山阻隔，氣流不通，寒暖失調。秋冬宜寒反熱，春夏宜熱反寒，較爲特異〔註83〕。高州府亦群峰高聳，但天氣較爲清涼，盛暑如秋〔註84〕。肇慶府的天氣，則是四季如夏，孟春已紗衣。至冬，蚊聲如雷，霜雪不降，樹木常

本，卷上（台北：台灣商務印書館印行，民國64年），頁10：「廣之屬郡潮，循州多野象，潮循人，求捕得象，爭食其鼻。」

〔註77〕 吳任臣，《十國春秋》，《四庫全書珍本》三集，文淵閣本，卷六十五（台北：台灣商務印書館影印，民國60年），頁5：「嶺南兵，常布象爲陣。凡出戰，先令士兵操器械，乘象前進，每象輒載十數人，以鼓士氣，至是宋師潘美集勁弩射象。象不能擋，率奔踶踶走，乘象者皆傾墜地，自相踩躪，軍遂大潰。」

〔註78〕 《永樂大典本地方志彙編‧潮州府》，頁13，〈氣候〉。

〔註79〕 參周去非，《嶺外代答》，《四庫全書珍本》別集，文淵閣本，卷四（台北：台灣商務印書館影印，民國64年），頁1～2，〈風土門〉：「南人有言，雨下便寒，晴更熱。不論春夏與秋冬，此雨盡南方之風氣。……欽，陽雨，則寒氣漸漸襲人。晴，則溫氣勃勃蒸人。陰濕晦冥，一日數變……冬日久晴，不離葛衣紈扇。夏日苦雨，急需襲被重裘。大抵早溫晝熱，晚涼夜寒。一日而四時之氣備。九月梅花盛開，臘月已食青梅。初春，百卉陰密，楓槐榆柳，四時常青。」又見梁宏勛等纂，《南雄府志》卷三（清乾隆二十八年刊本，國立北平故宮博物院公藏普通善本書），頁34，氣候條，引蘇軾所記：「嶺南氣候不常，菊花開時即重陽。涼天佳日即中秋。不須以日月爲斷。」又云：「四時俱是夏，一雨便成秋。」又說「嶺南萬戶皆春也」。可見當時粵省天氣，仍然十分潮濕炎熱。

〔註80〕 《永樂大典本地方志彙編‧廣州府三》，頁11，〈氣候〉。

〔註81〕 顧炎武，前引書，〈廣東二〉，頁120。

〔註82〕 李珏等，《惠州府志》卷一（國立中央圖書館漢學研究中心收集海外佚本書，明嘉靖二十一年刊本），頁3，〈惠州府總圖經〉。

〔註83〕 《肇域志‧廣東一》，頁70。

〔註84〕 同註83。

綠〔註85〕。雷州一地瀕海，炎熱無比，人多居欄以避暑〔註86〕。偏處炎方之瓊州，炎熱少寒，無霜雪。冬不凍寒，草木不凋，四時常有花果〔註87〕。此外，三月以後，粵地梅風盛行。四月小信，接著大信。南海舶舟利用大信，乘風歸來〔註88〕。沿海一帶，五、六、七等三月，常有大風來襲。時人稱爲「颶風」或「颶母」〔註89〕瓊人則呼爲「鐵颶」〔註90〕初起東北，止於西南。每發於月初、中二旬〔註91〕。發時，暴雨挾之，撼聲如雷，拔木飛瓦，人不能立行，牛馬不敢出入，是爲中州所無。〔註92〕

　　一般而言，明代廣東氣候，大致爲深冬少雪，四時常花，樹木不凋，茂林連村，荔枝、龍眼、木棉等，參天匝地，蔚爲熱帶景觀〔註93〕。與嶺北天氣相較，則炎熱無比，以庾嶺梅樹開花先後來說，嶺南的梅花早發，嶺北遲發。登庾嶺下望，山南燦爛似花海，紅遍滿山。但北望嶺表，枝椏叢生，花蕾滿簇，含苞待放，如同點點白雪，掛在樹枝上，可見嶺北天氣較寒〔註94〕。

〔註85〕周元暐，《涇林續記》，《百部叢書集成》之六十九，《功順堂叢書》第二函（台北：藝文印書館，民國54年至59年），頁50。

〔註86〕郭棐，前引書，卷五十五，頁10，風俗。

〔註87〕邱濬，《重編瓊臺會藁》，《四庫全書珍本》四集，文淵閣本，卷十五（台北：台灣商務印書館影印，民國62年），頁2，所言：「海南地暖無冬春，四時一氣和且溫。山丹佛桑到處有，素馨茉莉隨時新，花開不必盡應候……」可見瓊島氣候終年潮濕炎熱，以致無四季之分。

〔註88〕盧祥，《重刻盧中丞東莞舊志》卷一（國立中央圖書館公藏善本書，明刊本，天順八年修），頁4。

〔註89〕《永樂大典本地方志彙編・廣州府三》，頁12，〈氣候〉：「若夫四時風候，與中州不同，其風之暴者，謂之颶風。颶風將作，有斷虹之兆，曰『颶母』。颶風者，具四方之風也，故其初作，必自東而北，自北而西，自西而南，乃定，謂之回南。」

〔註90〕按蕭應植等，《瓊州府志》卷十，頁30，所載：明熹宗天啓七年九月，颶風大作，摧房拔木，瓊人呼之爲「鐵颶」。

〔註91〕郭棐，前引書，卷七十一〈雜志上・廣州府〉，頁3。

〔註92〕歐陽璨等，前引書，卷三，頁8，〈風候〉。

〔註93〕《肇域志・廣東二》，頁120。又見謝肇淛，《五雜俎》卷一〈天部一〉（台北：偉文圖書，民國66年4月），頁20：「關中無雪，然間十餘年，亦一有之……至嶺南則絕無矣。」又見卷二〈天部二〉：「閩、廣從五月至八月，凡百餘日，皆暑，而秋初尤烈。」可知廣東之天氣，夏季持長，深天無雪，與熱帶氣候不相上下。

〔註94〕見張寧，《方州集》，《四庫全書珍本》三集，文淵閣本，卷十六（台北：台灣商務印書館影印，民國61年），頁17。及鍾秉文，《烏樵幕府記》，《百部叢書集成》之九十七，《鹽邑志林》第二函（台北：藝文印書館，民國54年至57年），頁8上。

然而與前漢、隋、唐、五代相比，明代粵省氣候顯然變的較為寒冷。以潮州一帶來說，隋唐時，未見霜雪，至明代已寒暄不時〔註95〕。而明代二百餘年間，氣候仍然有很明顯的演變，其變遷可以由方志中尋出軌跡，茲列表以明之。

表一：明代廣東雨水統計表

帝號	年號	年	西元	月	地 點	雨 水 情 形	資 料 說 明
太祖	洪武	十三	1380	十二	廣州府	大雷雨	《太祖實錄》卷十三，頁 7。
太宗	永樂	三	1405	三	惠州府	大 水	《廣東通志》（嘉靖本）卷七，頁 12。
		七	1409	四	肇慶府	大 水	《肇慶府志》（崇禎十三年刊本）〈事紀二〉，頁 4。
		七	1409	四	廣州府	大雨水	《廣東通志》（嘉靖本）卷七十一，頁 14。
仁宗	宣德	一	1426	十一	廣州府	大雨水	《廣東通志》（嘉靖本）卷七十一，頁 14。
英宗	正統	一	1436	七	潮州等府	淫雨連縣	《英宗實錄》卷二十。
		一	1436	八	信陽縣	驟雨連月	《英宗實錄》卷二十一。
		十	1445	九	雷州海康等地	大水雨汛	《英宗實錄》卷一三三。
英宗	天順	一	1457	五	廣州府 肇慶府	大 雨	《國榷》卷三十二，頁 2070。
憲宗	成化	一	1465	一	惠州府	大 水	《廣東通志》（嘉靖本）卷七，頁 30。
		一	1465	七	德慶州	大 水	《廣東通志》（嘉靖本）卷七，頁 30。
		二	1466	七	定安縣	淫 雨	《廣東通志》（嘉靖本）卷七十，頁 49。
		二	1466	十一	惠州府	大 水	《廣東通志》（萬曆三十年刊本）卷六，頁 24。
		三	1467	七	肇慶府	大 水	《肇慶府志》（崇禎十三年刊本）〈事紀二〉，頁 9。
		十	1474	七	封川縣	大 水	《肇慶府志》（崇禎十三年刊本）〈事紀二〉，頁 9。
		十	1474	七	廣州府	大雨水	《廣東通志》（嘉靖本）卷七，頁 31。
		十	1474	七	德慶州	大 水	《德慶州志》（清光緒二十五年刊本）卷十五，頁 12。
		十五	1479	五	德慶州	大 水	《德慶州志》（清光緒二十五年刊本）卷十五，頁 12。
		十六	1480	五	高要縣	大 水	《廣東通志》（嘉靖本）卷七，頁 33。
		十七	1481	五	增城縣	大 水	《廣東通志》（萬曆三十年刊本）卷六，頁 26。
		十八	1482	四	南海縣	大 水	《南海縣志》（萬曆三十七年刊本）卷三，頁 22 下。
		十八	1482	四～八	順德縣	大 水	《順德縣志》（萬曆十三年刊本）卷十，頁 1 下～3 上。

〔註95〕 《永樂大典本地方志彙編・潮州府》，頁 13，〈氣候〉。

憲宗	成化	十八	1482	五	德慶州	大　水	《德慶州志》（清光緒二十五年刊本）卷十五，頁12。
		十八	1482	四～八	吳川縣	大　水	《高州府志》（清光緒十五年刊本）卷四十八。
		十八	1482	五	肇慶府	大　水	《肇慶府志》（崇禎十三年刊本）〈事紀二〉，頁10。
		十九	1483	五	香山縣	水　溢	《廣東通志》（萬曆三十年刊本）卷六，頁27。
		二十一	1485	三	河源縣	大　水	《廣東通志》（萬曆三十年刊本）卷六，頁27。
		二十一	1485	五	德慶州	大　水	《德廣州志》（清光緒二十五年刊本）卷十五，頁12。
		二十一	1485	五	順德縣	大　水	《順德縣志》（萬曆十三年刊本）卷十，頁1下～3下。
孝宗	弘治	五	1492	三	廣　府 潮　府	俱　大 雨　水	《廣東通志》（嘉靖本）卷七，頁34。
		五	1492	六	饒平縣	大雨水	《饒平縣志》（清康熙二十五年刊本）卷十三，頁11。
		六	1493	五	南海縣	大　水	《南海縣志》（萬曆三十七年刊本）卷三，頁23。
		八	1495	九	興寧縣	大　水	清咸豐《興寧縣志》卷十二，頁2上。
		八	1495	九	海陽縣	大　水	《潮州府志》（明嘉靖二十六年刊本）卷八，頁14。
		十二	1499	四	潮州府	大雨水	《潮州府志》（明嘉靖二十六年刊本）卷八，頁14。
		十四	1501	十一	廣　府 韶　府	連月雷 雨大作	《孝宗實錄》卷一八一，頁1。
		十六	1503	五	封川縣	大　水	《肇慶府志》（清乾隆二十五年刊本）卷一，頁7。
		十七	1504	八	瓊州府	淫　雨 不　止	《瓊州府志》（乾隆四十年刊本）卷十，頁27。
		十八	1505	七	興寧縣	大　水	清咸豐《興寧縣志》卷十二，頁2上。
武宗	正德	八	1513	三	新寧縣	大　水	《廣東通志》（明嘉靖本）卷七，頁37。
		九	1514	四	南雄府	大　水	《廣東通志》（明嘉靖本）卷七十，頁12。
		十	1515	四	新會縣	大　水	《廣東通志》（萬曆三十年刊本）卷一，頁52。
		十	1515	六	新寧縣	大　水	《廣東通志》（嘉靖本）卷七，頁37。
		十	1515	七	潮州府	大　水	《廣東通志》（嘉靖本）卷七，頁37。
		十	1515	九	陽江縣	大　水	《廣東通志》（嘉靖本）卷七十，頁12。
		十一	1516	四	新寧縣	大　水	《廣東通志》（嘉靖本）卷七，頁37。
		十一	1516	六	肇慶府	積　雨 潮　漲	《廣東通志》（嘉靖本）卷七十，頁12。
		十一	1516	六	陽江縣	淫　雨 山　崩	《肇慶府志》（明崇禎十三年刊本）〈事紀二〉，頁13。
		十一	1516	六	高明縣	大　水	《高明縣志》（清嘉慶五年刊本）卷十七，頁1上～6上。
		十一	1516	十一	靈山縣	大　水	《廣東通志》（嘉靖本）卷七十，頁27。

武宗	正德	十二	1517	六	饒平縣	大彌 雨日	《饒平縣志》（清康熙二十五年刊本）卷十三，頁2上。
		十二	1517	八	吳川縣	大水	《高州府志》（清光緒十五年刊本）卷四十八，頁26。
		十四	1519	五	陽江縣	大水	《廣東通志》（明嘉靖本）卷七十，頁12。
		十五	1520	四	清遠縣	大水	《廣東通志》（明嘉靖本）卷七，頁38。
		十五	1520	五	德慶州	大水	《肇慶府志》（清乾隆二十五年刊本）卷一，頁8下。
		十五	1500	八	瓊州府	淫雨 連月	《瓊州府志》（清乾隆四十五年刊本）卷十，頁28。
		十五	1520	九	瓊州府	洪水 猛漲	《瓊州府志》（清乾隆四十五年刊本）卷十，頁28。
		十六	1521	二	德慶縣 高要縣	大水	《肇慶府志》（清乾隆二十五年刊本）卷一，頁8下。
		十六	1521	五	德慶州	大水	《肇慶府志》（清乾隆二十五年刊本）卷一，頁9上。
世宗	嘉靖	四	1525	四	歸善縣	大水	《惠州府志》（清康熙二十七年刊本）卷五，頁20上。
		六	1526	六	陽春縣	陰雨 連日	《廣東通志》（嘉靖本）卷七十，頁11。
		七	1527	五	陽江縣	大水	《廣東通志》（萬曆三十年刊本）卷六，頁57。
		八	1528	六	儋州	大雨	《瓊州府志》（明萬曆刊本）卷十二，頁6。
		八	1528	六	臨高縣	大雨	《廣東通志》（嘉靖本），卷七十，頁49。
		九	1529	十	三水縣	雨	《三水縣志》（清康熙四十九年刊本）卷一，頁3上。
		十	1530	五	大埔縣	大水	《潮州府志》（清乾隆二十七年刊本）卷十一，頁54下。
		十一	1531	八	定安縣	大雨	《廣東通志》（明嘉靖本）卷七十，頁49。
		十三	1534	八	定安縣	大連 雨日	《定安縣志》（清康熙二十九年刊本）卷一，頁5。
		十四	1535	一～五	翁源縣	霪雨	《翁源縣志》（清乾隆三十年刊本）卷八，頁4上。
		十四	1535	三	韶州府	霪雨	《廣東通志》（嘉靖本）卷六十九，頁34。
		十四	1535	四	廣州府	大水	《廣東通志》（嘉靖本）卷六十九，頁49。
		十四	1535	四～六	南雄府	霪雨 恒陰	《廣東通志》（嘉靖本）卷六十九，頁37。
		十四	1535	五	陽春縣	大雨	《陽春縣志》（清乾隆二十三年刊本）卷十四，頁2下。
		十四	1535	五	高明縣	大水	《高明縣志》（清嘉慶五年刊本）卷十七，頁1下～6下。
		十四	1535	五	三水縣	大水	《三水縣志》（清康熙四十九年刊本）卷一，頁3上～4上。
		十四	1535	五	封川縣	大水	《封川縣志》（清康熙二十四年刊本）卷四，頁4下～5下。

世宗	嘉靖	十四	1535	五	南海縣	大　水	《南海縣志》（明萬曆三十七年刊本）卷三，頁24上。
		十四	1535	五	廣、肇及韶、南四郡	大　水	《廣東通志》（萬曆三十年刊本）卷六，頁41。
		十四	1535	六	高明縣	大　水	《廣東通志》（明嘉靖本）卷七十，頁12。
		十四	1535	六	封川縣	大　水	《封川縣志》（清康熙二十四年刊本）卷四，頁4下～5下。
		十五	1536	五	三水縣	大　水	《三水縣志》（清康熙四十九年刊本）卷一，頁4上。
		十五	1536	五	肇慶府	大　水	《肇慶府志》（明崇禎十三年刊本）〈事紀二〉，頁20。
		十五	1536	五	高要縣	大　水	《肇慶府志》（清乾隆二十五年刊本）卷一，頁10。
		十六	1537	五	肇慶府	大　水	《廣東通志》（明萬曆三十年刊本）卷六，頁42。
		十六	1537	五	三水縣	大　水	《三水縣志》（清康熙四十九年刊本）卷一，頁4上。
		十六	1537	五	封川縣	大　水	《封川縣志》（清康熙二十四年刊本）卷四，頁4下～5下
		十九	1540	五	高、要及德、慶四縣	大　水	《肇慶府志》（明崇禎十三年刊本）〈事紀二〉，頁21。
		十九	1540	七	靈山縣	大雨水	《廣東通志》（明嘉靖本）卷七，頁27。
		十九	1540	八	會同縣	淫　雨夾　旬	《廣東通志》（明嘉靖本）卷七，頁49。
		二十一	1542	五	封川縣	大　水	《肇慶府志》（明崇禎十三年刊本）〈事紀二〉，頁21。
		二十二	1543	五	肇慶府	大　水	《肇慶府志》（明崇禎十三年刊本）〈事紀二〉，頁21。
		二十二	1543	六～十	翁源縣	淫　雨	《翁源縣志》（清乾隆三十年刊本）卷八，頁4。
		二十四	1545	秋	揭陽縣	潦	《揭陽縣志》（清乾版四十九年刊本）卷二十七，頁4上。
		二十四	1545	秋	大埔縣	潦	《大埔縣志》（清乾隆九年刊本）卷十二，頁21。
		二十五	1546	四	南雄府	大　水	《廣東通志》（明嘉靖本）卷六十九，頁37。
		二十六	1547	五～七	石　城	淫　雨	《高州府志》（清光緒十五年刊本）卷四十八，頁16。
		二十六	1547	夏	肇慶府	大　水	《廣東通志》（明萬曆三十年刊本）卷六，頁45。
		二十七	1548	七	吳川縣	大　水	《高州府志》（光緒十五年刊本）卷四十八，頁16。
		二十七	1548	夏	肇慶府	大　水	《肇慶府志》（明崇禎十三年刊本）〈事紀二〉，頁25。
		三十	1551	四	興寧縣	大　水	清咸豐《興寧縣志》卷十二，頁4。
		三十一	1552	八	封川縣	大　雨	《封川縣志》（清康熙二十四年刊本）卷四，頁7下。

世宗	嘉靖	三十一	1552	十	樂會縣	淫雨 夾旬	《廣東通志》（明嘉靖刊本）卷七十，頁49。
		三十一	1552	秋	合浦縣	大水	《廉州府志》（明崇禎十年刊本）卷一，頁29。
		三十二	1553	夏～九	肇慶府	大水	《肇慶府志》（明崇禎十三年刊本）〈事紀二〉，頁24。
		三十五	1556	四	南雄府	大水	《南雄府志》（清乾隆二十八年刊本）卷十七。
		三十五	1556	四	大埔縣	大雨水	《大埔縣志》（清乾隆九年刊本）卷十二，頁20。
		三十五	1556	冬	封川縣 德慶縣	淫雨	《肇慶府志》（明崇禎十三年刊本）〈事紀二〉，卷二十五。
		三十七	1558	四	恩平縣	大水	《肇慶府志》（明崇禎十三年刊本）〈事紀二〉，卷二十五。
		三十七	1558	四	封川縣	大水	《封川縣志》（清康熙二十四年刊本）卷四，頁7下。
		三十八	1559	四	三水	大水	《三水縣志》（清康熙四十九年刊本）卷一，頁7下～11下。
		三十八	1559	四	肇慶府	大水	《肇慶府志》（明崇禎十三年刊本）〈事紀二〉，頁25。
		三十九	1560	夏	肇慶府	大水	《肇慶府志》（明崇禎十三年刊本）〈事紀二〉，頁28。
		四十一	1562	五	封川縣	大水	《肇慶府志》（明崇禎十三年刊本）〈事紀二〉，頁29。
		四十二	1563	四	三水	大水	《三水縣志》（清康熙四十九年刊本）卷一。
		四十二	1563	六	封川縣	大水	《封川縣志》（清康熙二十四年刊本）卷四，頁8。
		四十二	1563	六	南海縣	大水	《南海縣志》（明萬曆三十七年刊本）卷三，頁24上。
		四十二	1563	七	新會縣	大雨	《新會縣志》（清乾隆六年刊本）卷一，頁20。
		四十三	1564	二	封川縣	淫雨	《封川縣志》（清康熙二十四年刊本）卷四，頁8。
		四十三	1564	三	新興 恩平	大水	《肇慶府志》（明崇禎十三年刊本）〈事紀二〉，頁30。
		四十四	1565	五	大埔縣	大雨水	《大埔縣志》（清乾隆九年刊本）卷十二，頁21。
穆宗	隆慶	一	1567	五	連州	大水	《廣東通志》（明萬曆三十年刊本）卷六，頁52。
		二	1568	四	順德縣	大水	《順德縣志》（明萬曆十三年刊本）卷十，頁1下～3下。
		四	1570	二	四會縣	大水	《肇慶府志》（明崇禎十三年刊本）〈事紀二〉，頁32。
		五	1571	五	曲江縣	大水	《重修曲江縣志》（清康熙二十六年刊本）卷一，頁26～6。
		五	1571	夏	順德縣	大水	《順德縣志》（明萬曆十三年刊本）卷十，頁1下～3下。
		五	1571	五	南雄府	大水	《南雄府志》（清乾隆二十八年刊本）卷十七。
		五	1571	五	興寧縣	大水	清咸豐《興寧縣志》卷十二，頁4。

穆宗	隆慶	五	1571	五	韶州府	大 水	《廣東通志》（明萬曆三十年刊本）卷六，頁56。
		六	1572	春	三水縣	大 水	《三水縣志》（清康熙四十九年刊本）卷一，頁9上。
		六	1572	四	封川縣	大 水	《肇慶府志》（明崇禎十三年刊本）〈事紀二〉，頁32。
		六	1572	七	廣州府	大 水	《廣東通志》（明萬曆三十年刊本）卷六，頁54。
神宗	萬曆	一	1573	二	定安縣	淫 雨	《定安縣志》（清康熙二十九年刊本）卷一，頁55。
		一	1573	五～六	高要縣	大 水	《高要縣志》（清道光六年刊本）卷十，頁2下～13上。
		一	1573	五	肇慶府	水	《肇慶府志》（明崇禎十三年刊本）〈事紀二〉，頁34。
		一	1573	六	肇慶府	水	《肇慶府志》（明崇禎十三年刊本）〈事紀二〉，頁34。
		一	1573	六	封川縣	水	《封川縣志》（清康熙二十四年刊本）卷四，頁10。
		一	1573	八	肇慶府	水	《肇慶府志》（明崇禎十三年刊本）〈事紀二〉，頁34。
		一	1573	十	順德縣	大 雨	《順德縣志》（明崇禎十三年刊本）卷十，頁1下～3下。
		四	1576	五	南雄府	大 水	《南雄府志》（清乾隆二十八年刊本）卷十七。
		九	1581	五	從、龍及增等縣	大雨雹	《神宗實錄》卷二十二，頁1下。
		九	1581	五	陽春縣	大 雨	《陽春縣志》（清乾隆二十三年刊本）卷十四，頁2下～13上。
		九	1581	五	肇慶府	大雨水	《肇慶府志》（明崇禎十三年刊本）〈事紀二〉，頁37。
		九	1581	五	從化縣	大 雨	《從化縣志》（清康熙間修宣統元年重刊）卷上，頁70～3。
		十	1582	三	惠、河及博縣	大 水	《國榷》卷七十一，頁4407。
		十	1582	五	長樂縣	大 水	《長樂縣志》（清康熙三十六年刊本）卷七，頁12上。
		十二	1584	七	澄海縣	大 水	《澄海縣志》（清乾隆二十九年刊本）卷一，頁17上～18上。
		十三	1585	五	恩平縣	大 水	《肇慶府志》（崇禎十三年刊本）〈事紀二〉，頁39。
		十三	1585	九	瓊州府	大雨連日	《瓊州府志》（明萬曆刊本）卷十二，頁4。
		十四	1586	四	南雄府	大 水	《南雄府志》（清乾隆二十八年刊本）卷十七。
		十四	1586	四	封川縣	大 水	《封川縣志》（清康熙二十四年刊本）卷四，頁12。

神宗	萬曆	十四	1586	六	封川縣	大水	《封川縣志》（清康熙二十四年刊本）卷四，頁12。
		十四	1586	七	封川縣	大水	《封川縣志》（清康熙二十四年刊本）卷四，頁12。
		十四	1586	七	肇慶府	大水	《肇慶府志》（清乾隆二十五年刊本）卷一，頁13下。
		十六	1588	六	封川縣	大水	《封川縣志》（清康熙二十四年刊本）卷四，頁12。
		二十	1592	春～夏	高要縣	大水	《高要縣志》（清道光六年刊本）卷十，頁1。
		二十	1592	春～夏	歸善縣	恒雨	《惠州府志》（清康熙二十七年刊本）卷五，頁49。
		二十一	1593	夏	德慶州	大水	《肇慶府志》（明崇禎十三年刊本）〈事紀二〉，頁46。
		二十三	1595	五	澄海縣	雨	《澄海縣志》（清乾隆二十九年刊本）卷五，頁18。
		二十三	1595	八	興寧縣	大水	清咸豐《興寧縣志》卷十二，頁4。
		二十四	1596	夏	四會縣	大水	《肇慶府志》（明崇禎十三年刊本）〈事紀二〉，頁40。
		二十四	1596	夏	封川縣	大水	《封川縣志》（清康熙二十四年刊本）卷四，頁12。
		二十五	1597	五	廣東	大水	《廣東通志》（萬曆三十年刊本）卷七十一，頁24。
		二十五	1597	秋	肇慶府	大水	《肇慶府志》（明崇禎十三年刊本）〈事紀二〉，頁40。
		二十九	1601	九	恩平縣	大水	《肇慶府志》（明崇禎十三年刊本）〈事紀二〉，頁41。
		三十一	1603	四	大埔縣	大水	《大埔縣志》（清乾隆九年刊本）卷十二，頁22。
		三十二	1604	五	高要縣 恩平縣	大水	《肇慶府志》（明崇禎十三年刊本）〈事紀二〉，頁41。
		三十二	1604	七	高要縣 恩平縣	大水	《肇慶府志》（明崇禎十三年刊本）〈事紀二〉，頁41。
		三十五	1607	八	高明縣 高要縣	大水	《肇慶府志》（清乾隆二十五年刊本）卷一，頁10下。
		三十七	1609	三	新會縣	大雨	《新會縣志》（明萬曆三十七年刊本）卷一，頁6上。
		三十七	1609	六	新會縣	大雷雨	《新會縣志》（清乾隆六年刊本）卷上，頁25。
		三十七	1609	七	新會縣	大雨	《新會縣志》（清乾隆六年刊本）卷上，頁25。
		三十八	1610	二	高要縣	大水	《肇慶府志》（明崇禎十三年刊本）〈事紀二〉，頁42。
		三十八	1610	六	高要縣	大水	《肇慶府志》（明崇禎十三年刊本）〈事紀二〉，頁42。
		四十	1612	八	高要縣	大水	《肇慶府志》（明崇禎十三年刊本）〈事紀二〉，頁44。

神宗	萬曆	四十一	1613	五	高要縣	大水	《肇慶府志》（明崇禎十三年刊本）〈事紀二〉，頁44。
		四十一	1613	十一	廣　東	大水	《神宗實錄》卷五一四，頁4上。
		四十三	1615	夏	澄海縣	大　水	《澄海縣志》（清乾隆二十九年刊本）卷五，頁18上。
		四十四	1616	五	澄海縣	大　水	《澄海縣志》（清乾隆二十九年刊本）卷五，頁18上。
		四十四	1616	五	曲江縣	大　水	《重修曲江縣志》（清康熙二十六年刊本）卷一，頁25～26。
		四十四	1616	五	南雄府	洪水	《南雄府志》（清乾隆二十八年刊本）卷十七。
		四十四	1616	夏	廣　寧四　會	大　水	《肇慶府志》（明崇禎十三年刊本）〈事紀二〉，頁44。
		四十四	1616	六	高要縣	大　水	《肇慶府志》（明崇禎十三年刊本）〈事紀二〉，頁44。
		四十五	1617	四	肇慶府	大水	《肇慶府志》（明崇禎十三年刊本）〈事紀二〉，頁44。
		四十五	1617	五	肇慶府	大　水	《肇慶府志》（明崇禎十三年刊本）〈事紀二〉，頁44。
		四十五	1617	五	大埔縣	雨連旬	《大埔縣志》（清乾隆九年刊本）卷十二，頁23。
		四十五	1617	六	肇慶府	大　水	《肇慶府志》（明崇禎十三年刊本）〈事紀二〉，頁44。
		四十六	1618	四	封川縣	大　水	《肇慶府志》（明崇禎十三年刊本）〈事紀二〉，頁44。
		四十八	1620	四～八	高要縣	大　水	《肇慶府志》（明崇禎十三年刊本）〈事紀二〉，頁45。
熹宗	天啟	一	1621	三	開　建	大雨	《肇慶府志》（明崇禎十三年刊本）〈事紀二〉，頁45。
		三	1623	一	大埔縣	大雨	《大埔縣志》（清乾隆九年刊本）卷十二，頁23。
		四	1624	五	肇慶府	大水	《肇慶府志》（明崇禎十三年刊本）〈事紀二〉，頁46。
		五	1625	春	肇慶府	多雨潦	《肇慶府志》（明崇禎十三年刊本）〈事紀二〉，頁46。
		五	1625	七	肇慶府	大　水	《肇慶府志》（明崇禎十三年刊本）〈事紀二〉，頁46。
		七	1627	六	高明縣	大雨	《肇慶府志》（明崇禎十三年刊本）〈事紀二〉，頁47。
思宗	崇禎	一	1628	五	長樂縣	驟雨	《長樂縣志》（清康熙三十六年刊本）卷七，頁21。
		二	1629	五	新會縣	大雨	《新會縣志》（清乾隆六年刊本）卷二，頁24。
		三	1630	五	高明縣	大水	《高明縣志》（清嘉慶五年刊本）卷十七，頁1下～6下。
		三	1630	六	高要縣恩平縣陽江縣	大　水	《肇慶府志》（明崇禎十三年刊本）〈事紀二〉，頁48。

思宗	崇禎	五	1632	四	陽　江	大　水	《肇慶府志》（明崇禎十三年刊本）〈事紀二〉，頁49。
		五	1632	五	惠　來	大雨水	《惠來縣志》（清雍正九年刊本）卷十二，頁14。
		五	1632	六	吳　川	大　水	《高州府志》（清光緒十五年刊本）卷四十八，頁41。
		六	1633	四	大埔縣	大　水	《大埔縣志》（清乾隆九年刊本）卷十二，頁24。
		七	1634	四	大埔縣	大　水	《潮州府志》（清乾隆二十七年刊本）卷十一，頁57上。
		七	1634	七	廉州府	霪　雨大　潦	《廉州府志》（明崇禎十年刊本）卷三十一，頁38。
		十	1637	夏	長　樂興　寧	霪　雨	《翁源縣志》（清嘉慶二十五年刊本）卷五。
		十五	1642	四	揭陽縣	雨　潦	《揭陽縣志》（清乾隆四十九年刊本）卷二，頁7下～8上。
		十六	1643	五	興寧縣	大　水	《清咸豐興寧縣志》卷十二，頁5上。

表二：明代廣東乾旱統計表

帝號	年號	年	西元	月	地點	乾旱情形	資　料　說　明
英宗	天順	一	1457	三	順德縣	不　雨	《順德縣志》（明萬曆十三年刊本）卷十，頁1下～3下。
憲宗	成化	八	1472	一	廣州府	旱	《廣東通志》（明嘉靖本）卷七，頁30。
		十九	1483	夏	肇慶府	旱	《肇慶府志》（明崇禎十三年刊本）〈事紀二〉，頁10。
孝宗	弘治	十一	1498	七	興寧縣	大　旱	《廣東通志》（萬曆三十年刊本）卷六，頁29。
		十三	1500	春	瓊州府	大　旱	《瓊州府志》（明萬曆刊本）卷十二，頁4。
武宗	正德	八	1513	一～四	高州府	大　旱	《廣東通志》（明萬曆三十年刊本）卷七十一，頁15。
		八	1513	二	陽　春	旱	《肇慶府志》（崇禎十三年刊本）〈事紀二〉，頁12。
		十	1515	秋	南雄府	大　旱	《南雄府志》（清乾隆二十八年刊本）卷十七。
世宗	嘉靖	四	1525	四	和　平	大　旱	《惠州府志》（清康熙二十七年刊本）卷五，頁20上。
		七	1528	十	樂　會崖　州	旱	《瓊州府志》（明萬曆刊本）卷十二，頁6。
		七	1528	春～夏	肇慶府	大　旱	《肇慶府志》（明崇禎十三年刊本）〈事紀二〉，頁18。
		八	1529	秋	大埔縣	旱	《大埔縣志》（清乾隆九年刊本）卷十二，頁6。
		九	1530	春		旱	《潮州府志》（清乾隆二十七年刊本）卷十三，頁3上。
		九	1530	春	順德縣	旱	《順德縣志》（明萬曆十三年刊本）卷十，頁1～3。

		九	1530	二	三水縣	旱	《三水縣志》（清康熙四十九年刊本）卷一，頁3上。
世宗	嘉靖	九	1530	春	饒平縣	旱	《饒平縣志》（清康熙二十五年刊本）卷十三，頁12上。
		九	1530	秋	饒平縣	旱	《饒平縣志》（清康熙二十五年刊本）卷十三，頁12上。
		十三	1534	四	靈山縣	旱	《廣東通志》（明嘉靖本）卷七十，頁27。
		十四	1535	夏	饒平縣	旱	《潮州府志》（明嘉靖二十六年刊本）卷八，頁14下～15上。
		十五	1536	二	廣、肇及南、韶四府	大旱	《廣東通志》（明萬曆三十年刊本）卷六，頁41。
		十五	1536	秋	三水縣	大旱	《三水縣志》（清康熙四十九年刊本）卷一，頁4。
		二十一	1542	夏	翁源縣	旱	《翁源縣志》（清乾隆三十年刊本）卷八，頁4。
		二十二	1543	八～五	興寧縣	不雨	《廣東通志》（明萬曆三十年刊本）卷六，頁44。
		二十二	1543	八～三	恩平陽江	旱	《肇慶府志》（明崇禎十三年刊本）〈事紀二〉，頁21。
		二十三	1544	春	潮州府	大旱	《潮州府志》（明嘉靖二十六年刊本）卷八，頁15。
		二十三	1544	夏～秋	大埔縣	旱	《大埔縣志》（清乾隆九年刊本）卷十二，頁21。
		二十四	1545	春	海陽縣	大旱	《潮州府志》（清乾隆二十七年刊本）卷十三，頁3。
		二十四	1545	春	潮州府	大旱	《潮州府志》（明嘉靖二十六年刊本）卷八，頁15上下。
		二十五	1546	七	高州府	大旱	《廣東通志》（明嘉靖本）卷七十，頁21。
		二十六	1547	三	石城縣	旱	《高州府志》（清光緒十五年刊本）卷四十八，頁16。
		二十七	1548	四	吳川縣	不雨	《高州府志》（清光緒十五年刊本）卷四十八，頁16。
		三十一	1552	二	陽春縣	大旱	《肇慶府志》（清乾隆二十五年刊本）卷一，頁10。
		三十一	1552	二	封川縣	旱	《封川縣志》（清康熙二十四年刊本）卷四，頁7下。
		三十一	1552	三	封川縣	大旱	《封川縣志》（清康熙二十四年刊本）卷四，頁7下。
		三十一	1552	秋	順德縣	大旱	《順德縣志》（明萬曆十三年刊本）卷十，頁1下～3下。
		三十四	1555	九～三	會同縣	大旱	《瓊州府志》（明萬曆刊本）卷十二，頁7。
		三十七	1558	春	順德縣	旱	《順德縣志》（明萬曆十三年刊本）卷十，頁1下～3下。
		三十九	1560	八	興寧縣	不雨	清咸豐《興寧縣志》卷十二，頁4。
		三十九	1560	八	長樂縣	大旱	《長樂縣志》（清康熙三十六年刊本）卷七，頁12。

世宗	嘉靖	三十九	1560	秋	肇慶府	大旱	《肇慶府志》（明崇禎十三年刊本）〈事紀二〉，頁28。
		四十	1561	四	肇慶府	大旱	《肇慶府志》（明崇禎十三年刊本）〈事紀二〉，頁29。
穆宗	隆慶	四	1570	春～夏	惠來縣	大旱	《惠來縣志》（清雍正九年刊本）卷十二，頁14。
		六	1572	一～六	高明縣	大旱	《高明縣志》（清嘉慶五年刊本）卷十七，頁1下～6下。
		六	1572	春～夏	肇慶府	旱	《肇慶府志》（明崇禎十三年刊本）〈事紀二〉，頁32。
神宗	萬曆	六	1578	夏～秋	興寧縣	皆不雨	清咸豐《興寧縣志》卷十二，頁40。
		六	1578	秋	澄海縣	旱	《潮州府志》（清乾隆二十七年刊本）卷二，頁48下。
		七	1579	春～秋	興寧縣	不雨	崇禎《興寧縣志》卷六，頁9。
		八	1580	秋	澄海縣	旱	《澄海縣志》（清乾隆二十九年刊本）卷五，頁17上～18上。
		十三	1585	春	肇慶府	旱	《肇慶府志》（明崇禎十三年刊本）〈事紀二〉，頁39。
		二十一	1593	春	興寧縣	旱	崇禎《興寧縣志》卷六，頁19下。
		二十一	1593	秋	德慶州	旱	《肇慶府志》（明崇禎十三年刊本）〈事紀二〉，頁46。
		二十一	1593	七	高要縣	旱	《高要縣志》（清道光六年刊本）卷十。
		二十二	1594	四	高要縣	旱	《高要縣志》（清道光六年刊本）卷十。
		二十三	1595	春	澄海縣	旱	《潮州府志》（清乾隆二十七年刊本）卷二，頁49。
		二十三	1595	一～二	惠州十縣	旱	《惠州府志》（清康熙二十七年刊本）卷五。
		二十三	1595	一	高要縣	旱	《肇慶府志》（明崇禎十三年刊本）〈事紀二〉，頁4。
		二十三	1595	夏～秋	高要縣	大旱	《肇慶府志》（明崇禎十三年刊本）〈事紀二〉，頁4。
		二十三	1595	八～二	長樂縣	旱	《長樂縣志》（清康熙三十六年刊本）。
		二十三	1595	一～六	儋州縣	大旱	《瓊州府志》（明萬曆刊本）卷十二，頁4。
		二十三	1595	六	高州府	大旱	《高州府志》（清光緒十五年刊本）卷四十八，頁29。
		二十三	1595	六	吳川縣	大旱	《吳川縣志》（清光緒十四年刊本）卷十，頁10。
		二十三	1595	夏	三水	大旱	《三水縣志》（清康熙四九年刊本）卷一，頁10下。
		二十三	1595	秋	三水	大旱	《三水縣志》（清康熙四九年刊本）卷一，頁10下。
		二十三	1595	秋	新會	大旱	《新會縣志》（清乾隆六年刊本）卷二，頁4。
		二十四	1596	秋	三水	大旱	《三水縣志》（清康熙四十九年刊本）卷一，頁10下。
		二十四	1596	七	廣東	大旱	《國榷》卷七十七，頁4777。

神宗	萬曆	二十五	1597	秋	三　水	大旱	《三水縣志》（清康熙四十九年刊本）卷一，頁10上。
		二十九	1601	四	陽　江	旱	《肇慶府志》（明崇禎十三年刊本）〈事紀二〉，頁41。
		三十三	1605	春～夏	高　要	旱	《肇慶府志》（明崇禎十三年刊本）〈事紀二〉，頁42。
		三十四	1606	一～四	惠　來	旱	《惠來縣志》（清雍正九年刊本）卷十二，頁4。
		三十四	1606	一～五	興寧縣	旱	明崇禎《興寧縣志》卷六，頁20。
		三十六	1608	八	定安縣	大旱	《定安縣志》（清康熙二十九年刊本）卷一，頁55。
		三十八	1610	五	四會縣	大旱	《肇慶府志》（明崇禎十三年刊本）〈事紀二〉，頁42。
		三十八	1610	五	封川縣	大旱	《封川縣志》（清康熙二十四年刊本）卷四，頁13。
		四十一	1613	夏	欽州縣	大旱	《欽州志》（清雍正元年刊本）卷二，頁27。
		四十四	1616	秋	興寧縣	旱	明崇禎《興寧縣志》卷六，頁21。
		四十五	1617	春	肇慶府	旱	《肇慶府志》（明崇禎十三年刊本）〈事紀二〉，頁44。
		四十六	1619	三	瓊州府	旱	《瓊州府志》（清乾隆四十年刊本）卷十，頁31。
		四十六	1619	夏	吳川縣	旱	《高州府志》（清光緒十五年刊本）卷四十八，頁39。
		四十六	1619	秋	封川縣	旱	《肇慶府志》（明崇禎十三年刊本）〈事紀二〉，頁45。
熹宗	天啟	四	1624	春	肇慶府	大旱	《肇慶府志》（明崇禎十三年刊本）〈事紀二〉，頁46。
		六	1626	春～夏	肇慶府	大旱	《肇慶府志》（清乾隆二十五年刊本）卷一，頁16上。
		六	1626	六	廣州府	大旱	《國榷》卷八十七，頁5332。
		六	1626	夏	大埔縣	大旱	《大埔縣志》（清乾隆九年刊本）卷十二，頁2下。
思宗	崇禎	一	1628	春	高明縣	大旱	《高明縣志》（清嘉慶五年刊本）卷十七，頁1下～6上。
		一	1628	春	陽春縣	大旱	《陽春縣志》（清乾隆二十三年刊本）卷十四，頁2下～3上。
		一	1628	三～四	歸善縣	大旱	《惠州府志》（清康熙二十七年刊本）卷五，頁8下。
		二	1629	春～夏	揭陽縣	旱	《揭陽縣志》（清乾隆四十九年刊本）卷七，頁6上。
		三	1630	秋～冬	高明縣	旱	《肇慶府志》（明崇禎十三年刊本）〈事紀二〉，頁48。
		五	1632	九	肇慶府	大旱	《肇慶府志》（明崇禎十三年刊本）〈事紀二〉，頁49。
		六	1633	秋	大埔縣	旱	《潮州府志》（清乾隆二十七年刊本）卷十一，頁57。

思宗	崇禎	九	1636	四	曲江縣	旱	《重修曲江縣志》（清康熙二十六年刊本）卷一，頁 25～26。
		十	1637	暮春	長樂縣	大旱	《長樂縣志》（清康熙三十六年刊本）卷七，頁22上。
		十二	1639	一～五	吳川縣	不雨	《高州府志》（清光緒十五年刊本）卷四八，頁43。
		十三	1640	三	惠來縣	大旱	《惠來縣志》（清雍正九年刊本）卷十二，頁5。
		十五	1642	八	揭陽縣	旱	《揭陽縣志》（清乾隆四十九年刊本）卷二，頁17～18。
		十六	1643	夏～秋	曲江縣	大旱	《重修曲江縣志》（清康熙二十六年刊本）卷一，頁25。

表三：明代廣東風候統計表

帝號	年號	年	西元	月	地　點	颶風情形	資　料　說　明
太祖	洪武	四	1371	七	番禺縣	大風拔木三日	《國榷》卷四，頁451。
		十三	1380	七	雷州府海康縣	大風雨	《太祖實錄》卷一三二，頁6，乙未條。
成祖	永樂	一	1403	五	南海縣番禺縣	颶風	《太宗實錄》卷二十下，頁6，丙午條。
		九	1411	十二	廣　州等　府	颶風暴雨	《太宗實錄》卷二四九，頁1，己未條。
		十八	1420	夏	海康縣遂溪縣	颶風暴雨	《廣東通志》（嘉靖本）卷七，頁15。
		二十	1422	五	廣　州	颶風暴雨	同上，頁16。
		二十一	1423	八	瓊州府	颶風暴雨	同上。
仁宗	宣德	六	1431	六	儋州宜倫縣	颶風大作	《仁宗實錄》卷八十，頁8下，乙卯條。
英宗	天順	二	1458	七	瓊州府	颶風暴發	《瓊州府志》（萬曆本）卷十二，頁3。
		二	1458	十	瓊州府	颶風大發	《廣東通志》（嘉靖本）卷七十，頁46。
憲宗	成化	六	1470	七	順德縣	颶風	《順德縣志》（萬曆十三年本）卷十，頁1下～3下。
		二十	1484	三	南雄府	大風揚木	《憲宗實錄》卷二五〇，頁2，乙丑條。
		二十一	1485	三	番禺縣南海縣	風雷大作	《憲宗實錄》卷二六三，頁5，己丑條。
孝宗	弘治	六	1493	八	新會縣	颶風大作	《新會縣志》（乾隆六年本）卷二，頁12。
		八	1495	九	潮州府	暴風雨	《國榷》卷四十三，頁268。
		十四	1501	八	瓊山縣	暴風雨	《國榷》卷四十四，頁2775。
		十五	1502	八	高州府	風大作	《孝宗實錄》卷一九〇，頁10下，乙未條。
		十六	1503	九	高明	颶風	《肇慶府志》（崇禎十三本）卷二，頁11。
		十七	1504	五	瓊州府	颶風大作	《瓊州府志》（乾隆四十年刊本）卷十，頁上7。
		十七	1504	五	定安縣	颶風	《瓊州府志》（萬曆本）卷十二，頁4。

武宗	正德	四	1509	六	潮州府	颶風作	《潮州府志》（嘉靖二十六年刊本）卷八，頁14。
		四	1509	六	揭陽	颶風	《揭陽縣志》（乾隆四十九年刊本）卷七，頁20。
		八	1513	六	揭陽	颶風大作	《揭陽縣志》（乾隆四十九年刊本）卷七，頁26。
		九	1514	八	陽江	颶風	《廣東通志》（嘉靖本）卷七，頁37。
		十	1515	七	潮州府	颶風作	《潮州府志》（嘉靖本）卷十八，頁14。
		十	1515	八	瓊州府	大風猛急	《廣東通志》（嘉靖本）卷七，頁37。
		十六	1516	九	高州府	颶風大雨	《廣東通志》（嘉靖本）卷七十，頁21。
世宗	嘉靖	三	1524	七	廣州	颶風海溢	《廣東通志》（嘉靖）卷六十九，頁27。
		三	1524	八	海陽	大颶海溢	《潮州府志》（乾隆二十七年刊本）卷十一，頁3。
		三	1524	八	湘、揭及饒縣	大颶	《潮州府志》（嘉靖二十六年刊本）卷十，頁15。
		三	1524	七	樂會萬州	大風海溢	《瓊山縣志》（清咸豐七年刊本）卷十，頁28。
		五	1526	五	陽江恩平	大風拔木	《廣東通志》（萬曆三十年刊本）卷六，頁36。
		五	1526	七	廉州府	大風	《廣東通志》（嘉靖本）卷六十九，頁27。
		六	1527	三	廣州	大風雨	《廣東通志》（嘉靖本）卷六十九，頁27。
		六	1527	六	陽春縣	颶風大作	《廣東通志》（嘉靖）卷七十，頁12。
		六	1527	八	清遠縣增城縣東莞縣龍門縣	颶風大作	《廣東通志》（嘉靖本）卷六十九，頁27。
		七	1528	八	潮州府	颶風大作	《潮州府志》（乾隆二十七年刊本）卷十一，頁41上。
		七	1528	八	惠來縣	颶風大作	《惠來縣志》（清雍正九年刊本）卷十二，頁3。
		七	1528	八	潮陽	颶風	《潮陽縣志》（隆慶六年刊本）卷二，頁15上。
		八	1529	八	廣州府	颶風	《廣東通志》（嘉靖本）卷六十九，頁27。
		十三	1534	一	順德縣	大風	《順德縣志》（萬曆十三年刊本）卷十，頁10。
		十四	1535	八	順德縣	颶風	《順德縣志》（萬曆十三年刊本）卷十，頁1下～3下。
		十四	1535	八	廣州府	颶風	《廣東通志》（嘉靖本）卷六十九，頁27。
		十七	1538	八	翁源縣	大風拔木	《翁源縣志》（乾隆三十年刊本）卷八，頁6上。
		十八	1539	七	揭陽縣	颶風發	《揭陽縣志》（乾隆四十九年刊本）卷七，頁4上。
		二十	1541	九	瓊州府	颶風	《廣東通志》（萬曆三十年刊本）卷六，頁43。
		二十一	1542	七	吳川縣	颶風大作	《高州府志》（光緒十五年刊本）卷四十八，頁16。
		二十一	1542	九	瓊山縣	颶風猛作	《廣東通志》（嘉靖本）卷七十，頁47。
		二十一	1542	九	雷州府	颶風大作	《廣東通志》（嘉靖）卷七十，頁33。
		二十三	1544	四	廣州府	颶風大作	《廣東通志》（嘉靖本）卷六十九，頁27。

世宗	嘉靖	二十三	1544	六	惠來縣	大颶風	《惠來縣志》（清雍正九年刊本）卷十二，頁3～5。
		二十三	1544	八	興寧縣	大風	《興寧縣志》（咸豐六年刊本）卷十二，頁3。
		二十五	1546	八	新會縣	颶風	《新會縣志》（乾隆刊本）卷二，頁16。
		二十五	1546	九	肇慶府	颶風	《肇慶府志》（崇禎十三年刊本）〈事紀二〉，頁21。
		三十一	1552	六	雷州府	颶風大作	《廣東通志》（嘉靖本）卷七十，頁33。
		三十三	1554	七	順德縣	颶風	《順德縣志》（萬曆十三年刊本）卷十四，頁3下。
		三十三	1554	七	肇慶府	颶風	《肇慶府志》（崇禎十三年刊本）〈事紀二〉，頁24。
		三十四	1555	四	四會縣	颶風	《肇慶府志》（崇禎十三年刊本）〈事紀二〉，頁24。
		三十五	1556	六	封川縣	颶風	《肇慶府志》（崇禎十三年刊本）〈事紀二〉，頁25。
穆宗	隆慶	三	1569	六	封川縣	大風	《封川縣志》（康熙二十四年刊本）卷四，頁9。
		三	1569	六	大埔縣	風甚	《大埔縣志》（乾隆九年刊本）卷十二，頁20。
		三	1569	六	饒平縣	大風二晝夜	《饒平縣志》（康熙二十五年刊本）卷十三，頁14上。
		三	1569	六	順德縣	颶風	《順德縣志》（萬曆十三年刊本）卷十，頁1下～3下。
		三	1569	九	廣州府	大風	《廣東通志》（萬曆三十年刊本）卷六，頁53。
		四	1570	二	陽江縣	颶風	《肇慶府志》（崇禎十三年刊本）〈事紀二〉，頁32。
		五	1571	八	封川縣	大風	《肇慶府志》（乾隆二十五年刊本）卷一，頁12下。
		五	1571	九	順德縣	颶風	《順德縣志》（萬曆十三年刊本）卷十，頁1下～3下。
		五	1571	九	高要縣	颶風	《肇慶府志》（乾隆二十五年刊本）卷一、十二下。
		五	1571	九	德慶州	颶風	《肇慶府志》（崇禎十三年刊本）〈事紀二〉，頁32。
		六	1572	七	萬州	大風雨	《國榷》卷六十八，頁4189。
神宗	萬曆	一	1573	六	澄海	大颶	《潮州府志》（乾隆二十七年刊本）卷十一，頁84上。
		二	1574	八	三水縣	颶風	《三水縣志》（康熙四十九年刊本）卷一，頁9上。
		二	1574	八	高要縣	颶風	《高要縣志》（清道光六年刊本）卷十，頁1上～3上。
		二	1574	八	肇慶府	颶風	《肇慶府志》（崇禎十三年刊本）〈事紀二〉，頁34。
		三	1575	一	肇慶府	颶風	《肇慶府志》（崇禎十三年刊本）〈事紀二〉，頁35。

神宗	萬曆	七	1579	五	陽江縣	颶　風	《肇慶府志》（崇禎十三年刊本）〈事紀二〉，頁37。
		九	1581	九	澄海縣	大　颶	《潮州府志》（乾隆二十七年刊本）卷二，頁48下。
		十一	1583	八	澄海縣	颶　風	《澄海縣志》（乾隆二十九年刊本）卷五。
		十五	1587	八	新會縣	大　風	《新會縣志》（萬曆三十七年刊本）卷一，頁5下。
		十五	1587	八	陽春縣	大風雨	《肇慶府志》（崇禎十三年刊本）〈事紀二〉，頁39。
		十六	1588	七	新會縣	颶　風	《新會縣志》（萬曆三十七年刊本）卷一，頁5下。
		十七	1589	四	吳川縣	颶　風	《高州府志》（光緒十五年刊本）卷四十八，頁36。
		十七	1589	七	澄海縣	颶　風	《潮州府志》（乾隆二十七年刊本）卷二，頁49上。
		十九	1591	八	定安縣	颶風如鐵	《定安縣志》（康熙二十九年刊本）卷一，頁55。
		二十三	1595	七	澄海縣	颶　風	《澄海縣志》（乾隆二十九年刊本）卷五。
		二十六	1598	五	石　城	大風雨	《高州府志》（光緒十五年刊本）卷四十八，頁37。
		二十八	1600	六	新會縣	颶風大作	《新會縣志》（萬曆三十七年刊本）卷一，頁6。
		二十九	1601	九	惠來縣	颶　風	《惠來縣志》（清雍正九年利本）卷十二，頁4。
		二十九	1601	九	潮州府	颶風大作	《潮州府志》（乾隆二十七年刊本）卷二，頁52上。
		三十三	1605	七	惠來縣	颶　風	
		三十五	1607	六	欽　州	颶風大作	欽州志（雍正元年刊本）卷二，頁25。
		三十七	1609	六	高要縣	颶　風	《肇慶府志》（崇禎十三年刊本）〈事紀二〉，頁42。
		三十七	1609	七	新會縣	颶風大雨	《新會縣志》（萬曆三十七年刊本）卷一，頁6上。
		三十八	1610	六	新會縣	颶　風	《新會縣志》（乾隆六年刊本）卷二，頁25。
		四十四	1616	七	瓊州府	颶　風	《瓊州府志》（嘉靖二十六年刊本）卷十二，頁12。
		四十四	1616	八	揭陽縣	颶　風	《揭陽縣志》（乾隆四十九年刊本）卷七，頁6。
		四十五	1617	七	吳　川石　城	颶風大作	《高州府志》（光緒二十五年刊本）卷四十八，頁39。
		四十五	1617	八	吳川縣	風	《高州府志》（光緒二十五年刊本）卷四十八，頁39。
		四十六	1618	八	潮州府	大　風	《國榷》卷八十三，頁5124。
		四十七	1619	八	惠來縣	大颶風	《惠來縣志》（清雍正九年刊本）卷十二，頁4。

神宗	萬曆	四十八	1620	六	陽江縣	颶風大作	《肇慶府志》（崇禎十三年刊本）〈事紀二〉，頁45。
熹宗	天啓	五	1625	五	普寧縣	大颶	《潮州府志》（乾隆二十年刊本）卷十一，頁46。
		六	1626	六	肇慶府	颶風	《肇慶府志》（明崇禎十三年刊本）〈事紀二〉，頁46。
		七	1627	六	高要縣	颶風	《肇慶府志》（明崇禎十三年刊本）〈事紀二〉，頁47。
		七	1627	七	高要縣	颶風	《肇慶府志》（明崇禎十三年刊本）〈事紀二〉，頁47。
思宗	崇禎	五	1632	六	臨高縣	颶風	《瓊州府志》（乾隆四十年刊本）卷十，頁32。
		五	1632	七	石城	颶風	《高州府志》（清光緒十五年刊本）卷四十八，頁41。
		九	1636	六	廉州府	颶風大作	《廉州府志》（明崇禎十年刊本）卷一，頁39。
		九	1636	六	惠州府	大風	《翁源縣新志》（清嘉慶二十五年刊本）卷五。
		九	1636	七	海豐縣	大颶風	《翁源縣新志》（清嘉慶二十五年刊本）卷五。
		九	1636	七	揭陽縣	大颶風	《揭陽縣志》（清乾隆四十九年刊本）卷七，頁77。
		十二	1639	六	吳川縣	颶風	《潮州府志》（清乾隆二十七年刊本）卷四十八。
		十三	1640	四	新會縣	颶風	《新會縣志》（乾隆六年刊本）卷二，頁28。
		十三	1640	八	海豐縣	大颶風	《新源縣新志》（清嘉慶三十五年刊本）卷五。
		十五	1642	十	海豐縣	大風水	《新源縣新志》（清嘉慶三十五年刊本）卷五。
		十五	1642	十一	普寧縣	風起	《潮州府志》（清乾隆二十七年刊本）卷二，頁61下。

表四：明代廣東霜雪統計表

帝號	年號	年	西元	月	地點	霜雪情形	資　料　說　明
憲宗	成化	十七	1481	三	興寧縣	隕霜	清咸豐《興寧縣志》卷十二，頁2上。
孝宗	弘治	十七	1504	三	興寧縣	隕霜	《廣東通志》（嘉靖本）卷七，頁35。
武宗	正德	一	1506	冬	萬州	雨雪	《瓊州府志》（清乾隆四十年刊本）卷十，頁28。
		四	1509	十	潮州府	隕霜厚尺	《廣東通志》（嘉靖刊本）卷七，頁36。
		四	1509	十二	潮州府	隕雪	《潮州府志》（明嘉靖二十六年刊本）卷八，頁14。
		四	1509	十二	揭陽縣	隕雪厚三尺許	《揭陽縣志》（乾隆四十九年刊本）卷七，頁2。
		四	1509	十二	饒平縣	大雪深尺許	《饒平縣志》（康熙二十五年刊本）卷十三，頁2上。
		五	1510	一	高州府	大雪積厚二寸	《廣東通志》（嘉靖本）卷七十，頁21。

			西元					
世宗	嘉靖	五	1526	十二	廉州府	大雪	《廣東通志》（嘉靖本）卷七十，頁 27。
		十一	1533	冬	陽春縣	大雪	《陽春縣志》（清乾隆二十三年刊本）卷十四，頁 2 下～13 上。
		十一	1533	冬	曲江縣	大雪	《重修曲江縣志》（清康熙二十六年刊本）卷一，頁 25。
		十一	1533	冬	翁源縣	大雪冰厚一尺	《翁源縣志》（清乾隆三十年刊本）卷八，頁 3 下。
		十一	1533	冬	韶州府	大雪冰厚一尺	《廣東通志》（明嘉靖本）卷六十九，頁 34。
		十一	1533	十一	揭陽縣	隕霜	《潮州府志》（明嘉靖二十六年刊本）卷八，頁 14 下～15 上。
		十一	1533	十一	定安縣	大雪	《定安縣志》（清康熙二十九年刊本）卷一，頁 5。
		十一	1533	十二	德慶州	大雪	《廣東通志》（明嘉靖）卷七十，頁 12。
		十四	1535	十二	高明縣	有雪	《廣東通志》（明嘉靖本）卷七十，頁 12。
		十五	1536	十二	惠州府	大雪	《廣東通志》（萬曆三十年刊本）卷七十一，頁 43。
		十五	1536	冬	德慶州	大雪	《肇慶府志》（崇禎十三年刊本）〈事紀二〉，卷二十。
		十五	1536	冬	高明縣	大雪	《廣東通志》（明嘉靖本）卷七十，頁 12。
		十五	1536	十二	惠州府	大雪	《廣東通志》（明嘉靖本）卷六十九，頁 49。
		十六	1537	冬	高明縣	大雪	《肇慶府志》（崇禎十三年刊本）〈事紀二〉，頁 20。
		二十六	1547	九	石　城	降霜	《高州府志》（清光緒十五年刊本）卷四十八，頁 16。
		二十六	1547	九	高州府	繁霜	《廣東通志》（明嘉靖本）卷七十，頁 21。
		二十七	1548	九	吳川縣	繁霜	《高州府志》（清光緒十三年刊本）卷四十八，頁 16。
		二十八	1549	十二	長樂縣	雨雪	《長樂縣志》（清康熙三十六年刊本）卷七，頁 12 上～23 上。
		二十九	1550	冬	興寧縣	霜水	崇禎《興寧縣志》卷六，頁 18。
穆宗	隆慶	三	1569	十二	廣州府	大雪	《廣東通志》（萬曆十年刊本）卷六，頁 53。
神宗	萬曆	十一	1583	春	興寧縣	隕霜	清咸豐《興寧縣志》卷十二，頁 2。
		十二	1584	一	高要縣	雪	《高要縣志》（清道光六年來刊本）卷一。
		十八	1590	冬	興寧縣	隕雪	清咸豐《興寧縣志》卷十二，頁 4。
		三十四	1606	冬	瓊州府	大雪	《瓊州府志》（清乾隆四十年刊本）卷十，頁 31。
		四十二	1614	冬	廣寧縣	雪	《肇慶府志》（崇禎十三年刊本）〈事紀二〉，頁 42。
		四十二	1614	十一	興寧縣	下大雪	崇禎《興寧縣志》卷六，頁 20。
		四十二	1614	冬	長樂縣	大雪	《長樂縣志》（清康熙三十六年刊本）卷七，頁 20。
		四十三	1615	冬	大埔縣	大雨雪	《大埔縣志》（清乾隆九年刊本）卷十二，頁 22。

神宗	萬曆	四十六	1618	十二	陽春縣	大雪	《陽春縣志》（清乾隆二十三年刊本）卷十四，頁2上～13
熹宗	天啓	一	1621	二	肇慶府	雨雪	《肇慶府志》（崇禎十三年刊本）〈事紀二〉，頁45
思宗	崇禎	七	1634	一	長樂縣興寧縣	大雪	《翁源縣志》（清嘉靖二十五年刊本）卷五，頁11
		七	1634	一	從化縣	大雪	《從化縣志》（清康熙修定本）卷上，頁71～73
		七	1634	一	曲江縣	大雪	《重修曲江縣志》（清康熙二十六年刊本）卷一，頁25上～26上
		九	1636	十二	惠來縣	隕霜	《惠來縣志》（清雍正九年利本）卷十二，頁5。
		九	1636	十二	海豐縣	大雪	《惠州府志》（清康熙二十七年利本）卷五，頁4。
		九	1636	十二	高州府	大雪	《高州府志》（清光緒十五年刊本）卷四十八，頁42。
		九	1636	冬	長樂縣	大凍	《長樂縣志》（清康熙三十六年刊本）卷七，頁22。

表五：明代廣東氣候月分分布統計表

	雨	比 例	乾 旱	比 例	風	比 例	霜 雪	比 例
一 月	3	1.3%	13	8.6%	2	1.7%	5	11.1%
二 月	6	2.6%	16	10.5%	1	0.9%	1	0.7%
三 月	10	4.3%	15	9.9%	3	2.6%	2	4.4%
四 月	35	15.1%	16	10.5%	4	3.4%	0	0%
五 月	68	29.3%	7	4.6%	8	6.9%	0	0%
六 月	31	13.4%	5	3.3%	24	20.7%	0	0%
七 月	25	10.8%	4	2.6%	24	20.7%	0	0%
八 月	16	6.9%	7	4.6%	31	26.7%	0	0%
九 月	8	3.4%	5	3.3%	14	12%	3	6.7%
十 月	4	1.7%	4	2.6%	2	1.7%	1	2.2%
十一月	5	2.2%	4	2.6%	1	0.9%	3	6.7%
十二月	1	0.4%	4	2.6%	1	0.9%	14	31.1%
其 他	20	8.6%	52	34.2%	1	0.9%	16	35.6%
合 計	232	100%	152	100%	116	100%	45	100%

備註：1. 本資料由表一、二、三、四統計得來。
　　　2. 其他一欄是指時間未明，以春、夏、秋、冬出現者。

　　由表五統計得知，廣東雨水散布在四、五、六、七、八等五個月，可見其雨季長，雨量均勻豐沛，有助益農作之生長。然而，有時在同一地點，降雨數月，以致山洪暴發，大水漫天，殃及百姓，淹沒田禾家畜，數以萬計，

造成空前災害，則為美中不足之事〔註96〕。而一、二、三等三個月，有間歇性的乾旱，此現象愈至明末，愈嚴重，導至農物無春雨化之，苦旱蔽天，作物歉收，穀價上漲，民不聊生〔註97〕。五、六、七、八、九等四個月，正是農作收穫期間，苦遇颶風暴作，海水倒灌，田禾淹沒，人畜沖走，百姓生活更苦。〔註98〕

此外，可明顯看出，粵境氣候雖仍保持以往之燠熱潮濕，但寒季更顯，非但嶺北一帶常見瑞雪，甚且連瓊州亦見瑞雪〔註99〕。演至明末，天氣愈冷，思宗崇禎七年（1637）正月，從化縣連下四天大雪，山谷積滿〔註100〕。九年（1639）十二月，惠來縣又連降三日雪，不僅河面凝結，且冰厚達四、五寸，草木禽魚，凍死無數〔註101〕。長樂縣，冰結亦寸餘，堅凝可渡。〔註102〕

總之，明代廣東氣候變遷頗影響農作物生長，若風調雨順，則家富人足，反之，則家破人亡〔註103〕。這種現象，明中葉以後，更加明顯〔註104〕。所以

〔註96〕據郭棐，前引書，卷六，頁 13 所載：「永樂十八年三月，崖州山水暴漲，衝決田稼，壞廬舍。」頁14：「永樂二十年夏五月，廣州颶風暴雨，潮水泛溢，溺死人三百六十餘口，漂沒房舍一千兩百間，壞倉糧二萬五千三百餘石。」凡此天災，不待贅敘。餘詳見第八章〈經濟發展之阻礙〉。

〔註97〕藺璿，《大埔縣志》卷十二（清乾隆九年刊本，故宮普舊），頁20〜30：「崇禎四年辛未大饑，斗米銀二錢五分。」蓋此年大埔天旱，以至水淺可徒，非但農產歉收，且盜賊應之而生，生靈塗炭。

〔註98〕同註96。

〔註99〕歐陽璨等，前引書，卷十二，頁5。明武宗正德元年冬，萬州大雪。時舉人王世享因歌：「……越中自古原無雪，萬州更在天南絕。岩花開發四時春，葛衫穿過三冬月。昨夜家家人冬衣，楊柳落盡山頭枝，小兒向火圍爐坐，百年此事真稀奇。」可見越地自古本無雪，至明代天氣漸寒，以致連僻處一隅之萬州，亦降瑞雪。

〔註100〕郭遇熙，《從化縣志》卷二（清雍正八年刊本，國立故宮博物院普通善本書），頁34〜36。

〔註101〕張玿美，《惠來縣志》卷十二（清雍正九年刊本，故宮普舊），頁5上：明思宗崇禎九年十二月，炎荒從來罕見霜雪，此月十六日，水面堅凝，厚四、五寸，連下三日，草木禽魚，凍死無數。

〔註102〕孫蕙，《長樂縣志》卷七（清康熙三十六年刊本，故宮普舊），頁 22：「九年冬，長樂大凍（樂土向來霜凝僅一粟，是年冰結寸餘，堅凝可渡，竹木花果，俱凍死）。」

〔註103〕見註62。及梁宏勛等，前引書，卷三，頁35〜36：「雄郡、春夏之間，每患潦。夏秋之間，每患乾。故諺曰：『秋零一夜雨，引出萬車金』蓋貴之也，地上瘠而物產微。其所望于調玉燭也，深矣。」

〔註104〕見秦熙祚，《重修曲江縣志》卷一（清康熙二十六年刊本），頁 25〜26：「崇禎九年四月旱，大饑，斗米價一錢八分，人心淘淘……又十六年，夏秋大旱，

明末粤東農產歉收，與氣候變的乾旱無常，寒冷倍昔，有莫大關連。

第五節　各地物產

　　地位優越，土地肥沃及氣候適宜，以故嶺南物產豐富。早在前漢，就以「多犀象、毒瑁、珠璣、銀、銅、果布之湊」〔註105〕而聞名。三國時，吳人士燮每年供雜香細葛，奇物異果，蕉邪、龍眼之屬，以資孫權之用〔註106〕。可見粵地物產之饒，自古已如此。至明代，文人雅士對粵省物產之記載，甚為詳細〔註107〕。今據《大明一統志》、《廣東通志》，並參考明人纂修之府縣志所記載，刪煩舉要，敘述如下。

　　大抵廣東物產，除了稷、黍、麥、秬、黏、稻、秫、秔、麻、菽等穀品之外，以水果豐富及多珍奇異物著稱〔註108〕。水果如荔枝、龍眼、波羅蜜、柑橘、蕉、橄欖、椰子、檳榔、甘蔗等等，不下百餘種〔註109〕。荔枝尤為珍貴，以南海產地為天下之冠。唐玄宗寵妃楊氏嗜此物，每歲飛馳以進〔註110〕。而明廷更規定潮州府每歲須進貢三千餘斤〔註111〕。奇珍如玳瑁、鮫魚皮之屬〔註112〕，異物如甲香、蚺蛇膽、孔雀、鸚鵡之類，不勝枚舉〔註113〕。然而諸

閱城各官步禱月餘。」可見苦旱為明末粵省米價上漲因素之一。

〔註105〕《漢書》卷二十八下〈地理志下〉，頁1670：「粵地……處近海，多犀象、毒瑁、珠璣、銀、銅、果布之湊，中國商賈者，多取富焉。」

〔註106〕同註19：「燮每遣使詣權，致雜香細葛，輒以千數。明珠、大具、流離、翡翠、瑇瑁、犀象之珍，奇物異果，蕉、邪、龍眼之屬，無歲不至。」

〔註107〕見吳儼，《吳文肅摘稿》，《四庫全書珍本》三集，文淵閣本，卷四（台北：台灣商務印書館印行，民國61年），頁1～2下，〈送廣東參議徐君之任令〉：「廣東……地產白金、丹砂、水銀、珠璣、玳瑁、鍾乳諸物，可包可篚，又賈舶一至則奇貨交集，光耀眩人，……山水之盛，甲于天下。奇花異卉，遍被巖舍，馨香四時不侵。……」

〔註108〕黃佐，前引書，卷二十三〈民物志四・土產上〉，頁1。

〔註109〕同註108，頁6。

〔註110〕李肇，《唐國史補》卷上（台北：世界書局，民國51年2月初版），頁5：「楊貴妃生於蜀，好食荔枝，南海所生，尤勝於蜀，故每歲飛馳以進。」

〔註111〕郭春震等，《潮州府志》卷三（國立中央圖書館漢學研究中心收藏海外佚本書，明嘉靖二十六年刊本），頁6～11，〈田賦志〉所記，每年潮陽縣進貢一千斤，揭陽縣四百四十三斤，程鄉四百五十斤，大埔縣一千四百六十六斤。

〔註112〕《永樂大典本地方志彙刊・潮州府》，頁27，〈土貢〉條。

〔註113〕李賢等，《大明一統志》，卷七十九～八十二（台北：百越書店，民國54年8月初版），頁4849～5074。

書不記此數量，無法知其產量多寡。再者礦產中，產銀有連州、番禺、清遠、東莞、陽山、連山、海陽、四會、高要、化州、石城、電白、信宜、欽州等十四縣；產丹砂有連州；產錫有海陽、新會、德慶、瀧水；產鐵有高要、陽江、番禺、清遠、陽山、連山〔註114〕。此外端州有硯〔註115〕，韶州之膽礬〔註116〕，香之赤石、雲母、瑜石、石帆等〔註117〕。此其大概，詳情見下表。

表六：明代廣東土產一覽表

動物類	珠、玳瑁、辟龜皮、鼈甲、蚺蛇膽、大蜈蚣皮、犦牛、鵝毛鋌、鯊、鱟魚、蠔、蒲魚、章舉、昔魚、鱷魚、黃雀魚、九孔螺、馬甲柱、孔雀、鸚鵡、果下馬、黑猿、碧雞、翡翠、雲白鳥、潛牛、越王鳥等。
植物類	荔枝、龍眼、波羅密、藤簟、宜母子、素馨、茉莉、白椽、烏欖、綠欖、石鬆、人面子、糖霜、肉豆蔻、丁香、蒟醬、餘甘、鐵力木、君遷樹、多香木、斷續藤、棳堂果、石斛、單竹、香、蕉、檀、攀枝花、椰子、檳榔、烏木、土蘇土、蕉布、白香、楓香、尤葵、花巢木、藤、紅豆木、黃揚木、浮留藤、界稻、班竹、米豆等。
礦物類	鐘乳、嫩石、石墨、銀、水銀、丹砂、錫、鐵、鹽、銅、鉛、英石、磁石等。

備註：本表所記以《大明一統志》卷八十九至九十所記載土產為主，若將方志所記載土產，一併詳細作表說明，則過於龐雜，故省略。

最後附帶一提的是香品種類，計有檀、甲、耕、箋、董陸、儋糖、千步、木密、龍骨、蓬萊、脫落、黃熟、降真、雞風、雞距、海漆、白木、馬牙、土檀、仙女、斧口等數十種香〔註118〕。瓊州又產沈香，以至香中最佳三等，沈、箋、黃熟三者，粵土皆有產，不必全賴西洋進貨。〔註119〕

〔註114〕同註113。

〔註115〕《肇域志・廣東一》，頁55載：「肇慶府，硯坑在羚羊峽之東，永樂、宣德中曾遣內侍採取，民以為屬，正統乃封之。」又見〈廣東二〉，頁110：「郡石，則端石、英石。端溪硯，貴色紫潤而眼光明，下巖為，子石為奇。英德石，色黑綠，具峰巒高，摺紋扣之，有金玉聲，以為窗几之珍。」

〔註116〕《肇域志・廣東一》，頁17：「韶州府，歲貢礬十斤，民甚苦之。成化元年，都御使韓雍奏罷。」

〔註117〕鄧遷等，《香山縣志》卷二〈民物志第二・食貨〉（國立中央圖書館漢學研究中心收集海外佚本書，明嘉靖二十七年刊本），頁19：「石品有五：赤石、雲母、瑜石、石欄干、石帆。」

〔註118〕黃佐，前引書，卷二十三〈民物志第四〉，頁35，〈土產上〉。

〔註119〕歐陽璨，前引書，〈地理志之〉三，頁170，〈土產〉。

圖一：明代廣東行政區域一覽圖

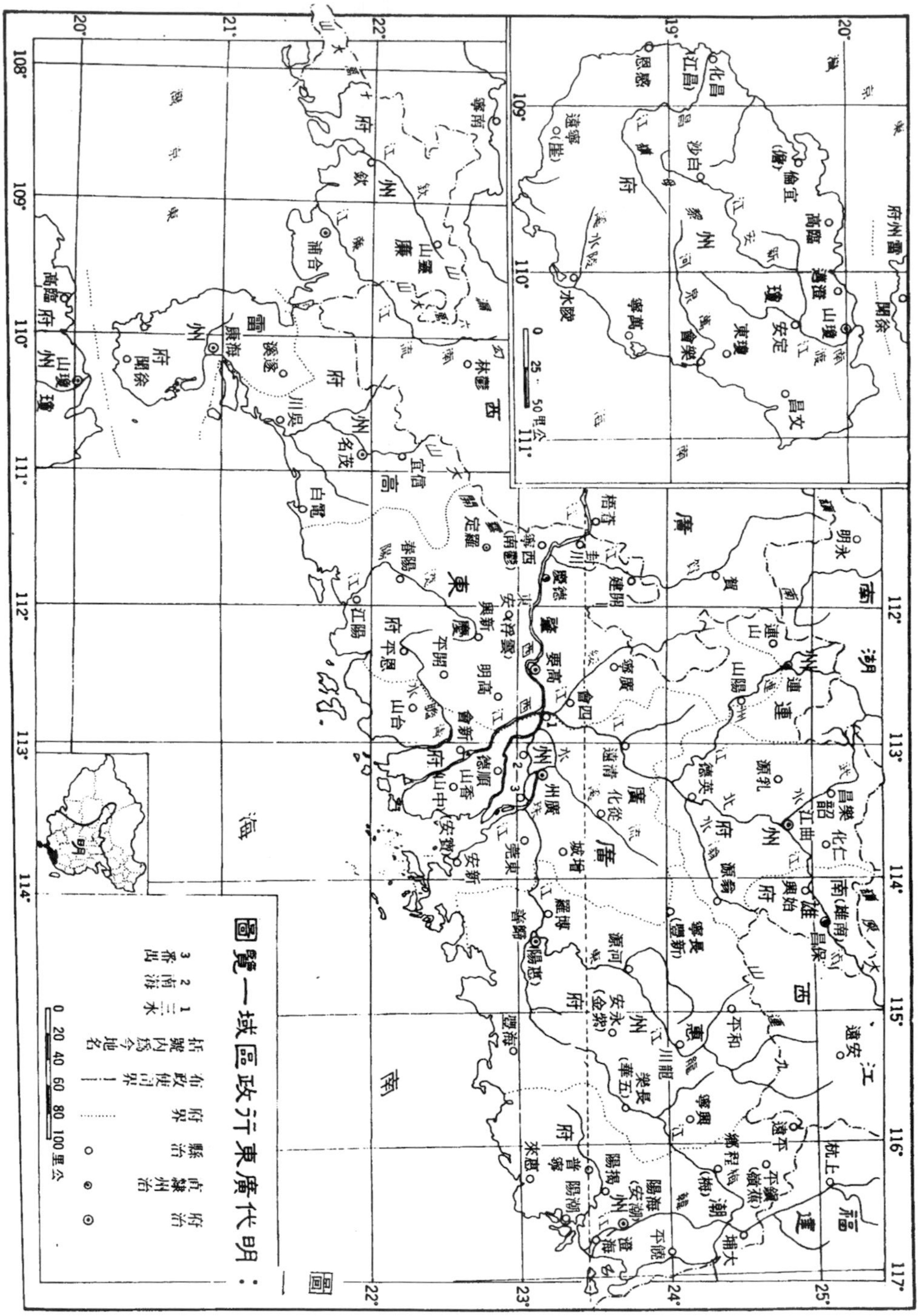

第三章　內外交通之開發

交通對經濟的開發有決定性的影響，而交通路線的開拓，又決定於對貨物的需求。廣東本以「珠翠之地」著稱，加以海舶所至，番貨駢集，除了犀象珍寶外，輸入者多以香藥爲大宗。諸如紅香、蘇木、龍腦香、龍涎香、胡椒、豆蔻……等〔註1〕，皆中土所不產，故販貨之利甚豐，得其一二，立可致富〔註2〕。利之所在，趨之若鶩。道路因之漸開，乃必然之勢〔註3〕。本章分陸上與海上交通兩方面，說明粵省交通之次第開發。

第一節　陸上之交通

明代廣東的陸上交通以驛路爲主，驛路可以分爲三類：以江河爲交通線者是爲水驛；以江河和陸運連接者，是爲水馬驛；純以陸運爲主者，是爲馬驛〔註4〕。三驛其初本在傳達官方文書、供官員或差役往來、運送田賦及糧餉

〔註1〕 參夏原吉等，《明太祖實錄》（台北：中研院史語所校勘本，據國立北平圖書館紅格鈔本微卷影印發行，民國 57 年 2 月二版）卷七十一，頁 3 下～4 下。洪武五年正月壬戌條載，暹邏斛國進貢黑熊、白猴、蘇木、胡椒及丁香等物。又卷一一四，頁 4 下。洪武十一年八月乙酉條，三佛齊貢犀牛、黑熊、胡椒、蘇木、丁香、豆蔻、米腦等。凡此西洋產物，《明實錄》記載頗多，不再贅引。
〔註2〕 邱濬，《重編瓊臺會纂》（《四庫全書珍本》四集，文淵閣本，台北：台灣商務印書館影印，民國 62 年）卷十一，頁 30～31，〈送憲副徐君赴廣東詩序〉：「惟廣東之地，爲郡者十而八，境於海，……蓋以境外即西南諸夷，珍異所出，得其物，盈握立可致富。故人之冒險取利者，視死如假寐。雖優歐刃者相踵，終不悔也。」
〔註3〕 同註2。
〔註4〕 見李東陽等，《大明會典》（台北：東南書報社，據萬曆十五年司禮監刊本影印，民國 52 年 9 月）卷一四五〈兵部二十八〉，頁 1～6。及黃光昇，《昭代典

〔註5〕。但後來卻成爲一切水陸交通運輸的要道，以及扮演著通商大道的商業機能。當時廣東重要的驛路，有以下幾條：

一、廣東往江西驛路

　　嶺南北部雖有五嶺橫亙，然海拔不高。且因侵蝕已久，地多崎嶇，而山間又多谷地，自古爲交通孔道。如梅嶺爲贛江與湞水的分水嶺，向來爲粵贛之通道。摺嶺乃湘水與武水的分水嶺，爲粵湘之通道。湘江、桂江之間，秦時開鑿靈渠以連接之，爲湘（湖南）桂（廣西）之要道〔註6〕。漢武伐越，大軍由此三路入粵。一路出桂陽（湖南郴縣治）、度都龐、萌渚二嶺，下湟水；一路出豫章（江西南昌），下湞水；一路出零陵（湖南零陵），下灕水，咸會於番禺（廣東廣州）〔註7〕。其間之梅嶺，尤爲入粵要道〔註8〕。嶺上有橫浦關，漢武帝以將軍梅鋗戍此，故名「梅嶺」。楊僕伐南越，出豫章，令裨將庾勝守此，又稱「庾嶺」〔註9〕。後因山路險阻，登步惟艱。唐玄宗天寶年間，丞相張九齡開鑿成徑，遂使昔日「以載則曾不容軌，以運則負以背」之山徑，

則》（國立中央圖書館公藏善本書，明萬曆庚子金陵周日校刊本）卷十一，頁25下～27上，載：廣東水馬驛共四十五。又見夏原吉等，《太宗實錄》（台北：中研院史語所校勘本，據國立北平圖書館紅格鈔本微卷影印發行，民國57年）卷一一〇，頁3下～4上，永樂十四年五月庚戍條所載，交阯總兵英國公張輔於廣東通往交阯之地，增設防城、佛陶二水驛，靈山縣之龍門、安邊二馬驛，並改交阯嘉林馬驛和交州府盧江馬驛，及欽州馬驛，爲水馬驛。可見廣東驛路，分爲此三種。

〔註5〕按陸鏊等，《肇慶府志》（國立中央圖書館漢學研究中心，七一年度蒐集流佚海外古籍影印本，明崇禎十三年刊本）〈藝文志八〉，頁30～31，〈修改壽康驛記〉：「古者制置驛，傳以天下之使，而卒、馬、舟、航、人伕供給之具備焉。然後使客、軍情、報書、羽檄皆有所藉，而不計道途之遠爾。」

〔註6〕參《讀史方輿紀要》卷一二〇〈廣東三〉，頁4294～4253，南雄府之大庾嶺、湞水。及《肇域志·廣東一》，頁13、17。

〔註7〕見《史記》卷一一三〈南越列傳第五三〉，頁2975。又據譚宗義，《漢代國內陸路交通考》（香港：新亞研究所，民國56年12月出版）第肆章〈南部地區〉，五長沙嶺南道，頁203～212所說，由江凌渡江南入武陵，長沙諸郡進嶺南。或由郴南踰嶺至漢代嶺南都會番禺，可分二道，其一爲道經臨武入桂陽縣；其一爲道經曲江，沿北江而下。此外又有豫章南野一道，即由豫章郡南昌順贛江而下，逾大庾嶺入粵。

〔註8〕《永樂大典本地方志彙刊·廣州府二》，頁15：「凡廣東之通道有三：出零陵下灕水者，由桂州；出豫章下眞水者，由韶州；出桂陽下武水者，亦由韶州之嶠南者。雖三道，而下湞水者十七、八焉。」

〔註9〕《肇域志·廣東一》，頁27。

轉變成「坦坦而方五軌，闐闐而走四通」〔註10〕。嶺南自此大開，商人踰嶺後，取道贛江至洪州（江西南陽），分為二路：一路沿長江東下揚州（江都），一路東越仙霞嶺抵浙江富庶區，再經運河北上，抵汴州（河南開封），轉陸路至長安（陝西西安）〔註11〕。由於良好的驛路與運河，遂使廣州在唐代時，與內地的交通已經相當的便捷〔註12〕。其間由廣州出發，至南雄一段是走水路，只有大庾嶺（江西大庾）一小段需要陸運而已。過了庾嶺，所走的又是水路〔註13〕。因此拓寬與維護大庾嶺路，便成為歷代的大事。

　　宋仁宗嘉祐八年（1056），知南安軍江西詳刑察蔡挺與其兄，廣轉運使蔡抗，同仕嶺之南北。乃鋪設磚路，夾道種梅，南北上下三十里，每數里築一座憩亭，而左右開鑿通渠，流泉不絕，行人忘疲〔註14〕。元晉宗泰定二年（1325），總管亦馬都丁，與順帝至元四年（1338），楊益各增植松梅〔註15〕。明成祖永樂十九年（1421）時，原砌磚石，日久圮傾。南雄知府陳錫乃重加鋪築，便利商旅往來，且約禁百姓伐木，又更為補植〔註16〕。英宗正統九年（1444），知府鄭述又重砌嶺路九十里，行者便之〔註17〕。憲宗成化十五年（1479），知府張弼，分潦為溝，因山形高下，再設階梯〔註18〕。武宗正德九

〔註10〕參張九齡，《曲江張先生文集》（《四部叢刊初編・集部》，上海商務印書館印南海潘氏藏明成化本，台灣：商務印書館影印，民國64年6月台三版）卷十七，頁107～108，〈開鑿大庾嶺路序〉。

〔註11〕見向達，《唐代長安與西域文明》（台北：明文書局，民國70年9月初版）頁34～35，述及唐代由廣州至長安之道路。彼謂由廣州越梅嶺取道贛江至洪州後分兩路。一路沿長江東下至揚州；一路東越仙霞嶺抵江浙富庶區，再經運河北上抵汴，轉陸路至長安，此路線因有運河及驛路之相助，異常方便。

〔註12〕同註11。

〔註13〕見《宋史》卷二六四，列傳第二十三〈劉熙古傳〉，頁9101：「嶺南陸運香料入京，詔蒙正往規畫，蒙正請自廣韶泝流至南雄，見大庾嶺步運至南安軍……復由水路輸送。」可見廣、韶之間，水運可通，過庾嶺後，又走水路。

〔註14〕同前註引書，卷三二八，列傳第八十七〈蔡挺〉，頁10575：「……越數歲，稍起知南安知軍，提點江西刑獄，提舉虔州。自大庾路下南至廣。驛路荒遠，室廬稀疏，往來無所庇，挺兄抗時為廣東轉運使，迺相與謀，課民植松夾道，以休行者。」又見，全漢昇，《中國經濟史研究》中冊（香港新亞研究所印行，民國65年3月）〈宋代廣州的國內外貿易〉，頁85～158，引王鞏，《聞見近錄》。

〔註15〕陳志儀纂，《保昌縣志》（清乾隆十八年刊本，故宮普舊）卷三，頁17上～19上，關梁。

〔註16〕《南雄府志》（清乾隆二十八年刊本）卷十二，頁9，〈名宦列傳・陳錫〉。

〔註17〕同前註引書，卷三，頁14，大庾嶺路。

〔註18〕同註15。

年（1514）布政使吳廷舉、南雄知府李石，共增植松梅一萬五千多株〔註19〕。
經此開拓後，由保昌縣（廣東南雄）北行，一路所見岡阜綿亙，巖登傾斜，
松梅茂密，大可合抱，或數百年，或數千年之物，蔚爲奇觀〔註20〕。其路徑
則化險阻爲平坦〔註21〕。當時海外番夷，由廣入貢者，率皆假驛道踰嶺，沿
水運入京〔註22〕。仕宦嶺南，也由南安（江西大庾縣）度嶺後，南取水道，
由始興江口（廣東始興），抵廣州（廣東廣州）〔註23〕。或由連溪經東江入廣
州〔註24〕。其行徑及驛站里程，茲列表如下：

表七：廣東至江西驛路里程表（大庾嶺路）〔註25〕

驛　次	驛　　名	所　　在　　地	距上驛里程
一	五羊水驛	番禺縣城南官渡頭	
二	官窰水驛	南海縣西北金利堡	80里
三	胥江水驛	南海縣西北（蘆包虛）	90里
四	迴岐水驛	清遠縣西南八十里	60里

〔註19〕同註15。
〔註20〕同註15。
〔註21〕見王臨亨，《粵劍編》（台北：廣文書局，民國58年9月初版）卷四〈志遊賢〉，
頁4上～4下：「……二日早發南安，平旦度梅嶺，其陰石徑蛇行，屈曲而多
委，其陽峭壁林立，深秀而多，要皆平坦靡尺險隘，足困客趾者。」
〔註22〕按余繼登，《典故紀聞》（《百部叢書集成》之九十四，《畿輔叢書》第十四函。
據清光緒王灝輯刊《畿輔叢書》本影印，台北：藝文印書館，民國54年至59
年）卷六，頁20：「海外番夷由廣東至南安入貢者，舟楫不通，其方物皆用民
力接運。」可見是走大庾嶺。
〔註23〕見《讀史方輿紀要》卷一○○〈廣東一〉，頁4158：「自庾嶺而南取水道，由
始興江口，可以徑抵廣州。」
〔註24〕參《廣東通志》（明萬曆三十年刊本），卷七十一〈雜上〉，頁33。
〔註25〕按《讀史方輿紀要》卷一二○〈廣東三〉，頁4251，引《輿程記》：「自紅梅關
六十里至陵江驛，下水九十里至黃塘驛，又百里至韶州府平浦驛。」頁4239：
「又百里至芙蓉，又百里爲濛裏驛，又百里爲英德縣清溪驛。」頁4241：「自
清溪驛南行百里至滇陽驛，又一百二十里至廣州清遠橫石驛」。而蘇同炳，《明
代驛遞制度》（台北：中華叢書編審委員會出版，民國58年6月初版），第二
篇〈建置〉，頁121～126，〈廣東省驛路及驛站配置圖〉說明，認爲凌江驛至
黃塘驛一百里，黃塘至半圍一百二十里，平圍至芙蓉八十里，芙蓉至濛裏六
十里，濛裏至清谿七十里，清谿至滇陽七十里，滇陽至橫石一百二十里。二
書在里數和驛程上，各有差次，和本文之里次亦不盡相同，但本表採用《大
明官制天下輿地水陸程限備覽》及《重修虔臺府志》和黃佐《廣東通志》等
三書，皆是明刊本，尤其《大明官制天下輿地水陸程限備覽》一書，爲記載
全國各地水陸驛站里程專書，更爲可信。

五	安遠水驛	清遠縣西	90 里
六	橫石磯水驛	清遠縣東九十里	80 里
七	湞陽水驛	英德縣南玄天官舊地	70 里
八	清溪水驛	英德縣東一百里	70 里
九	濛瀧水驛	韶州府南六十里	70 里
十	芙蓉水驛	曲江縣相江門內	70 里
十　一	平圃水驛	曲江縣巡司左	70 里
十　二	黃塘水驛	保昌縣黃田城南六十里	70 里
十　三	凌江水驛	保昌縣南門外行臺石	90 里
十　四	小溪（西）驛	贛州府	120 里

史料出處：1. 黃佐，《廣東通志》（明嘉靖本）卷三十五，頁 4〜11，〈驛傳〉。
　　　　　2.《大明官制天下輿地水陸程限備覽》（明刊本）十湖口縣由江西至廣東。
　　　　　3. 謝詔，《重修虔臺志》（明天啓三序本）卷三，本鎮至廣東布政使司。
　　　　　4.《大明一統諸司衙門》（明嘉靖二十年刊本）卷十二，頁 1〜12。
　　　　　5. 顧祖禹，《讀史方輿紀要》卷一一〇，頁 4187。
　　　　　6. 蘇同炳，《明代驛遞制度》，第二章〈建置〉，頁 28〜126。
　　　　　7. 表上所列之里數爲明朝里數。

　　此路是沿水陸而行。陸路則由廣州府城北茅田村漣湖馬驛起程，經從化縣（廣東花縣）李石岐馬驛，再至清遠縣（廣東清遠）官莊馬驛，而接表七之橫石磯驛路，可抵江西〔註 26〕。另有一路沿東江水系行走。東江源出江西安遠縣界（江西安遠），南流過龍川（廣東龍川）、河源（廣東河源）縣界。入惠州府境（廣東惠陽），繞白鶴峰之陰，至府城東，合西江西流歷城北，經博羅縣（廣東博羅）而入廣州〔註 27〕。若由廣州府五羊驛，溯東江經惠州府龍川縣（廣東龍川），可達江西。其行徑驛站里程列表如下：

表八：廣東往江西驛路里程表（東江水系）〔註 28〕

驛　　次	驛　　　名	所　　　在　　　地	距上驛里程
一	五　羊　驛	番禺縣城南官渡頭	
十　五	東　州　驛	增城縣南甘泉都	120 里
十　六	黃家山水驛	東莞縣東北黃家山村	90 里
十　七	鐵岡水驛	東莞縣東第五都	80 里

〔註 26〕《明代驛遞制度》，頁 121〜126。
〔註 27〕見《讀史方輿紀要》卷一三〇〈廣東四〉，頁 4257。
〔註 28〕本表較蘇同炳先生所敘爲詳，里程齊全，驛站亦多出二站，且有通江西里程驛路表。

十 八	蘇州水驛	博羅縣西榕溪右	70 里
十 九	莫村水驛	博羅縣東鐵冶都	40 里
二 十	欣樂水馬驛	歸善縣北一里	100 里
二十一	水東水驛	歸善縣東九十里	50 里
二十二	苦竹派驛	歸善縣東一百六十里	130 里
二十三	寶江水驛	河源縣城外寶江濱	90 里
二十四	義合水驛	河源縣西四十里	80 里
二十五	藍口水驛	去河源縣八十里	170 里
二十六	雷鄉馬驛	龍川縣南二里	60 里
		和平縣	140 里
		烏虎鎮村	150 里
		龍南縣	150 里
		信豐縣	180 里
小 西 驛		贛州府	180 里

史料出處：1.同表七。

2.顧炎武，《讀史方輿紀要》卷一三〇〈廣東四〉，頁 4255。

又有烏徑一路，可通江西信豐（江西信豐）。庾路未開時，向為南北通衢，後為庾嶺所奪。〔註29〕

綜上所述，可見廣東往江西，主要的幹道有三。其間以沿滇水、北江道，亦即庾嶺道行走者最盛，大約十之八九的商旅來往此路〔註30〕。踰嶺後，經江西有河運和驛路可通京師〔註31〕。萬曆年間，利瑪竇北上，即循水路先到韶州（廣東曲江），赴南雄（廣東南雄），過梅嶺，渡贛江，沿章水，抵南昌

〔註29〕 見《肇域志‧廣東一》，頁 29。

〔註30〕 見註 8。

〔註31〕 參不著撰者，《大明官制天下輿地水陸程限備覽》（國立中央圖書館漢學研究資料中心七十一年度蒐集流佚海外古籍影印本，明刊本）。及見《粵劍編》卷四，頁 1～4 所載王臨亨於萬曆二十九年正月入仕廣東之驛程，吳郡啟程，正月五日次吳江，六日次黃崗涇，七日抵嘉禾，七日晚次石門，八日次塘棲，九日至武林，遊覽湖岸至十一日，十二日赴張都闊席，十三日抵富陽，入舟夜行，十四日抵桐廬，十五日抵建德，是夜抵蘭溪，十六日陸行抵龍遊，十七日中午抵三衢，十八日乘至沙溪，十九日次弋陽，二十次安仁，二十一次徐橋，二十二日過進賢，因雷電雨雹齊作，霪雨靡靡，二十五日始達臨江。陸路走四十里而宿，二十六日次峽江，二十七日次吉安，二十八日過泰和，二十九日次烏兊江驛，三十日過贛州，次九牛驛，二十一日次南安，二日平旦渡嶺，行八十里抵南雄。其由吳江抵南雄共花費二十七天，而由吳江可沂運河直抵京師，此路為維繫京師與粵省之間主要幹線。

（江西南昌）。入鄱陽湖，沿南康（江西星子）廬山而入長江，抵南京（江蘇江寧）〔註32〕。再假道運河入京，至山東臨清（山東臨清），以至北京（北平）〔註33〕。利氏所走路線，正是廣東通京大道，外地入粵仕宦通商者，率由此路〔註34〕。蓋此路爲粵省大動脈，一切輸京之珍奇貨物，皆沿此輸送。而處於中站之南雄府保昌縣，與江西贛州府吉安縣（江西吉安），二地官民送往迎來，疲於奔命。〔註35〕

二、廣東往廣西驛路

　　粵、桂兩地，交通以西江水運網爲主，西江源出夜郎（貴州桐梓縣）豚水，逕入牂牁郡（貴州遵義府），爲牂牁水。流至鬱林郡廣鬱縣（廣西南寧）爲鬱水。合灕江，至桂平（廣西桂平），又合柳江入鬱江。至藤州（廣西藤縣），又合繡江，至蒼梧（廣西蒼梧縣），合灕水。至封川（廣東封川），再納臨賀之水。通德慶（廣東德慶），經肇慶（廣東高要縣）城南納新江，于羚羊峽會胥江入海〔註36〕。漢武帝伐南越，由夜郎發兵，會師於番禺，即循此路〔註37〕。明初，廖永忠平廣西，即由肇慶溯西江，而上抵梧州（廣西蒼梧）〔註38〕。

〔註32〕王士君，《明史資料叢刊》第二輯（中國科學院歷史研究所明史研究室編，江蘇新華書店發行，1982年1月，頁171，〈利瑪竇日記選錄・河運〉：「這次旅行，沿途經過的大口埠有：江蘇揚州，緯度是32度；淮安，緯度是34度；蘇州，緯度約$34\frac{1}{2}$度；山東濟寧，精確的緯度是$35\frac{2}{3}$；臨清，精確的緯度是$37\frac{2}{3}$度；天津，緯度是$39\frac{1}{2}$度；北京，緯度整40度，它糾正了以往某些人憑猜測將北京緯度定爲50度的錯誤。從澳門到廣州需要兩天時間，從廣州到北京，即我們所經過的全部里程，若按中國單位計算（5里＝1意哩，15里＝1格里），從全長：廣州至南雄1176里，南雄至南昌1120里，南昌至南京140里，南京至北京3335里，總共7065，合計1418里。」
〔註33〕程若驅，〈明清間中西文化溝通的樞紐——廣東〉（《廣東文物》，香港：中國文化協進會出版，民國30年8月），頁377～381。
〔註34〕參《粵劍編》卷四，頁4：「……此嶺，獨以橫截南北，爲百粵數千里咽喉，犀象珠翠鳥綿白氎之屬，日夜輦而北，以供中國用，大庾之名，遂滿天下。」
〔註35〕按《典故紀聞》卷六，頁20所載：南雄至南安一段，因需陸運肩挑，役用民力過甚，成祖乃規定：「自今番夷入貢，如值農務之時，其方物並於南雄收貯。俟十一月農隙，卻令運南安。」以免妨礙農事。又見陳夢雷編，《古今圖書集成》（台北：文星書店，民國53年10月出版）〈方輿彙編・職方典〉第一三二四卷南雄府郡，第一六五冊之十七頁，曾望宏，〈大庾嶺路〉：「雄人共怨曲江公，何似當年路不通，苦暑苦寒還苦餓，長擔官貨血肩紅。」
〔註36〕見《肇域志・廣東一》，頁53。
〔註37〕同註7。
〔註38〕《讀史方輿紀要》卷一一〇〈廣東二〉，頁4194～4195。

其行徑列表如下：

表九：廣東往廣西驛路里程表〔註39〕

驛　次	驛　　名	所　　　在　　　地	距上驛里程
一	五羊驛	番禺縣城南官渡頭	
二	官窰驛	南海縣西北金利堡	70里
二十七	西南驛	三水縣東十二里	40里
二十八	崧臺驛	高要縣城西	120里
二十九	新村驛	高要縣城西一百一十里	120里
三　十	壽康驛	德慶州光孝寺東	90里
三十一	靈山驛	封川縣西廂城外	120里
三十二	廣門驛	梧州府	70里

史料出處：1. 同表七。
　　　　　2. 此路接廣西通交阯。

　　此外，由開建、封川兩縣，泝流而上，至藤江，直抵潯州（廣西桂平）；高州府之電白（廣東電白）、信宜（廣東信宜）兩縣循岑溪，亦可抵潯。或由藤江直泝北流鬱林、博百（廣西博百）、陸川（廣西陸川）出石城縣（廣東廉江縣），直抵雷州（廣東海康）。或由石城（廣東廉江縣）經廉州（廣東合浦縣）之靈山，下橫川，亦會於潯（廣西桂平）。〔註40〕

三、西南驛路

　　西南驛路是指肇（廣東高要）、高（廣東茂名）、雷（廣東海康）、廉（廣東合浦）、瓊（海南瓊山）五府間之交通往來。其間以肇慶爲交通樞紐，由此向西南延伸，可分四路，一路則經過新興（廣東新興）、恩平（廣東恩平）、陽江（廣東陽江）、電白（廣東電白）四縣而入廉州府欽州（廣東欽縣）太平驛，爲入交大道〔註41〕。其路程茲列表如下：

〔註39〕蘇同炳，《明代驛遞制度》，頁118～126。載：西江水路，與本表大有差入，除了里數不同外，驛站上本表採用《大明官制天下輿地水陸程限備覽》，十一廣東至交阯，所載：由五羊驛起，經官窰水驛，而非經骨江驛，且由此條驛路經廣西梧州府府門驛，可抵富良江入交南城。

〔註40〕見《肇慶府志》（明崇禎十三年刊本），〈藝文志七〉，頁24。

〔註41〕據《讀史方輿紀要》卷一四〇〈廣東五〉，頁4312，載：由欽州太平驛入交阯大道。而欽州以下入交阯之驛站里程，可參見《太宗實錄》卷一一〇，頁3下～4上，永樂十四年五日庚戍條。

表十：肇、高、廉驛路里程表（經新興、恩平、陽江、電白四縣）〔註42〕

驛　次	驛　名	所　在　地	距上驛里程
三十三	崧臺水馬驛	高要縣城西	
三十四	腰古驛	新興縣北五十里	80里
三十五	新昌驛	新興縣治東	50里
三十六	獨鶴驛	新興縣城東七十里	70里
三十七	恩平驛	恩平縣縣城西門內	120里
三十八	西平驛	陽江縣治東	70里
三十九	蓮塘驛	陽江縣東七十里	60里
四　十	樂安驛	陽春縣南九十里	60里
四十一	太平馬驛	陽江縣城西一百一十里	50里
四十二	立石驛	電白縣神電衛	100里
四十三	那夏驛	茂名縣城東九十里	
四十四	古潘馬驛	茂名縣府治西	
四十五	息安驛	石城縣西八十里（廣東廉江）	80里
四十六	白石驛	合浦縣安永城內	90里
四十七	還珠驛	合浦縣府治東	70里
四十八	太平驛	欽州太平縣	

史料出處：1.顧炎武，《肇域志》（清同治間鈔本）〈廣東一〉，頁52。
　　　　　2.《大明一統諸司衙門官制》（明嘉靖二十年刊本）卷一至十二，頁1。
　　　　　3.顧祖禹，《讀史方輿紀要》卷一一〇〈廣東二〉，頁4198～4233。及卷一四〇〈廣東五〉，頁4294～4318。
　　　　　4.蘇同炳，《明代驛遞制度》，第二章〈建置〉，頁28～126。

　　一路則由肇慶府陽江縣（廣東陽江）太平驛起，至雷州府（廣東海康）沓磊驛，渡海至瓊州府（海南瓊山）白沙驛，行十里入瓊州府城，其路程列表如下：

表十一：肇、高、雷驛路里程表〔註43〕

驛　次	驛　名	所　在　地	距上驛里程
四十九	太平驛	陽江城西一百一十里	

〔註42〕按《讀史方輿紀要》卷一一〇〈廣東二〉，頁4198引《輿程記》：「自崧臺驛南九十里爲新興縣之腰古驛」。《肇域志・廣東一》卷五十一，則載「八十里」。陽江縣蓮塘驛，《讀史方輿紀要》載其位於陽江縣治東六十里。而《肇域志》，和黃佐《廣東通志》則載其位於縣治東七十里。因此本圖表採用《肇域志》，及黃佐《廣東通志》爲主。
〔註43〕按《讀史方輿紀要》卷一四〇〈廣東五〉，頁4304所言，由雷州府海康縣沓磊驛渡海，至白沙驛十里，可到瓊州府城。

五 十	立 石 驛	陽江城西一百一十里	60 里
五十一	那 夏 驛	陽江城西一百一十里	100 里
五十二	古潘馬驛	陽江城西一百一十里	90 里
五十三	陵 水 驛	陽江城西一百一十里	100 里
五十四	新 和 驛	石城縣治千戶所西	100 里
五十五	桐 油 驛	遂溪縣郭中拱辰坊	60 里
五十六	雷 陽 驛	海康縣北門南坊	60 里
五十七	將 軍 驛		70 里
五十八	英 利 驛	海康縣北十六都	100 里
五十九	沓 磊 驛	徐聞縣海安所城中	

史料出處：1. 同表十。
　　　　　2. 渡瓊海廣六十里，自白沙驛十里到瓊州府城。

一路則經羅定州（廣東羅定），此路於萬曆五年（1577）開闢，移新興縣（廣東新興）新昌驛置瀧水驛，移恩平縣（廣東恩平）恩平驛置滿溝驛，移陽江縣（廣東陽江）西平驛置平豆驛。然因道路初開，山徑崎嶇。使者商旅多不樂趨，仍沿舊路。至萬曆十二年（1584）遂廢此路〔註44〕。於是由肇慶入高、雷、廉者，率遵前二路而行。

另外，從徐聞縣（廣東徐聞）沓磊驛渡海，至瓊州府白沙驛。行十里至府城，再由府城分東西二驛路，可貫通全島。其行徑里程列表如下：

表十二：瓊州東路里程表

驛　次	驛　　名	所　　　在　　　地	距上驛里程
六 十	瓊 臺 驛	瓊山縣西北城外	
六十一	賓 宰 驛	文昌縣西北六十里	60 里
六十二	文 昌 驛	文昌縣	40 里
六十三	長 歧 驛	文昌縣東北六十里	
六十四	永 豐 驛	文昌縣	55 里
六十五	溫 泉 驛	文昌縣	40 里
六十六	多 陳 驛	萬州東五十里	40 里
六十七	萬 全 驛		

史料出處：1. 黃佐，《廣東道志》卷三十五，頁4～12，〈驛路〉。
　　　　　2. 顧祖禹，《讀史方輿紀要》卷一五〇〈廣東六〉，頁4319～4339。

〔註44〕見《肇域志・廣東一》，頁51。

表十三：瓊州西路里程表

驛　　次	驛　　名	所　　　在　　　地	距上驛里程
六　十	瓊臺驛	瓊山縣西北城外	
六十九	西峰驛	澄邁縣	40里
七　十	珠崖驛	臨高縣	40里
七十一	大村驛	儋州安海巡司之西	30里
七十二	天員驛	儋州安海巡司西	40里
七十三	昌江驛	昌化縣	40里
七十四	大南驛	昌化縣	70里
七十五	縣門驛	感恩縣	80里
七十六	甘泉驛	崖　州	80里
七十七	德化驛	崖州西七十里	100里
七十八	潮源驛	崖　州	

史料出處：同表十二。

四、惠潮驛路

　　惠潮驛路有二：一路是從歸善縣（廣東惠陽）欣樂驛起程。另一路是沿著韓江水系，由長樂縣（廣東五峰）興寧水馬驛出發。二路終點皆為潮州府海陽縣（廣東潮安）之鳳城水馬驛。向東至黃岡驛，可抵福建漳州漳浦縣（福建漳浦）〔註45〕。此外由興寧水馬驛，向西接東江水路。上達江西贛州府（江西贛縣），下達廣州五羊驛。為粵省東部主要幹線，負責聯絡江西、福建。其路徑里程列表如下：

表十四：惠潮驛路里程表

驛　　次	驛　　名	所　　　在　　　地	距上驛里程
七十九	欣樂驛	歸善縣北一里	
八　十	平山驛	歸善縣東南八十里	70里
八十一	平政驛	歸善縣東南一百五十里	80里
八十二	平安驛	海豐縣西七十里	
八十三		海豐縣東八十里	80里

〔註45〕按《永樂大典本地方志彙刊・潮州府》頁32，〈公署〉：「鳳城水驛船五隻，東往漳州府漳浦縣界館驛。」

八十四	大 坡 驛	海豐縣東一百五十里	90 里
八十五	北 山 驛	惠來縣西門外	
八十六	武 寧 驛	潮陽縣治南七十里	
八十七	靈 山 驛	潮陽縣嶺東道左	
八十八	桃 山 驛	揭陽縣治東二十里	70 里
八十九	鳳 城 驛	海陽縣北門右	70 里
九 十	黃 岡 驛	饒平縣西一百里	

史料出處：1. 黃佐，《廣東通志》卷三十五，頁 4〜12，〈驛路〉。
　　　　　2.《永樂大典本地方志彙刊·潮州府》，頁 32。
　　　　　3. 蘇同炳，《明代驛遞制度》，第二章〈建置〉，頁 124〜126。
　　　　　4. 東往福建漳州府章浦縣。

表十五：惠潮驛路里程表（韓江水系）

驛　次	驛　　名	所　　　　　在　　　　　地	距上驛里程
九十一	興寧水馬驛	長樂縣南門外一里	
九十二	七都水驛	長樂縣東南六十里	70 里
九十三	欖潭子驛	程鄉治西南一百里	80 里
九十四	程 江 驛	程鄉城外東偏	70 里
九十五	松 口 驛	程鄉縣治東北一百四十里	60 里
九十六	三 河 驛	大埔縣遞運所左	90 里
九十七	滻 溪 驛	海陽縣府城北	100 里
八十九	鳳 城 驛	海陽縣北門右	70 里
九 十	黃 岡 驛	饒平縣西一百里	100 里

備註：東接福建詔安縣南詔驛。

　　　以上諸路交通均爲水陸兼用。其運輸工具，則以馬、驢、船、挑夫等爲
主〔註46〕。馬匹又分爲上、中、下三等〔註47〕。凡是官品較高及任務較重要
者，例給上馬，第而下之，再給中馬、下馬及驢頭〔註48〕。船隻則有站船、

〔註46〕　參前註引書，同卷頁所載，潮州府驛站設備計鳳城馬驛，馬五匹，驢三匹；
　　　　　鳳城水驛，船五隻；黃岡驛，馬五匹，驢三匹；桃山、靈山、武寧、北山等
　　　　　驛，名馬五匹，驢三匹；滻溪、三河，每驛船五隻；松口、程江、欖潭等驛，
　　　　　每驛船五隻。
〔註47〕　符錫等，《韶州府志》（國立中央圖書館公藏善本書，明嘉靖二十一年刊本）
　　　　　卷四，頁 19，〈驛傳〉載：芙蓉驛有上馬二匹，中馬二匹，下馬一匹。
〔註48〕　見《明代驛遞制度》一書，頁 326。

紅船、大淺水座船及中淺水座船等，備於各水驛，負責營運輸京貨物，和地方書信之往來〔註 49〕。挑夫則徵自民間，尤其是梅嶺一帶，役用民力過甚，民不堪負荷〔註 50〕。此外官府爲了保持水陸暢通無阻，除了開闢道路，遇水架橋外〔註 51〕，每於險要之處，沿江備置哨船，往來巡邏〔註 52〕。或建置屯堡，駐兵防守，以維護官商之安全。〔註 53〕

〔註 49〕見《韶州府志》（明嘉靖二十一年刊本）卷四，頁 9 所載：芙蓉驛站船五隻；平圃、清溪二驛站船五隻；又芙蓉驛紅船五十隻，負責帶管遞運。後因船壞，船身狹小，不堪搭乘，止存十隻，再造大淺水座船十隻，中淺水座船五隻。

〔註 50〕同註 35。

〔註 51〕見朱潤等，《西寧縣志》（國立中央圖書館公藏善本書，明萬曆二十年刊本）卷二〈建置志第二・橋路〉：「一路自羅旁口起，至羅定東營止，計一萬三千二百四十丈。又自黃五口起，至六迪分止，計三千八百丈。道路闊一丈二尺，兩邊樹木砍伐橫十丈餘，搭架橋樑八十五渡。授成者羅定道陳公文衡，主其事者知縣林致禮，督其事者把總劉元威。一自護城起，抵州亞婆灘止，計八千零二十六丈。又自盧荻埔至夜護中軍城止，計四千一百五十丈。又自護城起，至鎮安寨止，計六千九百二十丈，道路橫闊一丈二尺，兩邊林林砍伐橫闊三十餘丈，架橋一百三十處。授成者羅定道陳公文衡，主其事者知縣林致禮。」又見卷八，頁 79～82，〈藝文第八・新開西山大路記〉。

〔註 52〕見謝詔等，《重修虔臺志》（國立中央圖書館漢學資料中心，七十一年度蒐集流佚海外古籍影印本，明天啓三年序刊本）卷之五，頁 12，置巡哨船：「廣東南雄府至韶州府，河道險阻，近歲盜賊劫殺，肆無忌憚，……議置哨船二十隻，給發哨江官受領。每船點撥旗軍或打手、民壯共十四、五名。分定河道，量地理遠近，輪撥更代，朝暮往來上下，以採賊踪，不論水面及沿江村分，隨即撲滅。凡遇官民船隻，則兼程護送，至分定地方。」又見劉汴熊等，《饒平縣志》（故宮普舊，清康熙二十五年刊本）卷五，頁 20～22，〈明兵防，附關隘要害〉：「竹林堡，離黃岡十二里，閩廣之交會處。山夾道阻，澗分南北。舊設分水關，砌橋築亭埠於途，商貨往來，漁寇常出沒焉。歲編弓兵四十名，衛軍三十名防守。」凡此散見方志中頗多，不再贅敘。

〔註 53〕見《重修虔臺續志》（明天啓三年序刊本）卷六，頁 16～17，城中站：「南雄紅梅中站，爲江廣咽喉之衝，商旅每被劫掠。該府通判蔡繼芳建議，立城堡，周圍三百丈，估計工料合用銀一千四百八十四兩。就於南安、南雄二府，均派戍守軍，兵亦於南安、南雄二千戶所均撥。」又見《讀史方輿紀要》卷一一〇〈廣東二〉，頁 4208 所載：腰古驛本無城，孝宗弘治八年以猺賊劫掠，乃築城戍守。獨鶴驛亦於穆宗隆慶四年，築石城戍守。

圖二：明代廣東驛路及驛站配置路線圖

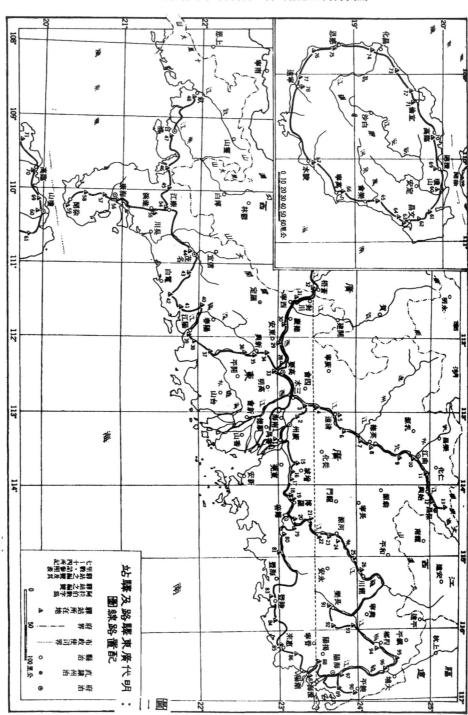

第二節　海上之交通

一、國內航線之開發

　　廣東沿岸海運起源頗早，遠在漢武帝時，已見開闢〔註 54〕。至三國吳嗣主建衡元年（269），遣監軍虞汜、威南將軍薛羽、蒼梧太守陶璜三人，由荊州起始，另派監軍李勗、督軍徐存二人，從津安（福建建甌縣）海道，會于合浦擊交阯（安南北部）。除由陸路荊州出兵外，並遠從閩北之建安郡，發兵乘船合擊。其時閩粵間海上交通之便捷，是可以想見的〔註 55〕。此外，虞翻、許靖皆曾由浙江會稽（浙江紹興），經閩、粵前往交阯〔註 56〕。可見三國時，粵省對內海運，不僅通閩，且浙、粵之間，亦暢通無阻。降及五代，粵省海運已可抵杭、越，達於登（山東蓬萊）萊（山東掖縣）之間〔註 57〕。演至宋代，廣東通往山東之海路，更是暢通無阻。當時廣東珍貨，近可至蘇州（江蘇吳縣）、鎮江（江蘇鎮江）及江寧（江蘇江寧）等地，遠可轉運至山東密州板橋鎮（山東膠縣）〔註 58〕。到了元代，更以國家的力量，將南方糧貨，利

〔註 54〕《史記》卷一一四〈東越列傳第五十四〉，頁 2982：「元鼎五年，南越造反，東越餘善上書，請以率八千從樓船將兵擊呂嘉，兵至揭陽，以海風波為解，不行。持兩端，陰使南越。」其由東越（閩）過南越（粵），以海風為藉口，不攻打南越。很明顯可以看出，閩粵之間，有海路可通。

〔註 55〕據《三國志》卷四十八〈吳書・三嗣主傳第三〉，頁 267：「建衡元年十一月，遣監軍盧汜、威南將軍薛珝、蒼梧太守陶璜，由荊州；監軍李勗、督軍徐存，從建安海道，皆就合浦擊交阯。」很明顯可看出，他們從建安海道出發，沿岸而行，合於廣東合浦，共擊交阯。

〔註 56〕同前註引書，卷三十八〈蜀書・許麋孫簡伊秦傳第八〉，頁 965 所載：徐靖因袁術兵迫會稽，臨時困厄，遂與袁沛等浮南海，經略東甌、閩、越之國，抵交阯。可見粵地與會稽之海上，已可暢通。

〔註 57〕見《舊五代史》卷二十，列傳第十〈司馬業〉：「開平三年，使于兩浙。時淮路不通，乘駟者迂迴萬里。陸行出荊、襄、潭、桂入廣，自番禺泛海至閩中，達于杭越。復命則備舟楫，出東海，至于澄萊之間。」

〔註 58〕見朱長文，《吳郡圖經續記》（《宋元地方志叢書》四，中國地方志研究會印行，民國 67 年 8 月）卷上，頁 2180：「自朝家承平，總一海內，閩粵之貨，乘風航海，不以為險。故珍貨遠物，畢集於吳市（蘇州）。」及徐松輯，《宋會要輯稿》（台北：台灣世界書局影印，民國 66 年 5 月再版）〈食貨五十之十一〉：「建炎三年（1129）三月四日，臣僚言：『自來閩廣客船，並海南蕃船，轉海至鎮江府買賣至多，乍緣西兵作遇，並張遇徒黨劫掠，商賈畏懼不來。』」又見秦觀，《淮海集》（《四部叢刊初編》，台北：台灣商務印書館，民國 54 年 8 月）卷三十三，頁 116，〈慶禪師塔銘〉所載：「林昭慶，泉州晉江人也。少跅弛，以氣自任。嘗與鄉里數人，相結為賈。自閩粵航海道，直抵山東。往來

用便捷的海運，轉輸北地，歷元末不衰。〔註 59〕

至明代，粵省海路，由惠州府海豐縣（廣東無棣）南八十里，出甲子門（廣東陸豐縣東南一百里石帆港海口），或由潮州府城南一百五十里，出潮陽（廣東潮陽），東北可抵閩越，又東則達清（山東堂邑）、濟（山東濟寧），以至澄、萊，而入于京〔註 60〕。其間自姑蘇（江蘇吳縣）沿海，順風航行至廣東，不需五日〔註 61〕。此條海路，廣為商賈所用，以致廣州以南三十里之琵琶州，泊滿來自浙、閩間的商船，盛況空前。〔註 62〕

此外廣東沿海各港埠船隻，均可交通往來。如由從化縣（廣東花縣）治西繞北至東出海，順風則一晝夜，逆風則二、三日，可抵新會（廣東新會）〔註 63〕自潮州府陽江縣（廣東陽江）北津港，向東屈北行駛，可達新會、東莞（廣東寶安）、廣州，轉向南，直抵高、廉、雷、瓊四府，潮商均假道販貨於此〔註 64〕。若由廉州府（廣東合浦）容根大廉港（廣東合浦）出發，半日可抵雷州（廣東海康），稍南二日可抵瓊州，往北十日可達廣州〔註 65〕。由儋州（廣東儋縣）海西，順風一日可抵瓊州（海南瓊山）。或是從雷州府徐聞縣（廣東徐聞）靈山鎮（廣東徐聞）渡海，順風相助，一日達瓊州（海南瓊山）〔註 66〕。而瓊州海路，分成內、外二路，內路又分東西二路。東路由海口（海

　　海中者十數年，資用甚饒。」

〔註 59〕見邱濬，《大學衍義補》卷三十四（京都：中文出版社，1979 年 1 月出版），頁 7，〈漕輓之宜下〉。

〔註 60〕見顧炎武，《天下郡國利病書》卷九十七（台北：廣文書局，民國 68 年 11 月初版），〈廣東一〉，頁 22～28，〈海道〉。

〔註 61〕《五雜組》卷四〈地部二〉，頁 90～91：「浙之寧、紹、溫、台，閩之漳、泉，廣之惠、潮，其人皆習於海，造小舟僅一圭竇。人以次入其中，冥黑不能外視一物，任其所之，達岸乃出之。……蓋自姑蘇一帶，沿海行，至閩廣，風順，不須三、五日也。」

〔註 62〕見《讀史方輿紀要》卷一一〇〈廣東二〉，頁 4169。

〔註 63〕見《天下郡國利病書》卷九十八〈廣東二〉，頁 15，從化縣，水路：「西縣治西遠北至東逾紫霞、法竹、那西、斗崗、尋陽。凡由海風，可一日夜，逆風可二、三日達新會。」

〔註 64〕見《讀史方輿紀要》卷一一〇〈廣東二〉，頁 4214。

〔註 65〕見《肇域志・廣東二》，頁 90，〈海路〉：「郡東水路自榕根大廉港，一日至永安，一日至凌祿，日半至雷州，少南二日至瓊州，正北十日至廣州。」

〔註 66〕同前註引書，〈廣東一〉，頁 88：「徐聞縣東十里有大水溪，源出龍床口，流接大水有石灘，水聲響急。下旋迴為潭，深不可測，名為龍潭。南經海安城東入海，號為靈山鎮。海灘渡海至瓊州，四百一十里曰老鴉，州去城西四里，渡海周折四百一十里，乃至瓊州。」又見〈廣東二〉，頁 90，引瓊志云：「儋

南文昌）鋪前港（海南文昌縣）出發，據載：

> 半日至文昌（海南文昌）青蓋頭港，一日至會同（海南瓊東縣）調
> 懶港，半日至樂會（海南樂會）博敖港，半日至萬州（海南萬寧）
> 連蕢港，一日至南山縣李打港，一日半至崖州（海南崖縣）臨川
> 港。〔註67〕

西路亦由鋪前港出發，據載：

> 半日至澄邁（海南澄邁）東水港，又半日至臨高（海南臨高）博浦
> 港，一日至儋州洋浦港，一日至昌化（海南昌江）烏妮港，一日至
> 感恩（海南感恩）抱羅港，二日至崖州保平港。〔註68〕

東西二路亦如驛路，皆以府治爲中心，使全島各埠，皆可交通往來，通行無
阻。瓊州外路，若沿海岸而行，五、六日可抵廣州。如浮海行駛，風潮水順，
二、三日抵廣州，七、八日到福建，十三、四日達浙江。〔註69〕

二、南洋航線之開發

　　廣東與南海交通起始甚早。在秦漢時，粵地已經成爲南海貿易交通中
心，商賈雲集，貨品會聚〔註70〕。當時往南海的首要港口，爲徐聞縣之合浦
港，商人由此出發航行，最遠可達印度洋沿岸的黃支國（印度半島之黃支）
〔註71〕。迨魏晉以後，海路隨佛教的東傳，逐漸開通。當時航海者已知利用

海之西，與廉境對，順風一日可至。」又見《瓊州府志》（清乾隆四十年刊本）
卷二下，頁33下，〈建置志・橋樑〉所載瓊山縣海口渡，在城北十里，北達
徐聞，順風半日可至。可見瓊州與雷土交通，一日順風，必可抵達。

〔註67〕見《瓊州府志》（明萬曆刊本）卷三十三〈地理志・疆域〉，頁3～4，水路。

〔註68〕同註67。

〔註69〕同註67。

〔註70〕見《史記》卷一二九〈貨殖列傳第六十九〉，頁3268：「……九疑，蒼梧以南
至儋耳者，與江南大同俗，而楊越多焉，番禺亦其一都會也，珠璣、犀、瑇
瑁、果布之湊。」

〔註71〕見《漢書》卷二十八下〈地理志第八下〉，頁1671：「自日南障塞、徐聞、合
浦船行可五月，有都元國；又船行可四月，有邑盧沒國；又船行可二十餘日，
有諶離國；步行可十餘日，有夫甘都盧國。自夫甘都盧國船行可二月餘，有
黃支國，民俗略與珠崖相類。其州廣大，戶口多，多異物，自正帝以來皆獻
見。有譯長，屬黃門，與應募者俱入海市明珠、璧流離、奇石異物、齎黃金雜
繒而往，所至國皆稟食爲耦，蠻夷賈船，轉送致之。亦利交易，剽殺人。又苦
逢風波溺死，不者數年來還。大珠至圍二寸以下。平帝元始中，王莽輔政，欲
耀威德，厚遺黃支王，令遣使獻生犀牛。自黃支船行可八月，到皮宗；船行可
八月，到日南、象林界云。黃支之南，有已程不國，漢之驛使自此還矣。」

信風，然尚未使用羅盤，唯望日月星宿而進，若陰雨時，爲風逐去，亦無所準〔註72〕。然而往來南海沙門，不因航行險惡而減少。據載，南北朝期間約有高僧十人，皆由廣州出發，抵達佛教中心之獅子國（錫蘭）〔註73〕。可見在五世紀以前，由徐聞或廣州出發的船隻，已航行至印度洋沿岸。唐代初年，天下太平，中外商旅，往來不絕，南海交通，更較前代爲盛〔註74〕。番商所至，皆以廣州爲通商要港，據貞元宰相賈耽所記，廣州通海夷，蓋爲當時波斯、大食番舶往來要道，計其航程，如遇順風時，每程約需九十日至一百日，最遠可至阿拉伯之大食國（波斯）〔註75〕。至此爲南海交通最遠航程，以致

〔註72〕 法顯，《佛國記》（湖南：《萬有文庫簡編》，民國28年9月印行）卷一，頁1～24。

〔註73〕 見沙門慧皎，《高僧傳》（台北：廣文書局，民國65年）。又見羅香林，《唐代廣州光孝寺與中印交通之關係》（香港：中國學社，民國49年6月）頁12：「至於自晉迄唐，外國僧侶至廣州弘法度眾者，則更不可勝數，就其較重要者言之，則有月氏僧支法防，罽賓國僧求那跋摩、中印度僧求那跋陀羅、南印度僧菩提達摩、西域僧智藥三藏、優禪尼國僧波羅末陀、中印度僧般刺密帝、南印度僧金剛智、北印度僧不空金剛、北印度僧般刺若等十餘人。」

〔註74〕 同前註羅書，頁13，引用日僧元開《大東和上東征傳》，記鑑真在番所見景況：「又開元寺有胡人造白檀華嚴經九會，率工匠六十人，三十年造畢。用物三十萬貫錢，欲將往天竺，採訪使劉巨麟奏狀，敕留開元寺供養。七寶莊嚴，不可思議。又有婆羅門寺三所，並梵僧居住。池中有青蓮花，華葉根莖，並芬馥奇異。江中有婆羅門、波斯、崑崙等舶，不知其數。並載香藥珍寶，積載如山，舶深六七丈。師子國、大石國、骨唐國、白蠻、赤蠻等，來往居住，種類極多。」可見廣州充滿胡商蕃僧，商業極盛。

〔註75〕 《新唐書》卷四十三下，志第三十三下〈地理七下〉，頁1153～1154：「廣州東南海行，二百里至屯門山，乃帆風西行，二日至九州石。又南二日至象石。又西南三日行，至占不勞山，山在環五國東二百里海中。又南二日行至陵山。又一日行，至門毒國。又一日行，至古笪國，又半日行，至奔陀浪洲。又兩日行，到軍突弄山。又五日行至海硤，蕃人謂之『質』，南北百里，北岸則羅越國，南岸則佛逝國。佛逝國東水行四、五日，至訶陵國，南中洲之最大者。又西出硤，三日至葛葛僧祇國，在佛逝西北隅之別島，國人多鈔暴，乘船者畏憚之。其北岸則箇羅國，箇羅西則哥谷羅國。又從葛葛僧祇四、五日行，至勝鄧洲。又西五日行，至婆露國。又六日行，至婆羅伽藍洲。又北四日行，至師子國，其北海岸距南天竺大岸百里，又西四日行，經沒來國，南天竺之最南境。又西北經十餘小國，至婆羅門西境。又西北二日行，至拔颸國。又十日行，經天竺西境小國五，至提颿國，其國有彌蘭太河，一曰新頭河，自北渤崑國來，西流至提颿國北，入于海。又自提颿國西二十日行，經小國二十餘，至提羅盧和國，一曰羅和異國，國人於海中立華表，夜則置炬其上，使舶人夜行不迷。又西一日行，至烏剌國，乃大食之弗利剌河，南入于海，小舟泝流，二日至末羅國，大食重鎮也。又西北陸行千里，至茂門王所都縛

宋、元兩代仍沿唐人開闢的航線前進而已。﹝註76﹞

　　及至明代，廣東之國際交通，大致可分東、西二路，往東洋路較近，一年可回，往西洋路較遠，往返需兩年﹝註77﹞。西洋航路，由廣東虎頭門（廣東東莞西南珠江口）出發，東南行二百里至東莞縣屯門山（廣東寶安縣南），

達城。自婆羅門南境，從沒來國至烏剌國，皆緣海東岸行；其西岸之西，皆大食國，其西最南謂之三蘭國。自三蘭國正北行二十日，經小國十餘，至設國。又十日行，經小國六、七，至薩伊瞿和竭國，當海西岸。又西六、七日行，經小國六、七，至沒巽國。又西北十日行，經小國十餘，至拔離哥磨難國。又一日行，至烏剌國，與東岸路合。」

﹝註76﹞《嶺外代答》卷二，頁10，〈海外諸番〉：「諸蕃國大抵海爲限界，各因方隅而立國。國有物宜，各從都會以阜通。正南諸國三佛齊，其都會也。東南諸國闍婆，其都會也。西南諸國，浩乎不可窮。近則占城、眞臘爲衆裏諸國之都會。遠則大秦，爲西天竺諸國之都會。又其遠則麻離拔國，爲大食諸國之都會。又其外則木蘭皮國，爲極西諸國之都會。三佛齊之南，南大洋海也。海中有嶼，萬餘人，莫居之，愈南不可通矣。闍婆之東，東大洋海也，水勢漸低，女人國在焉，愈東則尾閭之所池，非復人世。稍東北向，則高麗百濟耳，西南海上諸國，不可勝計，其大略亦可考，姑以交阯定其方隅，直交阯之南，則占城、眞臘、佛羅安也。交阯之西北，則大理黑水吐蕃也，於是西有大海隔之，是海也，名曰細蘭。細蘭海中有一大洲，名細蘭國。渡之而西，復有諸國。其南爲故臨國，其北爲大秦國王舍城、天竺國。又其西有海，曰東大食海。渡之而西，則大食諸國也。大食之地甚廣，其國甚多，不可悉載。又其西有海，名西大食海。渡之而西，則木蘭皮諸國，凡千里。更西則曰之所入，不得而聞也。」由上可見，宋時海上交通諸國，與唐相同。其範圍及航程，亦無差異。而元代廣東之海外交通航程，大約循宋代。唯詳情史籍所載，多不精確。且當時海上貿易中心，已由廣州移往泉州。故其交通情形，請參閱李東華先生作，《泉州與我國中古的海上交通──九世紀～十五世紀初》（台北：台灣大學歷史研究所博士論文，民國70年6月）。

﹝註77﹞參《天下郡國利病書》卷一二○〈海外諸番入貢互市〉，頁1～2：「廣州舶船往諸番，出虎頭門，始入大洋。分東西二路，東洋差近，西洋遠。宋於中路，置巡海水師營壘，分爲東莞縣南頭城東南海路二百里至屯門山。乃順風西行二日，至九州石。又南行二日，至象石。又西南行三日，至占不勞山。又南二日至陵山，皆占城境地。陸行至賓童國一日程。東去麻逸國二日程，水行一日，至東西竺崑崙洋。又行一日，至古笪國，則臘也。又半日，行至奔陀浪州。又三日，行至軍奕弄山。又五日，行至海硤。番人謂之質南北百里。北岸則羅越國，南岸則佛逝國。又東水行四、五日，至訶陵國，南中州之最大者。又西出峽三日，至葛葛僧衹國。在佛逝西北隅之別島國，國人多抄暴，乘舶者多畏之。其北岸則阿羅國，阿羅國西則阿谷羅國。又從葛葛僧衹四、五日，行至波露國，又六日行至婆那國伽藍洲。又北四日，行至獅子國。其北岸距南竺大岸百里。自伽藍洲行二十日，至榜葛剌國，則西天竺也。……天竺之西，一千五百里，有注輦國。」此爲南海諸國之大略也。

順風西行，至占城（越南下交阯、西貢一帶）需半月時日，至三佛齊國（蘇門答臘 Palembang）需二十日，至眞臘國（越南柬埔寨）需六十日，至波利國需二月，至投和國水行需百日〔註78〕。或由香山縣（廣東中山縣）登舟，順風四十日，可抵暹邏國（泰國）〔註79〕。若由東莞縣南亭門（廣東寶安）放洋，紅「烏豬（雷珠島）、獨豬（海南萬寧海）、七州（廣東文昌縣北）三洋，星盤坤未針，至外羅，坤申針入占城。」〔註80〕英宗正統六年（1441）七月，吳惠奉使占城，即遵此針路出發。據載：

> 次日至烏豬洋，又次日過七州洋，瞭見銅鼓山（海南文昌縣東六十里）。次日至揭豬洋，見大周山。次日至交阯……次日至占城外羅陽枝嶼口，明日入其國門。〔註81〕

七年（1442）五月六日回洋，十五日已見廣東諸山，遂由南門入廣〔註82〕，其回航船期僅費十日，遠較《圖書編》所記：「占城……北去廣州，便風半月」快五天〔註83〕。蓋針路準確，順風相助使然。

除了廣東、東莞、香山三港埠外，沿海各埠，亦可與南洋交通往來。如從欽州以南大海出航，一路可抵交州潮陽鎭，此路線是自馬援以來，征交阯水軍所由之徑，異常方便〔註84〕。或由廉州府冠頭嶺（廣東合浦）出發，湧向海中，北風順利，二、三日可抵交阯之海東府〔註85〕。或沿烏雷鎭（廉州府）（廣東合浦）海岸而行，前後十一天抵交阯〔註86〕，費時彌久，若湧向大

〔註78〕 章潢，《圖書編》卷五十一（明萬曆四十一年刊本，台北：成文出版社影印，民國60年1月，臺一版），頁9～12所載，由廣出發二日至婆利國：百日至授和國，便風半月至占城：二十日至三佛齊。

〔註79〕 前註引書，卷五十一，頁17～19，暹邏館：「其國東連大泥，南臨東牛，西接蘭場，北界大海。由廣東香山縣登舟，順風計約四十日，可至其國。」

〔註80〕 見《天下郡國利病書》卷九十七〈廣東一〉，頁26～27。見徐玉虎老師，《明鄭和之研究》（台北：德馨出版社，民國69年6月出版），十三，明鄭和航海圖中諸地名詮釋，廣東省至越南國，頁316：「南亭門是廣東往滿加剌商船啓碇處。」

〔註81〕 參《讀史方輿紀要》卷一一○〈廣東二〉，頁4162。

〔註82〕 見《天下郡國利病書》卷一一九〈海外諸蕃〉，頁30～31。

〔註83〕 見《廣東通志》（明萬曆三十年刊本）卷六十九〈番夷〉，頁45。

〔註84〕 同註83。

〔註85〕 張國經等，《廉州府志》（國立中央圖書館漢學資料研究中心，七十一年度蒐集流佚海外古籍，明崇禎十年刊本）卷十四，頁21～22，入交三道，及西南海道。

〔註86〕 鄭若曾，《鄭開陽雜著》（台北：成文出版社，民國60年4月一版）卷六，頁

海，遇風八、九晝夜，可抵交阯貴州府界，風大不能挽舟，則直達占城〔註87〕。或由儋州出海，西行二日抵交阯萬寧縣，三日至斷山雲屯縣〔註88〕。或由崖州放洋，南行二日至占城。〔註89〕

以上諸埠海路，皆可通占城、眞臘、爪哇、滿剌加（馬六甲）、三佛齊、天方（阿剌伯之麥加）……等國〔註90〕。南洋各國番舶，也與諸埠交通往來〔註91〕。當時諸番入貢，皆行瓊州內海，經東莞縣佛堂門（今大亞灣與大鵬

31～32，入交三道，廣東道：「若廣東道海，自廉州烏廉山發舟，北風順利，一、二日可抵交之海東府。若沿海岸以行，則自烏雷山，一日至永安州白龍尾，白龍尾二日至玉山門，又一日至萬寧州，萬寧州一日至廟山，廟山一日至屯卒巡司。又二日至海東府，海東府二日至經熟社。有石堤，陳氏所築，以禦元兵者。又一日至白藤海口，過大寮巡司，南至安陽海口。又南至塗山海口，又南至多漁海口，各有支港以入交州。」

〔註87〕見《天下郡國利病書》卷九十七〈廣東一〉，頁28：「泛海者，每遇大風，則舟漂七、八、九晝夜，至交阯貴州府界。如遇舟不能挽，徑南則入占城。」

〔註88〕《瓊州府志》（清乾隆四十年刊本）卷之一上，頁25～26：「自儋州出海，西行至交阯萬寧縣二日，至斷山雲屯縣三日。」

〔註89〕同前註引書，同卷頁：「自崖州出海南行，至占城二日。」

〔註90〕同前註引書，卷八，頁23～26上，邊海各國，西海條，所載有安南、占城、眞臘、爪哇、三佛齊、暹邏、渤泥、滿剌加、蘇門答剌、錫蘭山、佛即機、柯枝、涇田山洋、大小葛蘭、古里、木骨都束、小剌哇、息魯莫斯、剌撒、阿丹、天方等國。

〔註91〕當時明廷有特定港口，給入貢番夷停泊。如《天下郡國利病書》卷二二○〈海外諸番〉，頁16～17所載，灣泊有定所：「布政司案，查得遞年暹邏國，并該目官下甘蒲石坤州，與滿剌加、順塔、占城各國夷船，或灣泊新寧、廣海望峝、或勒金奇潭、香山良百、濠境、十字門，或東莞雞棲屯門、虎頭門等處，海澳灣泊不一。」然因風向不定，番船往往與諸埠皆有往來。如陳文等，《明英宗實錄》（台北：中央研究院史語所校勘本，據國立北平圖書館紅格鈔本微捲影印，民國57年）卷三十八，頁6下～7上，正統三年正月癸卯，暹邏船由潮州進貢。又卷一一三，頁7下～8上，正統九年二月己亥條，載潮州府濱海民私傍郡無賴，私下海，通貨爪哇。卷一四三，頁1下～2上，正統十一年七月己巳條，因占城進貢，船泊無定處，遂限定其泊於廣東市舶提舉司河下，或瓊州府海口港次灣泊。又劉吉等，《明憲宗實錄》（中央研究院史語所校勘本，據國立北平圖書館紅格鈔本微捲影印本，民國57年）卷之十九，頁2下，成化二年七月戊申條，爪哇入貢，奸人段鎮，導其船泊潮州港。又據《明史》卷三二五，列傳第二一三〈外國六〉，頁8430～8434，〈佛朗機〉：「壕鏡在香山縣南虎跳門外。先是，暹邏、占城、爪哇、琉球、浡泥諸國互市，俱在廣州，設市舶司領之。正德時，移於高州之電白縣。嘉靖十四年，指揮黃慶納賄，請於上官，移之壕鏡，歲輸課二萬金，佛朗機遂得混入。高棟飛甍，櫛比相望，閩、粵商人趨之若鶩。久之，其來益眾。諸國人畏而避之，遂專爲所據。」凡此不勝枚舉，可見廣東沿海港口，稍有規模，皆可與諸番

灣之間）入廣。若遇逆風，則由廣海衛（廣東台山）入。回南洋時，先在佛堂門西南十里龍穴州（廣東寶安），補給淡水，再揚帆南回〔註92〕。而在此航路之沿海港埠，皆可停泊休息〔註93〕。可見自秦漢以來，往南洋之單元性港口，演變至明代，則成為多元性港埠，只要稍具規模之港埠，皆可與南洋交通往來，因此明代粵省沿海各埠，走私之盛，其來有自。〔註94〕

　　總之，廣東海上交通，分成對內和對外二路，對內海運，大部份沿岸而行，風險較小；對外航路，則泛海而航，風險較大。蓋昔人至南海，端賴風帆，因缺乏精密航海儀器，除了應用簡單之指南針、牽星圖外，惟靠經驗與冒險的精神，始能完成南行之任務〔註95〕。所以每次海舶出南海，先於廣、浙、閩三省，選取具有航行南洋經驗之老水手（火長），聘為船師，以針經圖

往來。

〔註92〕見《肇域志・廣東一》，頁 36，及頁 59。

〔註93〕見註 92，或《廉州府志》（清乾隆二十年刊本）卷二，頁 11 所載，欽州龍門港，在廣東西南，諸夷入貢，必由此經過。或《瓊州府志》（清乾隆四十年刊本）卷八，頁 25～26，邊海各國條，所載如暹邏、占城、滿刺加諸國進貢，道經瓊州，必派指揮，千戶護送至京。可見在此航線之沿岸，外船均可能停泊靠岸。

〔註94〕《明英宗實錄》卷一一三，頁 7 下～8 上，正統九年二月己亥條：「廣東潮州府民濱海者，私誘傍郡之無賴五十五人，私下海，通貨爪哇國。」又見費宏等，《明武宗實錄》（台北：中央研究院史語所校勘本，據國立北平圖書館紅格鈔本微卷影印，民國 57 年）卷一一二，頁 2 下，正德九年六月丁酉條：「廣東布政司參議陳伯獻奏：『嶺南諸貨出於滿刺加、暹邏、爪哇諸夷，……近許官府抽分，公為貿易，遂使奸民數千，駕造巨船，私置兵器，縱橫海上，勾引諸夷，為地方害，宜極杜絕。』」

〔註95〕參朱彧，《萍洲可談》（《四庫全書珍本》別集，文淵閣本，台北：台灣商務印書館，民國 64 年）卷二，頁 3：「舟師識地理，夜則觀星，晝則觀日，陰晦則觀指南針，或以十丈繩，鈎取海底泥嗅之，便知所在。」又見張燮，《東西洋考》（台北：台灣商務印書館，民國 60 年 10 月）卷九〈舟師考〉，頁 117：「海門以出，泅沫黏天。奔濤接漢，無復崖涘可尋，村落可誌，驛程可計也。長年三老，鼓柂揚帆，截流橫波，獨恃指南針為導引。或單用，或指兩間。憑其所嚮，蕩舟以行，如欲度道里遠近多少，準一晝夜風利所至為十更。約行幾更，可到某處。又沈繩水底，打量某處水，深淺幾托。賴此暗中摸索，可周知某羊島所在，與某處礁險宜防。或風濤所遭，客多易位：至風靜濤落，駕轉猶故。循習既久，如走平原，蓋風中有成算也。」由此可見，昔人航行，專賴經驗而行。請參閱徐玉虎先生，前引書（台北：德馨出版社，民國 69 年 6 月出版）七、〈鄭和航海圖中的「航海名詞」之詮釋〉，及八、〈鄭和航海「過洋牽星圖」之詮釋〉，頁 72～100。對於明人航行南洋之指針與牽星圖之應用，均有詳細解說。

式，付與領導，專一料理航行事宜〔註96〕。這批老水手，皆能憑其已有的經驗，渡過驚濤駭浪，以達目的地。此外，船行海中，又多需順風相助，否則片帆不行〔註97〕。一旦遇颶風，大抵船破漂蕩，性命不保〔註98〕。可具當時南海航線之限制與危險。然而粵省宦賈，海外蕃商，仍不畏諸險，奔波於兩地之間，互通有無，證明明代南海交通之往來，依舊頻繁。〔註99〕

第三節　小　結

　　明代廣東交通以陸路爲主，陸路又以廣州府番禺縣之五羊驛爲中樞，由

〔註96〕鞏珍，《番國志·自序》中記云：「始則預行福建、廣、浙，選取駕船民中有慣下海者，稱爲火長，火作船師。乃針對經圖式付與領執，專一料理，事大責重，豈容忽怠。」又見《東西洋考》卷九〈舟師考〉，頁117：「其司針者名火長，波路壯闊，悉聽指揮。」

〔註97〕見朱彧，《萍洲可談》卷二，頁2：「船舶去，以十一、十二月，就北風。來以五月、六月，就南風。」又見《圖書編》卷五十一，頁19，暹邏條：「彼國來貢，必用五、六月南風，還則用十一、十二月北風。過此，不敢行。」徐玉虎老師，前引書，七、〈鄭和航海圖中「航行名詞」之詮釋〉，頁77：「蓋昔日海舶南行，必俟汎風。故閩、粵往，恒在陰曆十月至一月之北風時期。自南洋回，恒在陰曆四月至七月之南風時期。如考之鄭和七次下西洋往返之年月，足爲此說佐證。」梁嘉彬老師，〈論隋書流球與琉球台灣菲律賓諸島之發現〉（《學術季刊》六卷三期，民國47年12月31日）頁97：「廣州以南諸港，係指定交通南洋，其出航係藉冬季東北信風（遇東風或北風尚可開航。遇南風或南風，則無開航之理）。故易交通中南半島諸國。」可見當時由廣州去南洋，率皆於十一、十二月，乘東北季風南下。南洋來貢，則用五、六月南風。

〔註98〕楊士奇等，《明宣宗實錄》（台北：中央研究院史語所校勘本，據國立北平圖書館紅格鈔本微捲影印，民國57年）卷五十四，頁5下，宣德四年五月壬戌條：「爪哇國使臣亞烈麻扶等將還國，訴於行在禮部云：『來時舟爲海風所壞，乞令廣東都司布政司造船與歸。』」又見《英宗實錄》卷七十，頁4，正統五年八月己卯條：「爪哇國通事八致昭陽等回國，遇颶風船毀。頭目奇曾等五十六人溺死，惟昭陽等八十三人，仍留廣東。命市舶提舉司與廩給口糧撫養住，坐候有本國便船，附之以歸。」凡此史料頗多，散見各朝實錄，不用詳引。

〔註99〕參見《太宗實錄》卷一二七，頁2，永樂二十一年九月戊戌條：「禮部奏：『西洋、古里、忽魯謨斯、錫蘭、阿丹、祖法兒、刺撒不剌哇、木骨都束、柯支、加異勒、溜山、南渤利、蘇門達利、阿魯、滿剌加等十六國遣使千二百人，貢方物至京。』」又據《明史》卷二二四，列傳第二一二〈外國五·爪哇〉，頁8404：「正統八年，廣東參政張琰言：『爪哇朝貢頻，供億費煩幣中國以事遠人，非計。』帝納之，其使還，賜敕曰：『海外諸邦，並三年一貢。王宜體恤軍民，一遵此制。』十一年復三貢，後乃漸稀。」足證南洋交通不得不限制。

此東通惠、潮，抵福建、江西。西北溯西江入廣西。西南聯絡肇、高、雷、廉、瓊五府，進可控諸番。往北則沿水陸可至韶州，抵南雄，越大庾嶺，沿贛江，至南昌，泛鄱陽湖，入長江，抵南京，再溯大運河北上，達北京，全程七八三五里〔註100〕。此條爲粵省主要幹線，將南海番貨輸往內地，亦將內地手工藝品，轉貿於南海諸國，論其功效，不下於今日之粵漢鐵路。然而此路費時彌久，且運河窄淺，漕船擠塞，沿途拉挽，尤爲勞民傷財，以至於腳費倍於貨物〔註101〕。倘若當時能倣效宋、元兩代，以海道運貨至京，則非但可以減輕昂貴的運輸費，且南北貨物大量交流，對充實京師，和平抑北地物價，有著莫大助益〔註102〕。然有明一代，早期礙於海禁政策，片帆不許下海〔註103〕。中葉以後，又因倭寇猖獗，沿海不靖〔註104〕。至明末海賊大熾，海

〔註100〕見註 31、32、33。又當時廣東各府至京里數如下表：

表十六：明代各府至京師里程表

府　　名	至南京里數	至北京里數	府　　名	至南京里數	至北京里數
廣　　州	4390 里	7835 里	韶　　州	3590 里	7035 里
南　　雄	3300 里	6745 里	惠　　州	4900 里	8345 里
潮　　州	6580 里	9747 里	肇　　慶	4260 里	7420 里
高　　州	5480 里	8647 里	廉　　州	5620 里	9065 里
雷　　州	5595 里	9400 里	瓊　　州	6045 里	9690 里

　　備註：1.《大明一統諸司衙門官制》（明嘉靖二十年佳璉刊本）卷十二，頁 1～12。
　　　　　2.各府起點均爲府治。

〔註101〕《五雜俎》卷三〈地部一〉，頁 57：「運河之開，無風波之患，誠爲良策。而因之遂廢海運，亦非也。海上風濤不虞，數歲間一發耳。而今運河挑濬之費，閘座撈淺之工，上自部使者，下至州邑倅貳之設，其費每歲豈值鉅萬已哉？海運一行，則諸費盡可省。」

〔註102〕見《大學衍義補》卷三十四，頁 11，〈漕輓之宜〉：「考宋《朱子文集》，其奏箚言：廣東海路至浙東爲近。宜于福建、廣東沿海去處，招邀米客。《元史》載順帝末年，山東河南之路不通，國用不繼。至十九年，議遣戶部尚書貢師泰，往福建，以閩鹽易糧，給京師，得數十萬石，京賴焉。其後陳友定亦自閩中海運，進奉不絕。然此海道若通，閩廣之綱運，亦可以來，不但兩浙也。況今京師，公私所用，多資南方貨物，而貨物之來，苦於運河窄淺，舳艫擠塞，腳費倍於物值，貨物所以貴，而用度惟艱。此策既行，則南貨日集於北。空船南回者，必須實物，而北貨亦日流於南矣。今日富國足用之策，莫大於此。」

〔註103〕《太祖實錄》卷二三一，頁 2 下，3 上，洪武二十七年正月甲寅條：「……緣海之人，往往私下諸番，貿易香貨。因誘蠻夷爲盜，命禮部嚴禁絕之。敢有

疆不保〔註 105〕。以致海路不通〔註 106〕，始終未能善加利用此一條便捷的海路，徒留給這些通蕃不法之徒，作爲走私貿易之用，於公於私，兩者皆失。〔註 107〕

私下諸番互市者，必寘之重法。」又見《太宗實錄》卷之十七，頁 1～4，洪武三十五年七月壬午條：「……緣海軍民人等，近年以來，往往私立番下，交通外國。後不許，所司一遵洪武事例禁治。」通番乃大罪，以至片帆不准下海。其詳情可參閱陳幼石，《明洪武嘉靖年間的海禁政策》（台北：台灣大學文學院出版，民國 55 年 8 月初版）一書。

〔註 104〕何格恩，〈明代倭寇侵擾沿海各地年表〉（《嶺南學報》，民國 22 年 6 月，台北：東方文化書局影印，民國 68 年夏）第二卷，第四期，頁 137～234，此文章對明代倭寇擾亂沿海各地情形，敍述詳細，可參閱。

〔註 105〕中國南海，即廣東、福建、浙江之海面，向來爲海賊之巢穴。尤其是明末廣東張璉、林鳳、曾一本、劉香等，皆跋扈於廣東至南洋一帶。此等海賊，除截擊往來海上之船舶，掠奪其方物外，又常攻擊沿海諸港，恣意搶掠，其詳情可參閱，《粵大記》（明刊本）卷三十二〈政事類・海防〉，頁 1～45。

〔註 106〕按明代海路不通，除了上述三原因外，明廷當局考慮到另一因素是，成山以東、白蓬頭等處，危礁亂磯，湍流伏沙。船行至此，觸礁沈溺。《鄭開陽雜著》卷九，頁 37～67，海運圖書：「然在熟識水洪者，自可趨避。聞南洋通番海舶，專在琉球、大食諸國往來，而邊海郡邑，漁鹽貿易，公私跋涉，無日無之，未聞有覆溺之虞。況東洋有山可依，有港可泊，非若南洋、西洋，一望無際，舟行遇風不可止也。」諸說以駁反對海運者，而又有恐漕糧被風濤淹沒，損人廢財，以止海運之說。然《大學衍義補》卷三十四〈漕輓之宜〉，頁 11～11：「以《元史》質之，其海運自至元二十年始，至天曆二年止，備載逐年所至之數，以見其所失，不無意也。竊恐今日河運之糧，每年所失，不止此數。況海運無剝淺之費，無挨次之守，而其支兌之加耗，每石須有所減，恐亦浮于所失之數。此策既行，果利多而害少。」二書之分析得當，然明朝未能推行海運，以致此條海道，徒留給通番之徒，作走私之生意。

〔註 107〕見胡宗憲，《籌海圖編》（《四庫全書珍本》五集，文淵閣本，台北：台灣商務印書館，民國 63 年）卷十二，頁 19 下～21 上，〈勒會哨〉：「曾考入番罪犯，多係廣、福、浙三省之人，通夥流劫。南風汛，則勾引夷船。由廣東而上，達於漳泉，蔓延於興福。北風汛，則勾引夷船。由浙江而下，達於福寧，蔓延於興泉。……又有一種姦徒，見本處禁嚴，勾引外省。在福建省，則於廣東之高、潮等處造船，浙江、寧紹等處置貨，糾黨入番。在浙江、廣東者，則於福建之漳、泉等處，造船置貨，糾黨入番。此三省之通弊也。」

圖三：明代廣東通京路線圖

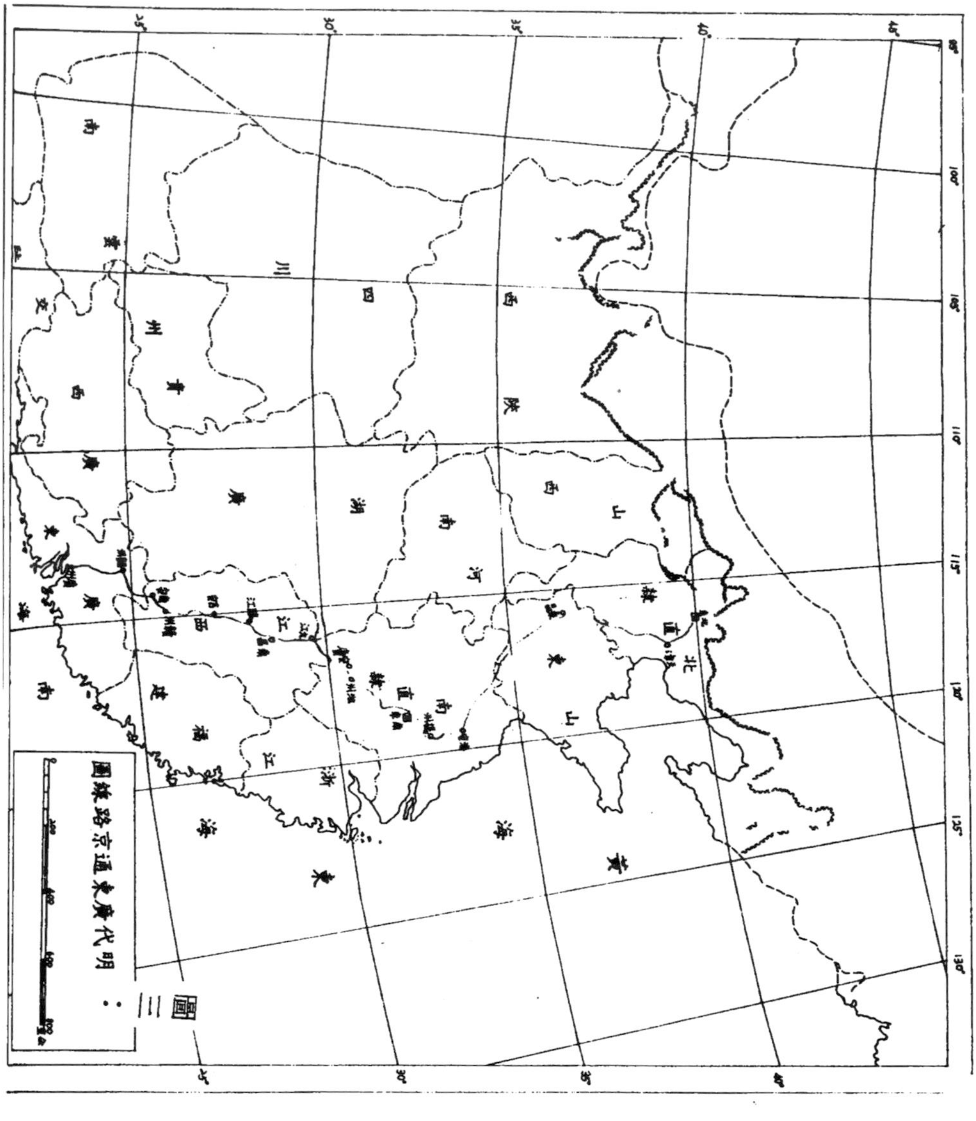

第四章　粵境商業之興起與開展

第一節　商稅機構之設立

　　明代廣東地方貨物之販賣，有關市之徵，也就是所謂的商稅。這種徵自商賈貨物之商稅，通常是三十稅一〔註1〕。其所課徵之項目，計有：商稅鈔、門攤、稅契契本工墨鈔、茶課引、關油、地利、窰冶、紙箚、賃屋、榔椰、酒醋、車船、鹽、檳榔舖租、花藤、牛稅等諸多名目〔註2〕。至明中葉以後，課徵範圍更爲廣擴，大凡窮鄉僻壤之豬、布、麻、墟場及米、鹽、雞、犬，皆令輸稅〔註3〕。這些商稅，在明初都是由稅課司局負責徵收的。當時廣東設

〔註1〕　《肇慶府志》（明崇禎十三年刊本）卷十三〈賦役二〉，頁23，課鈔。及《肇域志・廣東二》，頁20。及《明史》卷八十一，志第五十七〈食貨五〉，頁1975。三書皆記明代商稅，三十而取一。

〔註2〕　明代廣東徵收商稅之項目，各府縣大同小異。如肇慶府就征收契本，工墨印記，酒肆，鹽課等，見《肇域志・廣東二》，頁20～22。瓊州府，則征收商稅、門攤、稅契契本工墨鈔、茶課引、關油、地利、窰冶、紙箚等，詳細情形，請參閱《瓊州府志》（明萬曆刊本）卷三十五～三十八。惠州府，則征酒醋、房地賃、窰冶、商稅、門攤、茶課等，見《惠州府志》（明嘉靖二十一年刊本）卷五，頁4～13。潮州府，亦類似於惠州府，見《潮州府志》（明嘉靖二十六年刊本）卷三，頁8。凡此商稅，各府縣等大同小異，不再贅述。

〔註3〕　魏綰修、陳張翼纂，《南海縣志》（清乾隆六年刊本，故宮普舊）卷六，頁54～56，記載自神宗萬曆二十七年，權使又在廣東增加豬、布、薢、墟場、鴨埠等商稅。又見李文煊修，鄭文彩等纂，《瓊山縣志》（清咸豐七年刊本，台北：成文出版社，中國方志華南地方一六六號影印本，民國57年）卷八，經政九，權稅，頁45～46，所記神宗萬曆二十六年權使又將商稅範圍擴至米鹽雞犬，皆令輸稅。《瓊州府志》（明萬曆間刊本）卷四，頁97～104，所記瓊州

有九個稅課司，四個稅課局，其分佈情形如下表所載：

表十七：明代廣東稅課司局分佈統計表

府	州、縣	稅課司	稅課局	裁 革 時 間
廣　州		一		
	東　莞		一	嘉靖元年（1522）
	新　會		一	
韶　州		一		
南　雄		一		隆慶元年（1567）
惠　州		一		
潮　州		一		
肇　慶		一		嘉靖五年（1526）
	四　會		一	嘉靖五年（1526）
	德慶州		一	嘉靖五年（1526）
廉　州		一		嘉靖六年（1527）
雷　州		一		
瓊　州		一		隆慶元年（1567）

備註：1.《大明一統諸司衙門官制》卷十二，頁1～12。
　　　2.《大明會典》卷三十五，頁31。

由上表所記稅課司局之數目，可以看出，其中以廣州和肇慶二府最多。因此二區域舟車便捷，人煙稠密，百貨匯集，商業鼎盛，是爲經濟開發程度較高的區域，也是商人活動較頻繁之區。

稅課司局設置之官員，計有大使、副使各一員、攢典一員，點巡欄十名，以收課程〔註4〕。明初皆不給薪水，每日令巡欄收徵往來貨稅，以自給。但有些地方商貨往來稀少，無供給，以至薪資無著落。英宗正統九年（1444），始革其自給，悉照官品給俸，至此稅課司局官員，始有正式薪餉。〔註5〕

稅課司之徵收商稅過程，首先是由布政使司取得印信與簿籍一扇，逐日將通過稅關之商人貨物、姓名一一登記，按季解布政司，呈報撫按衙門查考

府在神宗萬曆二十八年，因剿黎馬屎之亂，開始普通徵收牛稅銀，無牛處，收米、穀、豬、雞等雜稅充之。

〔註4〕見《永樂大典本地方志彙刊‧潮州府一》，頁28，〈官制〉。及盧祥撰，《重刻盧中丞東莞舊志》（明天順八年修，國立中央圖書館公藏善本書）卷二，頁8，〈稅課局〉。再見《典故紀聞》卷十一，頁204。

〔註5〕《典故紀聞》卷十一，頁204。

〔註6〕。每月商稅收額,有一定規數,若不及規數,則將遭受裁革之命運。如英宗正統元年（1436）肇慶府稅課司,因收商稅不滿鈔三萬貫,而慘遭裁革,後又復設〔註7〕。至天順元年（1457）,英宗正式照會各稅課司局,其所徵之商稅數額,俱照永樂年間督收則例。若課鈔不及萬貫者,悉與革罷,其職權由所在官司兼管〔註8〕。以故後來在世宗嘉靖元年（1522）,首先裁革廣州府東莞縣稅課局〔註9〕。五年（1526）又革肇慶府稅課司〔註10〕。六年（1527）,廉州府同知張靜以商稅數額少,又奏革廉州府稅課司,其課程則由州縣官代收〔註11〕。四十四年（1565）,又革瓊州府稅課司,併入瓊山縣河泊所代徵商稅。〔註12〕

　　稅課司局之裁革,並不意味著商稅徵額之減少和商業活動之衰退,祇不過將督收商稅之權力,轉移到其他官司而已。而且當時廣東除稅課司局外,又於交通輻輳之地,舟楫所趨之區,設立廠司,以收來往舟楫載貨之稅。例如貨物由廣西來者,則由梧州府抽稅。由廣東往北者,則抽分於南雄。在潮州,則抽分於廣濟橋。在清遠,則抽分於盤鹽廠〔註13〕。其後因為廣東盜賊為亂連年,征軍繁調,軍餉驟增,官方乃大開廠司,以輔軍餉。武宗正德二年（1507）,總督督御史周南奏建南雄太平橋廠,委官督收商稅,以充軍餉〔註14〕。而各地官兵,競相效法,私設廠司,乃至稅關連埠,商賈苦不堪言。十六年（1521）,皇帝始下詔:「凡橋梁道路關津,有利處所,私自添設,無名抽分者,悉委巡按御史及分巡官查革。」〔註15〕然而兩廣之地,盜賊此起

〔註6〕 李東陽等,《大明會典》（台北:文海出版社,民國53年3月再版）卷三十五,戶部二十二,頁51,〈商稅〉。
〔註7〕 同註1。
〔註8〕 見《廣東通志》（明嘉靖本）卷二十五〈民物志五〉,頁3,〈市墟〉。
〔註9〕 《大明會典》卷三十五,頁31。
〔註10〕 同註1。
〔註11〕 《廉州府志》（明崇禎十年刊本）卷四,頁13～14。
〔註12〕 據《瓊州府志》（明萬曆間刊本）卷五,頁35,〈鈔課所記〉。瓊州府設有稅課司,及萬州,文昌等局,不久即廢局,屬州縣代徵,至世宗嘉靖乙丑,司亦裁革,併入瓊山縣河泊所代徵。
〔註13〕 《廣東通志》（明嘉靖本）卷二十五〈民物志六〉,頁4,所記明朝要抑商人過于逐末,立鈔關以抽分,恐其易於爭訟,則立市司以詳其物價。兩廣財貨所出,俱無抽分鈔關,貨物由廣西來者,類稅於梧州府。由廣東往北者,則抽分於南雄,而潮州有廣濟橋,清遠縣有盤鹽廠,以便抽商貨之稅。
〔註14〕 同前註引書,卷三十三〈政事志六〉,頁16,〈軍餉〉。
〔註15〕 同前註引書,卷二十五〈民物志六〉,頁3,〈市墟〉。

彼落，軍事危急時，軍餉無出，不得不再建廠抽分，以供給軍需。如世宗嘉靖二十六年（1547），在韶州府遇僊橋，設立榷關部司，收來往商賈貨稅，以供新設練營兵工食〔註16〕。在地方上，又有以「營為單位之軍事課徵機構，一方面是保護商旅往來，另一方面則督商稅，以充軍需。如嘉靖三十九年（1560），在肇慶府新興縣設立下洋營，營內有鄉夫守備，每月的一、四、七等三日，從金山河頭護送陸路商人到新興山口。而二、五、八等三日，又從新興山口護商至金山河頭。三、六、九等三日，則保護往來商船，以免遭受到猺賊侵襲。其報酬是量取牛、羊，及商人船錢，以備糧食〔註17〕。神宗萬曆元年（1573），殷正茂又奏請盤驗廠於封川縣，以便驗船榷商稅，以充軍需〔註18〕。五年（1577）三月，督府凌雲翼，又在高要縣立黃江廠，許民入羅旁山伐木，至廠驗稅，軍餉賴之〔註19〕。凡此廠司，不勝枚舉，不再一一贅述。〔註20〕

當時粵省設有二大抽分廠，一則位於潮州府，一則位於南雄府，若把廣西梧州府算在內，則有三廠。其抽稅官員，俱半年一換，以到廠之日起算，日薪一錢三分。所用柴燭，則於各縣均平銀支買，平均每月用燭四枝，柴八十斤。本日負責督收商稅，若盤獲走私貨物，俱解府充餉，分毫不得挪用。若能奉公守法，職滿之時，犒賞銀五兩，以資獎勵。〔註21〕

綜上所述，可作為佐證，稅課司局之裁革，並不意味著商稅征額的頓減，

〔註16〕康宗堯纂修，《韶州府志》（清康熙二十六年刊本，故宮普舊）卷五，頁47，〈榷關部司〉：「明嘉靖二十六年始立遇僊橋務，歲額春季銀六百八十二兩六錢九分一釐，夏季銀五百三十二兩六錢四分七釐一毫，秋季銀八百三十七兩七錢四分四釐四毫，冬季銀一千零八十七兩八錢一分釐。續於天啟元年奉文春夏秋三季各增銀二百兩。崇禎元年春、夏、冬三季各加銀一百四十兩，秋季二百四十四兩四錢，遇閏加銀五十二兩六錢，給新設練營兵工食。」崇禎九年，「每季增銀五十兩，充餉。」

〔註17〕《肇慶府志》（明崇禎十三年刊本）卷十七〈兵防下〉，頁39。

〔註18〕《廣東通志》（明嘉靖本）卷三十三〈政事志六・軍餉〉，頁16。

〔註19〕《肇慶府志》（明崇禎十三年刊本）卷二〈事紀二〉，頁37，此廠設在神宗萬曆五年三月，其抽稅太重，商賈俱困，至萬曆十二年，督府吳文華，稍減商稅，立為法令，不許妄增，商民大悅。

〔註20〕應檟修，劉堯誨重修，《蒼梧總督軍門志》（明萬曆九年廣東布政司刊本）卷十三〈兵防十・兩廣歲入軍餉〉，頁17所記陽江、恩平二縣交界設有火夾腦營，及新興、高要二縣界設立將巡檢司，以督收商稅，以充軍餉。

〔註21〕《蒼梧總督軍門志》卷十四〈經費〉，頁3。此事在世宗嘉靖二十九年開始推行。

與商業的衰退。因爲其職權由其他廠司所取代，商稅之課徵並未因此而減少，商人每苦以稅重〔註 22〕。所以若由稅課司局之削減而論商業之興衰，則失之於謬誤。

第二節　商人之活動

一、廣州商人

明代廣東轄有十府七十餘縣，從事逐末之事業者，僅限於少數幾個府縣。以廣州府而言，祇有望戶纔從事商業活動，其餘州縣百姓皆務農稼。如新會縣民，販鬻者少。清遠縣城中男女皆事耕織，商賈工技皆資異縣。而香山縣民，勤於農圃，不習工商，貿易常爲人所欺〔註 23〕。此外如韶州府，因土廣民稀，民以務農爲生，不樂商賈，工藝成品，皆來自廣城〔註 24〕。惟仁化市民，始從事商業活動〔註 25〕。肇慶府陽春、開建二縣，民不商販，且恥爲商人。而陽江縣民，也不商販，器用貨物皆取於外邑〔註 26〕。雷州府之商賈，祇從事土產貨品之買賣，但不越境，從事者也少〔註 27〕。廉州府據山瀕海，風氣殊異，人民雖重貨輕生，但是男子不耕不商，生計最拙，一切日常用品，皆資外商〔註 28〕。惠州府，從事貿易者，皆是外地人，惠民坐家操三分利者亦少〔註 29〕。瓊州府，民事務農，鮮爲商賈，惟儋州、陵水二地，

〔註22〕　同註 19。
〔註23〕　《廣東通志》（明嘉靖本）卷二十〈民物志一〉，頁 20，〈風俗・廣州府〉。
〔註24〕　同前註引書，同卷，頁 22～26，韶州府，風俗。及《肇域志・廣東一》，頁16～22。二書皆記，韶州府，農民重耕稼，少商賈，工藝品，皆買自廣城。而市井之貨，惟日用品，珍奇之貨不售。乳源縣少商賈。曲江縣民，樂農厭商。祇有英德縣，商旅雜居，競爭日起，和仁化縣市民，纔從事逐末之業。
〔註25〕　同註 24。
〔註26〕　《廣東通志》（明嘉靖本）卷二十〈民物一〉，頁 36～38，〈風俗・肇慶府〉。及《肇域志・廣東一》，頁 56、59、69。所記肇慶府新興縣「商賈少通，市無奇貨。」陽春縣「士不喜儒，民不商販。」開建縣「男子喜習師巫，恥爲工商。」瀧水一地，人民不商賈，加上江灘險惡，商旅罕通。陽江之民，不商賈，貨物器用，皆假他邑。
〔註27〕　《廣東通志》（明嘉靖本）卷二十〈民物一〉，頁 44，〈風俗・雷州府〉所記雷商祇在本土販賣檳榔、椰子、漁鹽等土產貨品，不越他境，亦少爲之。
〔註28〕　同前註引書，同卷，頁 44，〈風俗・廉州府〉。又見《廉州府志》（明崇禎十三年刊本）卷二，〈地理志・風企〉，頁 35，所記廉郡婦女，平日常負擔東西，以從事貿易活動，可見此區婦女在商務上，反而扮演重要角色。
〔註29〕　同前註前引書，同卷，頁 30，〈風俗・惠州府〉。

婦女纔從事商業活動〔註30〕。潮州府之民，上戶皆從事科舉，中戶務農，下戶纔從商〔註31〕。由上所述可見廣東百姓之務商者，寥寥無幾，祇集中在廣城、仁化、潮州府等幾縣。其中以廣城爲最，當時廣民之務農者，因業拙利微，乃棄農從商〔註32〕。也有爲避重賦，棄農務而從事市坊，以牟四方之利者〔註33〕。因此幾乎所有的廣商，咸集於廣州城內。

廣州商人，以誠實爲號召，與外江人買賣交易，五日或七日之內，如假包換。不像蘇、杭一帶商人，轉身就不認人，所以外地商人，極喜與廣商交易〔註34〕。這種誠實風尙，並非祇盛行於廣州城市，其餘府縣也是如此。如墟市之間的交易行爲就以誠實相號召〔註35〕。又如瓊州商人，與生黎買賣，祇要瓊商講信用，黎人待之如至親，借貸必還，若不還者，鄰人必綑綁到官，至其還錢而止〔註36〕。足證此誠實風尙充滿全廣。

至明末，廣州商人，可區分爲二大類：一是純粹廣商，占十分之三；一則是官商，占十分之七。所謂官商，就是在廣東作官者，常陰使其親戚，和市民合夥經商，官商以其有特權羽翼，故每能壟斷市利。加上官商消息靈通，獲利較易，民商雖勤勞經營，卻始終不能與官商競爭，日漸困竭。所以官商愈多，行商之地愈遠，近則廣東十郡，遠則東西二洋，皆有其足跡。〔註37〕

二、外夷商人

外夷商人，是指隨著貢舶貿易而至廣東之暹羅、爪哇、蘇門答臘等諸國商人〔註38〕。明成祖時，特設懷遠驛於廣州城郭西南蜆子步，以款待之。有

〔註30〕 同註27引書，同卷，頁46，風俗，瓊州府。及瓊州府志（明萬曆刊本）卷三，頁87～90。二書所記瓊郡之民，專務農工，少事商賈，儋州之民，祇以射獵爲生，不事商賈。崖州之民，類同儋州。惟崖州、陵水二地之婦女，常負載貨品，以從事貿易。

〔註31〕 《廣東通志》（明嘉靖本）卷二十，民物一，風俗，頁30，潮州府。

〔註32〕 屈大均，廣東新語（台北，廣文書局，民國67年3月初版）卷十四，食語，穀，頁1～2。

〔註33〕 同註32。

〔註34〕 葉權，《賢博編》（《明史資料叢刊》第一輯，中國社會科學院歷史研究所明史室編。江蘇，江蘇人民出版社出版，1981年5月第一版），頁200。

〔註35〕 《廣東通志》（明嘉靖本），卷六十三〈列女傳〉，頁32，邵廉。所記墟場買賣，有預付定金者，商人絕不食言。

〔註36〕 《廣東通志》（明萬曆三十年刊本）卷七十〈里戶〉，頁3。

〔註37〕 《廣東新語》卷九，事語，頁27～28，貪吏。

〔註38〕 明廷在朝貢貿易之限制下，經由廣東布政使司管轄的勘合國有；暹羅、日本、

館舍二百二十間，以內官總監。當時外夷入貢，只有正使入城，餘皆在館驛休息，遇有官方邀宴，始進廣城，宴畢即出，不敢久留〔註39〕。因此，夷商在明初，止集舶所，不許入城。武宗正德年間，始有夷人築室於廣州灣澳者，以便交易，每屋一間，租金價至數百金〔註40〕。至世宗嘉靖三十五年（1556），因夷商群聚，商業繁榮，海道副使汪柏仍立客綱、客紀，以便管轄夷人之商務。三十八年（1559），因海寇騷擾潮州，始禁番船及夷商，不得入廣城〔註41〕。然而禁者自禁，入城番商大有人在，如萬曆年間，夷商皆遊於城外，甚至進城販賣者〔註42〕。祇不過這種情形，隨著佛郎機人之租澳門一地，而日漸減少。〔註43〕

　　當時澳門一地，九夷交易，番舶集艤，不下萬家，中以佛郎機（葡商）、滿剌加、暹羅諸國人最鉅〔註44〕。而葡商往來諸番中，黨類最盛，活動最廣，遂為諸夷商之首領。且在濠鏡建房樹柵，立銃自固，儼然為華境異國。〔註45〕

占城、滿喇加、眞臘、蘇魯國東王、西王、峒王、柯支、渤泥、錫蘭山、古里、蘇門答臘、古麻剌等國。此批番國每次入貢，其使臣皆附載貨品入廣，兼有貢商之雙重性質，見《大明會典》卷一○八，頁20～220。至於明代之貢舶貿易之詳細情形，不在本文討論範圍，可參閱，梁方仲，〈明代國際貿易與銀的輸入〉（《明代社會經濟史論集》第三集，香港：崇文書店印行，1975年10月）頁245～302。

〔註39〕《廣東通志》（明萬曆三十年刊本）卷六十九〈番夷〉，頁72～73。
〔註40〕《天下郡國利病書》卷一四○〈廣東八〉，頁62～63。
〔註41〕同註40。
〔註42〕同註39。
〔註43〕據梁嘉彬老師，〈明史稿佛郎機傳考證〉（收入《明代國際關係》，台北：台灣學生書店，民國57年4月出版），頁130：「……直至一五五七年（嘉靖三十六年）葡人用賄賂方法，藉詞借地曝晒水漬貨物，始遷入澳門建造茅舍以居。」又見張維華，《明史歐洲四國傳注釋》（上海，上海古籍出版社，1980年12月）第一卷。《明史》卷三二五，列傳二一三〈佛郎機傳〉，頁42～50，也認為葡人據澳在嘉靖三十六年。此後澳門高棟飛甍，櫛比相望，閩粵商人趨之若鶩。
〔註44〕沈德符撰，《野獲編》（《百部叢書集成》之四十二，《學海類編》第十七函，台北，藝文印書館印行，民國54年至59年）卷三十，頁37～38。又見高汝栻輯，《皇明法傳錄》（明崇禎間崇文堂刊本，國立中央圖書館公藏善本書）卷二，頁6～15。
〔註45〕見郭尚賓，《郭給諫疏稿》（《百部叢書集成》之九十三，《嶺南遺書》第三函，據清道光伍崇曜校刊《嶺南遺書》影印，台北，藝文印書館，民國54年至59年）卷一，頁12～17。高汝栻輯，《皇明法傳錄》（明崇禎間崇文堂刊本，國立中央圖書館公藏善本書）卷二，頁6～15。

三、其他商人

明代廣東是一個很好的商場，當時全國各地，祇有四川可以與其匹美。商人若不入四川行商，則南走廣東，以販賣珠璣材木，利潤者或五、或十，高者甚至於有雙倍之利〔註 46〕。因此眾商趨焉，號稱為「走廣」〔註 47〕。此批商人活動範圍非常廣泛，凡是工商業發達的城市，及人口繁盛之村莊，農產品豐富之地，都是商人群聚的地方。凡是舟車輻輳之處，都經常有商人的足跡。商人在此時已按地域而形成若干商幫，其中最著名為閩商、徽商、江右商人，這些商人都聚集資金，販賣貨物於廣東各地〔註 48〕。如閩商活暢在高、雷二地，次數頻繁，福建布政使司乃明定其商稅，計有水、陸餉及加增餉等三種。水餉是以船之廣狹為主，其稅銀出於舖戶，俱于海防官納銀。為了防止舖戶走匿商稅，又限定舖戶持完稅之票引，銀貨兩訖，纔可出貨。由此福建官員之重視往來高、雷二地之商稅，足可證二地商賈貿遷有無，必然很昌盛。〔註 49〕

此外閩商在澳門商場上，也扮演著重要的角色，舉凡澳門之傳驛、通事，皆係閩人，至神宗萬曆年間，閩商往澳門經商愈熾，船舶屢為海風所壞，乃立天妃廟於澳門，以祈求行商安全，可以證明閩商在澳門活暢之情形

〔註 46〕 張瀚，《松窗夢語》（《百部叢書集成》三編之一八，《武林往哲遺著》第五函，台北，藝文印書館影印，民國 60 年 10 月）卷四〈商賈紀〉，頁 22：「夫賈人趨厚利者，不入川，則南走粵，以珠璣、金碧材木之利。或當五，或當十，或至倍蓰，無算也。」

〔註 47〕 《籌海圖篇》卷十二，頁 85，行保甲：「副使譚綸云：『連年倭患，皆為私通貿易而起，浙人多詐竊，買絲、綿、水銀、生銅、藥材，一切通番之貨，抵廣變賣，復易廣貨歸浙，本謂交通，而巧立名目，曰走廣。』」

〔註 48〕 《天下郡國利病書》卷一四〇〈廣東八〉，頁 62。世宗嘉靖三十五年，汪柏立客綱、客紀以管轄番商，就以廣、泉、徽等商人為之。又見《肇域志·廣東一》，頁 29 記江西吉安商人，以行賄手段欲打開廣東之通往江西信豐之烏逕路，因知府胡永成作六難而拒之。又據葉春及纂修，《順德縣志》（明萬曆十三年刊本，國立中央圖書館公藏善本書）卷十，頁 3～5 所記載明英宗正統十三年八月，大盜黃蕭養之亂，係受江西商人之煽動。又據徐學聚，《國朝典彙》（國立中央圖書館珍藏善本書，台北，台灣學生書局影印，民國 54 年 1 月出版）卷二，頁 78，所記商人梁良玉，由金陵至嶺南，以賣書為業，至死而止。凡此類商人，散見方志及當代文人筆記中頗多，不再贅述。

〔註 49〕 袁業泗等，《漳州府志》（明崇禎元年刊本，國立中央圖書館漢學研究資料中心七十一年度蒐集流佚海外古籍景照本）卷之九，頁 15～25，〈洋稅考〉，所記福建商漁船往廣東高、雷二府之稅課甚為詳細。又《福建通志》卷一七〇〈明洋市〉，頁 8。

〔註 50〕。而江西商人，群至韶州府乳源縣行商，蠶食日久，乃形成客強主弱之趨勢〔註 51〕。足證江西商人在廣也占有一股不可忽視的勢力。

此外如吳郡商人在廣之販賣舶來品〔註 52〕。浙江寧波商人，也由陸路經閩入粵經商，再由海路回浙〔註 53〕。總之來廣東經商之外地商人頗多，不勝枚舉。

明代廣東因咸集天下之貨品，與西洋交易，用川廣之貨；與東洋貿易，則用絲綢之類。凡此皆非廣產，悉由外地運入。因此往來奔波之外國商人，為數必相當可觀。〔註 54〕

第三節　商業之活暢

一、糧食之外輸營利

明代廣東稻米生產環境優越，一年可收成二次，有些地方，例如高、雷、瓊，甚至可收成三次〔註 55〕。因此在大有之年，穀價甚賤，斗米祇值十餘錢〔註 56〕。甚至於低至十文者〔註 57〕。所以商人若能將粵東之米，運銷閩地，轉手之間，穫利可三倍。〔註 58〕

〔註 50〕印光任，張汝霖，《澳門紀略》（《史料叢編》，台北，廣文書局，民國 57 年初版），〈形勢編〉，頁 3。

〔註 51〕《嶺海輿圖》，頁 13，〈韶州府圖序〉。

〔註 52〕黃宗羲，《明文海》（《四庫全書珍本》七集，文淵閣本，台北，台灣商務印書館影印，民國 66 年）卷三七八，頁 10～11，邱雲霄，〈枯柯記〉。

〔註 53〕見註 47。及萬表撰，《海寇議》（《百部叢書集成》之四十八，《借月山房彙鈔》第八函，台北，藝文印書館影印，民國 56 年），不分卷，頁 1～7。

〔註 54〕《粵閩巡視紀略》卷二，頁 29：「明初，凡東洋交市，多用絲紵回易鶴頂等物。西洋交市，多用川廣等貨，回易胡椒等物。」

〔註 55〕《廣東通志》（明嘉靖本）卷二十三，〈民物志四・土產上〉，頁 1～2，穀品。及《廣東新語》卷十四〈食語〉，頁 1～3，穀。

〔註 56〕《五雜組》卷四〈地部二〉，頁 103：「閩田二收，北人詫以為異，至嶺南，則三收矣，斗米十餘錢，魚蝦盈市，隨意取給，不堪論值。」

〔註 57〕楊齋修，陳蘭彬等纂，《高州府志》（清光緒十五年刊本，成文出版社中國方志華南地方六十八號影印本，台北，成文出版社，民國 57 年）卷五十三〈紀述六・金石・邑侯金公實政碑〉。

〔註 58〕陳仁錫，《皇明世法錄》（國立中央圖書館珍藏善本，台北，台灣學生書局影印，民國 54 年 1 月初版）卷七十五〈海防・閩海〉，頁 6～7：「八閩多山少田，又無水港，民本艱食，自非肩挽步擔，踰山渡嶺，則雖斗石之儲，亦不可得，福興泉漳四郡，皆濱於海，海船運米，可以仰給，在南則資於廣，而惠潮之米為多，在北則資於浙，而溫州之米為多，玄鍾向專造運船販米，至福行糴，利常三倍，每至輒幾十艘，福民便之，廣浙之人，亦大利焉。」

因福建漳、泉等處，山多田少，糧食生產有限，不足自給，糧食需求量大，平日都靠廣東惠州、潮州一帶補給〔註59〕。若再逢水災、旱災之來襲，稻米不熟，再加上惠、潮米不至，米價高漲，人民難以渡日。所以每逢漳、泉缺米，必設法轉惠、潮之米，以便接濟〔註60〕。如神宗萬曆四十四年（1616），泉州府大旱，米價翔貴，知府萬廷謙遂發官帑，派官市粵米，以濟燃眉之急〔註61〕。此是官方之販米，至於私商之販米，更不計其數。尤其是正逢閩地缺糧，米價高昂時，或粵東大有之年，往來二地之白艚，不下千艘，蔚為嶺海奇觀〔註62〕。如高州府限門港一帶，每年三、四月中，閩艚販米，聚至數百〔註63〕。漳州人，每年春天，駕白艚至吳川縣鋪腳村之梅祿墟販米者，動以千計〔註64〕。尤其遇到吳川縣大有年之時，斗米僅十餘錢，閩商每攜貲挾繒布，至此貿米，盛況可謂空前。〔註65〕

澳門一地，離香山四、五百里，地不產米、鹽，盡仰於廣州，平時非但官方接濟，而私商糴米者更多〔註66〕。世宗嘉靖四十四年（1565），東莞兵變，直逼省城，總兵湯克寬連戰皆敗，乃以不抽分，佯示澳夷，請求派兵協助戡賊。賊平後，海道副使抽分如故，澳夷盛怒，不肯繳稅，廣省官員，仍封鎖粵米轉運澳門，番夷飢甚，纔聽抽分。可見糧食之販賣，在廣省官員運作之下，仍俱有政治作用。〔註67〕

〔註59〕 章潢著，《圖書編》（台北，成文出版社，據明萬曆四十年刊本影印，民國60年1月台一版）卷四十，福建圖敘項下福建海寇，頁38。

〔註60〕 《福建通志》（清道光十五年修，同治十年重刊本）卷一三一，〈明宦績·福州府〉，頁5所記神宗萬曆年間，福州夏米價湧，知府何繼高，乃設法轉潮、贛之米，以便接濟，乃致連歲饑荒，而民不害。

〔註61〕 同前註引書，卷一三七〈明宦績·泉州府〉，頁11，萬廷謙。

〔註62〕 同註55。

〔註63〕 《天下郡國利病書》卷一二〇〈廣東六〉，頁27。

〔註64〕 同前註引書，卷一二〇〈廣東六〉，頁28～29。又見毛昌善修，陳蘭彬纂，《吳川縣志》（清光緒十四年刊本影印，台北，成文出版社，民國56年12月台一版）卷十，頁3：「芷茳初屬，荒郊居民，蓋草寮紙於嶺頭，人目之曰紙寮。萬曆間，閩廣商船大集，紙鋪戶百千間，舟歲至數百艘，販穀米，通洋貨，吳川小邑耳，年收稅餉萬千計，遂為六邑最。」

〔註65〕 同註57。又見《吳川縣志》（清光緒十四年刊本）卷五，頁76～77，〈宦績〉：「歲秋大稔，斗米錢數文，閩賈亦源源挾金錢繒布來相易，民用以綏。」

〔註66〕 同註45。

〔註67〕 《賢博編》，頁197。此東莞兵變，借助夷兵戡亂，而免抽分之事，出自於總兵之口，而非督撫之令。葡人助明廷平兵變後，提出免抽分之要求而被拒，憤而不繳稅，朝廷以封鎖政策待之，夷人困飢甚久，乃重新繳稅。

　　總之，明代閩、粵商人，大量把粵米銷往閩、澳二地，但此種行爲素來爲官方所不允許的，所以留下來二地糧食行銷之資料甚少，無從探討〔註68〕。然而從潮州府鮀浦等處，歲抽運往福建銷售稻米等錢，計有一千四百餘兩。可知每年銷往閩地之粵米，其數量必相當龐大〔註69〕。粵米大量傾銷閩地後，粵境因穀米缺貨，米價高漲，斗米難求〔註70〕。再値凶歲，飢民洶湧，反而需由廣西運米來補足〔註71〕。若廣西米不及運濟，則市民洶湧，時而群起譁變。如明熹宗天啓七年（1627）四月十五日，因閩商販糶，連日米貴，乃歸咎閩商，市民聚集二千餘名，群起譁變，甚至於毆打知府及巡按大臣。後賴番禺、南海二縣運米接濟，及總督兩廣僉都御史胡應台之調度，卒誅首惡董亞六等十餘人，亂遂平〔註72〕。此實爲粵米大量外銷閩地，以致造成亂事的一個顯例。

二、土產貨品之轉販與放債取息

　　土產貨品之轉販——廣東所轄府縣，物產豐富，珍奇頗多。如香品、茶、

〔註68〕 當時往來二地之米販，皆以私商或私糶爲生，故資料難以掌握。只能覓及片段史料，如官方禁糶命令，及官宦之干法違紀私糶。如《明神宗實錄》，卷七十四，頁9，萬曆三十七年七月癸未條，所記巡按李時華劾稅監李敬，放白販米，及見《南海縣志》（清乾隆六年刊本）卷三，頁22～23：「萬曆二十一年癸巳夏禁治閩商私糶。」及見董紹美等纂修，《欽州志》（清雍正元年刊本，故宮普舊）卷九，頁11所記把總販糶私通海外。無法找到銷往閩地稻米之數量及其價格、行銷情形。

〔註69〕 《蒼梧總督軍門志》卷二十七，頁4～5，劉堯誨，〈條議海禁事宜〉。

〔註70〕 《南海縣志》（清乾隆六年刊本）卷三，頁22～23：「閩自體至廣私買米，以通海島夷人，奸牙利其重貨，私相販貨，以致價騰。」又見任果等修，檀萃等纂，《番禺縣志》（清乾隆三十九年刊本，故宮普舊）卷十二，頁15：「宇玉筍，浙江東陽人，天啓二年進士，知番禺。甲子歲饑，閩船……群至販糶，米價日湧，巡按陳保泰，閩人，故曲庇不禁，郡民咸往愬，保泰復行過糶，衆大譁，馳至諭以利害，衆始散去。」

〔註71〕 劉業勤修，凌魚等纂，《揭陽縣志》（清乾隆四十九年刊本，故宮普舊）卷四〈宦績〉，頁5下～6上，汪起鳳：「天啓四年，累官廣東左布政使，時値歲荒，饑民洶湧，下車即首率諸司損賑，人心遂安，又通西粵米商，請制撫各給符牒，俾稅關，毋得榷及粟米，于是米商大集，米價日減。」

〔註72〕 李春長撰，《明熹宗七年都察院實錄》（台北，國立中央研究院歷史語言研究所校印本《明實錄》附錄之三，民國56年3月印行），頁321～324。又據不著撰者，《崇禎長編》（台北，國立中央研究院歷史語言研究所校印本《明實錄》附錄之四，民國56年3月印行）卷二十五，頁6，崇禎二年八月甲子條，所記御史張繼孟，彈劾兵部尚書胡應台之惡跡中，知此事件，實際是胡應台縱海舶市米，激變，濫殺無辜，自誇定亂。

紙、絲、布、葛、藤之類，皆爲時人所嚮往，商賈所樂趨，貿易以取利源者。而當時商賈最常轉運販賣各地之土貨，如下表所記載：

表十八：明代廣東土產貨品統計表

布類	紬、葛布、象眼布、燕紗、兼紗、竹布、藤布、廣幅布、鵝毛布、蕉布、青麻布、火麻布、被頭、棉布、黃麻布、胡椒布、雙綟布、吉貝布、麻布、素被、青被、花被、假被、帳房、帨、黎幔、黎桶、吉貝、絡麻、俚錦、絲、革布、斜紋布、踏匾布、縜布、兼絲、絲紬、水紬、土紬、木棉、絡棉、天綢、編砂、土絹、油紅、攀枝花、樹頭綿、土繭絲。
其他	紙、膠扇、穀紙、磨、木器、壺、油燭、靛、藤、蠟、竹椅、炭、竹簟、竹籠、竹椅、竹轎、草蓆、青碗、鹽、魚苗、草蓆、硯、石、陶器、竹器、蔗糖、蜜糖、翠毛、皮、漆、油、笋脯、麯、觀、蘇木、麋皮、牛皮、魚鰾、松脂、松板、杉板、雜板、檳榔、椰子、烏木、雞翅木、虎斑木、花黎木、酒。

資類來源：1.《廣東通志》（明嘉靖本）卷二十三〈民物志四·土產上〉，頁1〜30。
　　　　　2.《惠州府志》（明嘉靖二十一年刊本）卷五，頁15〜21。
　　　　　3.《廉州府志》（明崇禎十年刊本）卷四〈物產〉，頁19〜24。
　　　　　4.《瓊州府志》（明萬曆間刊本）卷三，頁92〜109。
　　　　　5.《肇慶府志》（明崇禎十三年刊本）卷十〈地理三〉，頁7〜80。
　　　　　6.請再參照表六：〈明代廣東土產一覽表〉。

　　由上表可看出，廣東土產貨品，極爲豐富，論其品質隨地方而異。如順德縣龍江之酒，香溢鄰邑，鄉民每群飲於酒肆之間。陳村之茶，龍山之酒杯、穀紙，馬寧之膠扇，大良之壺，皆爲遠近商人所樂意經銷販賣者〔註73〕。雷州府之葛布，名震天下，雷土商賈更以販賣土產貨品爲生〔註74〕。新會天蠶之絲，綿織成葵扇，瑩潔可愛，銷遍天下〔註75〕。潮陽縣之布，以銷紬絹者最廣，商人每擡高絲價，售于諸番，雲葛一匹，可賣至五百金〔註76〕。肇慶府土人所編精細之草蓆，可販賣海內。僑寓德慶、陽春二縣之閩人，每歲榨糖行販於外，常獲利至數千金。陽春、德慶之南漆，雖利稍薄，然可販鬻北方，作爲腳漆之用。〔註77〕

〔註73〕《順德縣志》（明萬曆十三年刊本）卷一，頁22，〈物產〉。
〔註74〕《廣東通志》（明萬曆三十年刊本）卷五十五〈郡縣志四十二·雷州府·風俗〉，頁10下。
〔註75〕王植纂修，《新會縣志》（清乾隆六年刊本，故宮普舊）卷六，頁90〜93，〈物產〉。
〔註76〕《潮州府志》（明嘉靖二十六年刊本）卷二，頁16，〈市集〉。
〔註77〕《肇慶府志》（明崇禎十三年刊本）卷十〈地理三〉，頁79〜81，〈貨品〉。當時肇慶府高要白土村，全以編草蓆爲業，土人「搗軟織蓆千家，砧杵之聲，有如搗衣。」蔚爲奇觀。

　　明代在土貢上，規定每州縣每年須歲貢物品若干項，但是有些州縣並無朝廷所規定之貢品，所以每逢歲貢時日迫近，州縣官員，便忙著買土貨，更促使土貨之暢銷。如香山縣之土貢品，有麖、牛皮、翠毛、生漆、馬牙香等，皆非土產。每逢歲貢之時，商賈常擡高貨價以待官方治購，乃至耗盡均平銀，連累里甲，苦不堪言。〔註78〕

　　肇慶府德慶州之猺山，出產楠漆、砂仁、黃蠟、蜂糖、皮張、黃藤、竹木等貨品。明初因有入山之禁，不許商賈販賣，但少數頑民，妄冒經濟，操縱土產，坐收巨利。至世宗嘉靖二十八年（1549），德慶州缺豀虛糧，在章知府之建議下，乃正式開放予商人經營販賣。商人必須先到州縣投單，報官盤驗，核納其貨單，按單繳道稽查，再給票號。商人持票，入山買賣，如遇上巡檢人員檢驗，無票號者，即以私通之罪，移送法辦。在此法令之下，商賈大通，虛糧得補〔註79〕。此外，商賈更常攜帶魚、鹽，及違禁物品，諸如：軍器、盔甲之類販入猺山，帶出的是黃臘、皮張等物。此種行為是官方所不能許可的，因此被冠上奸徒之名，可見當時商人之經營土產貨品艱辛之一斑。〔註80〕

　　葛布、細紗、緞綢等絲織棉織品之販賣，因質輕細軟、容易攜帶，以故廣為商人所歡迎。此種紡織品，非但廣受粵民之喜愛，而且也為京華、東西二洋所貴重者〔註81〕。然而廣東之生絲，一旦織成綢緞，反而黯然失色，只可賣于粵境。若絲料來自吳縣、嘉興一帶，織成之緞綢則光豔照人。故時人有云：「廣東之紗，甲于天下，緞次之。」係指外來生絲所織而成的〔註82〕。此外廣東蕉布、葛布、麻布，素為嶺外所重，廣東每年大量傾銷嶺外，而由吳縣、楚、松口、咸寧等地，大量進口多布，以補本身缺乏織多布之棉花。

〔註78〕　鄧遷，黃佐，《香山縣志》（明嘉靖二十一年刊本，國立中央圖書館漢學研究資料中心七十一年度蒐集流佚海外古籍景照本）卷二，頁8，土貢。
〔註79〕　見《天下郡國利病書》卷一三○〈廣東七〉，頁11～12。
〔註80〕　同前註引書，同卷，頁100，或見《廣東通志》（明萬曆三十年刊本）卷七十〈外志四‧猺獞〉，頁9。
〔註81〕　《廣東新語》卷十五〈貨語〉，頁28，紗緞。
〔註82〕　全漢昇，〈自明季至清中葉西屬美洲的中國絲貨貿易〉（收入《中國經濟史論叢》第一冊，香港，崇文書店，1972年8月出版）頁458，引沈廷芳等修《乾隆廣州府志》卷四十八，頁21～22引明修《廣州府志》說：「粵緞之質密而勻，其色鮮華光輝滑澤，然必吳蠶之絲所織。若本土之絲，則黯然無光，色亦不顯。止可行于粵境，遠賈所不取。粵紗，金陵、蘇州、松州皆不及，然亦用吳絲，方得光華，不褪色，不沾塵，皺折易直。故廣紗甲于天下，緞次之。」

此種互通有無之現象，亦爲土貨價值應用，最高之發揮。〔註83〕

此外，廣東鐵場所冶煉之鐵貨，也頗受商賈喜愛，其中以羅定州大塘基爐鐵場所煉之鐵最佳，其價平均爲一般鐵場的二倍。諸鐵場所煉之鐵，悉輸於佛山鎮加工製造〔註84〕。因此鎮中有鑄鍋、鐵紗、鐵線、製釘、製針諸業。景帝景泰二年（1451），據當時人記載，佛山鎮已聚集萬餘家鐵工廠，乃至四方商人輻輳，蔚爲嶺南第一鋼鐵市場〔註85〕。其製造之鐵品，可行銷七省，每年浙、直、潮、湘等地商人，腰纏十萬貫，沿梅嶺入嶺南者，皆置鐵貨而北〔註86〕。至明末，與韃靼交易之時，韃靼要求購買鐵鍋，朝廷深恐其以鐵鍋再鑄武器，遂賣以廣鍋，蓋廣鍋不能再鑄兵器，無礙大局。至此廣鐵產品，行銷更遠。〔註87〕

瓊州土貨之銷售，不但在本地盛行，而且還外銷中土。洪武初年，瓊州海商攜帶香貨，預備到南京販賣，不幸中途溺死，有司乃準備點驗數目，命其繳納商稅。明太祖知道此事後，下令免稅，並且命令同行之人，將死者貨物代爲販賣，所得貨款，帶回死者家裏去〔註88〕。可見瓊島之香貨，在明初已有銷往南京的情形，至於大量傾銷廣東，更不容置疑。至神宗萬曆年間，瓊州府之牛稅、檳榔稅被大量的課徵，足見這種土產貨品，已正式當作商品的通過稅而課徵。至於輸出外島而被徵課的，爲數也不少〔註89〕。而瓊山、樂會二地，曾收有渡海牛稅銀，足證瓊州之土產貨品，與廣東本土之貿遷，至爲頻繁。〔註90〕

綜合言之，明時廣東土產貨品，諸如：香、糖、果箱、籐臘、香椒、蘇

〔註83〕《廣東新語》卷十五〈貨語〉，頁23～27，葛布。

〔註84〕同前註引書，同卷，頁8～11。

〔註85〕吳榮光等，《佛山忠義鄉志》卷十二〈金石志上〉。又據邱濬，《重編瓊台藁》（《四庫珍本》四集，文淵閣本，台北台灣商務印書館，民國62年）卷十九，頁17～18，〈東溪記〉「南海之佛山，去城七十里，其居民大率以鐵爲業。」

〔註86〕徐孚遠等，《皇明經世文編》（明崇禎間平露堂刊本，台北，國風出版社影印，民國53年11月）第二十三冊，《霍勉齋集》卷之二，〈上吳自湘翁犬馬司〉，頁5～9，〈請開龍門鐵冶之利〉。

〔註87〕朱東潤，《張居正大傳》（台北，台灣開明書局，民國64年10月台一版），頁114。又見陳夢雷編，《古今圖書集成》（台北，文星書店，民國53年10月1日出版）〈方輿彙編・職方典〉第一千三一二卷，〈廣州府部〉第一六四冊之12～13頁，市貨條，指出明代「南海佛山珉鍊鐵爲器，如鐵鍋之屬，頗得利。」

〔註88〕《明太祖實錄》卷五十五，頁3，洪武三年八月己巳條。

〔註89〕《瓊州府志》（明萬曆刊本）卷五，頁35～41，〈鈔課〉。

〔註90〕同前註引書，卷七，兵餉，頁49。

木、蒲葵諸貨品，非但廣銷粵境，而且北可銷往豫章、吳、浙，西北走長沙、漢口〔註91〕。此外更有不少商人，把廣貨運銷到北方，足證廣貨之受歡迎，並不限圍於粵境，而是普及全國的。〔註92〕

　　放債取息——廉郡之民，個性誠拙，喜逸惡勞，山林川海之利，則委之客商，不能取用，惟務農稼，豐收則奢侈，乃至雖上戶人家，鮮有百金之儲。歉則貸款于商、軍人，一金利息，不數年，則成十金。故商人常積貲操其贏，廉民益困〔註93〕。而外來工匠，目睹放債取息利潤之優渥，每賺錢一、二年後，就專以放債取息爲業。可見靠此行業爲生者必不少〔註94〕。欽州之放債取息，利潤更厚，貸一錢，三、四月之間，而償一利，貧民無還，反復加算，僅及一年，一兩可生息至七、八兩。貧民祇好以子女米穀，或牲畜家業抵之，亦有以死來償還者。〔註95〕

　　放債取息，利潤優厚，因此在廣之外商，亦競相加入營業。其中以江西商人最爲突出，其放利於漁蛋之間，逼息取利，導致漁戶們「易舟傳食，辱及妻女」，稱其人爲悍客〔註96〕。而連州楊旗、白頭、楊柳、大帽、東坪、嚴塘等寨，因受不了江西商人討債，聚眾殺之，官兵追捕甚急，又私合流徒，集眾三千餘人，盤據十六營，僭稱名號，爲亂五、六年〔註97〕。閩商也常在瓊州府生熟黎之間，放債取利，屢惹起黎亂〔註98〕。可見商人之放債取息，引起民亂，實爲廣東多盜寇賊亂原因之一。

三、舖肆之經營與澳夷之交易

　　舖肆之經營——商人之商業活動，又表現在舖肆之經營上。以廣城而言，非但舖肆連街，而舖戶皆已成行，其分行之細，甚至連肩挑手提魚蝦蔬菜之

〔註91〕同註32。
〔註92〕見《皇明法傳錄》卷二十，頁30～35：「……又說買鍋一節，此鐵鍋出在廣東，到京師萬餘里，一鍋賣絹二疋，使臣去買，止與一疋，以此爭鬥，而賣鍋者，閉門不賣。」此事是在景帝時，也先與明廷談判英宗回朝所提及之事。
〔註93〕《廣東通志》（明嘉靖本）卷二十〈民物一・風俗・廉州府〉，頁44。
〔註94〕同註93。
〔註95〕林希元，《林次崖先生集》（明萬曆四十年季春開刊本，國立中央圖書館公藏善本書）卷十一，頁18。
〔註96〕見第七章〈捕漁事業之發展〉，第五節〈魚戶生活〉。
〔註97〕《蒼梧總督軍門志》卷二十，頁4。及《廣東通志》（明萬曆三十年刊本）卷七十〈外志四・猺獞〉，頁28。
〔註98〕《瓊州府志》（明萬曆刊本）卷八〈海黎志〉，頁30～31。

小販，皆入行會〔註99〕。潮州府大觀橋一帶，商人經營之店舖，連街並地，有專門銷售潮絹者，也有靠賣象牙、銀、銅、錫、紋布爲生者〔註100〕。而肇慶府封川縣賀江口埠，位於賀、臨諸水口，客舟商船下肇、廣，及西省桂州、平樂諸地，皆輻輳本埠，舖舍繁密，生意興隆。漁撈埠、乾河埠一帶，舖舍三十餘間，河兒埠也有四十餘間。凡此舖肆皆僑寓封川之外商經營。可證外商之經營舖肆者，不乏其人。〔註101〕

商人經營之舖肆已形成專門貨物銷售網，官府若需貨品，皆直接向舖戶採購。如廣州府城三司、二提舉，及大小官員之日常用品，皆向廣城舖戶購買得來的〔註102〕。肇慶府之官中百用，咸皆靠舖戶供給〔註103〕。吳川、茂名二縣，官府欲買貨品，悉皆委託舖戶，平價買之〔註104〕。足證彼時商人經營之舖肆必相當繁暢。

至明末，商人經營之舖肆，群集成市，專以販賣專貨出名。如羅浮洞天之藥市，專以賣藥爲主。明人陳應斗見藥市之繁榮，曾吟詩以記之：「肘後應難一一傳，多將靈藥種神仙，仙禽來搗先翁賣，桃杖懸壺走世間。」〔註105〕此外又有香市，在東莞寥步，專以賣香料爲主。又有花市，在廣州七門，賣以素馨〔註106〕。賣花戶，每天在五華城門外花渡頭，搭船至廣城花市販賣。

〔註99〕《廣東通志》（明嘉靖本）卷二十五〈民物志六〉，頁3～5，〈市墟〉。

〔註100〕王昭元，《白厓兩粵疏稿》（明嘉靖三十八年序列本，國立中央圖書館漢學資料中心七十一年度蒐集流佚海外古籍景照本）卷二，〈全賜懲究地方貪殘顯著方面官員，以清盜源，以俾考察疏〉，頁1～7：「……廣東按察僉司事，今陞福建右參議，曾性多偏急，志在貪饕。……今年五月，舟泊大觀橋，勒取舖戶楊大觀，張有朋等潮絹七十餘疋。其他如象牙、銅、錫、紋布等舖，悉受其害。……」

〔註101〕方尚祖纂修，《封川縣志》（明天啓二年修，清康熙二十四年刊本，故宮普舊）卷六，頁7～10，墟市，賀江口埠，魚撈埠，乾河阜，河兒口埠。

〔註102〕同註98。

〔註103〕夏修恕、屠英修，何元等纂，《高要縣志》（清道光六年刊本，孫逸仙圖書館藏）卷十八〈宦績錄〉，頁22：所記肇慶府官中百用，取辦市肆，常不給半值，賴知府陳濂申禁，纔給市價。

〔註104〕《高州府志》，清光緒十五年刊本卷五十三，〈紀述六・金石・吳川縣鋪脚村告准革弊立碑〉。此碑立於熹宗天啓七年歲丁卯仲冬旦，因革官票取舖戶之物，而紀念之。

〔註105〕陳槤，《羅浮志》（《百部叢書集成》之九二，《嶺南遺書》第五函，據清道光伍崇曜校刊《嶺南遺書》影印，台北，藝文印書館，民國54年至59年）卷一，頁5下。

〔註106〕《廣東新語》卷二〈地語〉，頁20～21，四市。

平時花多價賤，十錢就可買得素馨十升〔註107〕。另有珠市，在廉州城西賣漁橋畔，以賣珠肉為主，承平時，蚌殼堆積如玉埠。〔註108〕

澳夷之交易——廣城商人，與澳夷之交易，自世宗嘉靖三十八年（1559），因海寇犯潮，禁番商，及夷人入廣城後，漸趨頻繁〔註109〕。當時葡商每以蘇木、沈、馬牙諸香和廣民交易米、豬、雞之日常食品，價格公道，利可數倍，故雙方均樂意往來〔註110〕。當時廣城商人將貨物賣予澳門葡商，其價格如下表所載：

表十九：明季廣城銷往澳門貨物價格表

貨　　名	單　　位	價格（兩）	貨　　名	單　　位	價格（兩）
豬　肉	一　石	2	雞	一　擔	2
鹹　魚	一　擔	2	樟　腦	一　擔	10
肉　桂	一　擔	3	麝　香	一　擔	8
絨　線	一　擔	8	捲　絲	一　擔	8
銀　硃	一　擔	40	銅	一　擔	7～8
水　銀	一　擔	40	白鉛粉	一　擔	2.5～3
棉	一　擔	8	小　麥	每　擔	0.4
米	每　石	0.3～0.4	麵　粉	每　擔	1.2
純粉銀硃	一　斤	7	新鮮魚	二　斤	0.01
沙　糖	一〇〇斤	1.5～2	甘　蔗	一〇〇斤	2.5
瓷　器	一　套	1.2	精美碟盤	一　套	1.5
中等瓷器	一　套	50.15	南京薄綢	每　丈	2.5～3
廣　緞	一　丈	12～15	銅	一　塊	2
女用絲巾	一　塊	0.4～0.5	普通絲	一華拉	1.3
精美絲巾	二〇華拉	3.5～4	牛	一　隻	4

備註：資料取自郭永亮《明季澳門與日本之交通》，第十章〈澳門與日本之貿易〉。所記載廣城銷往澳門之貨品價格整理而成的。

而葡商將此貨品轉售于日本，其利潤頗為優厚，如下表所載：

〔註107〕同前註引書，卷二十七〈草語〉，頁14～16，素馨。
〔註108〕同註105。
〔註109〕《天下郡國利病書》卷一四〇〈廣東八〉，頁62所記世宗嘉靖三十八年，海寇犯潮，始禁諸番商入廣州城。其後番商乃轉至澳門。
〔註110〕同註95。

表二十：明季葡人購買廣貨成本與日本賣價收入比價表

貨　　名	單　位	廣城或澳門買進成本（兩）	日本賣價收入（兩）	利　潤
白生絲	一　擔	80	140～150	60～70
白色鉛粉	一　擔	2.7	6～7	3.3～4.3
棉　線	一　擔	7	16～18	9～11
水　銀	一　擔	40	90	50
鉛	一　擔	3	6.4	3.4
木　材	一　擔	2.2	4～5	1.6～2.8
甘　草	一　擔	3	9～10	6～7
白　糖	一　擔	1.5	3～4	1.5～2.5
羽　絲	一　疋	1.1～1.4	2.5～3	2.4～1.6
土　棉	一　個	28	50～54	22～26
上等花線紗		100	370～400	130～260
普通著色棉紗		55～60	100	45～40

備註：資料來源同表十。

　　此外，由廣東購得二千套陶器，售往日本，可獲利至二～三倍，而每擔大黃，銷往日本，獲利雙倍〔註111〕。朝廷對澳門葡商特別優待，所得納稅額較他國輕三分之二，所以葡商能獨占廣東貨物市場，日後獨霸澳門，實有因也。〔註112〕

第四節　市墟之蓬勃發展

一、市墟之設置

　　明代廣東在沿海偏僻地區，因人民之所需，又逐步地發展起來許多市集。其中大部份是規模不大的地方商品集散地，乃是隨著地方商業發展而興起的。這種市場，有的設在城市，有的設在鄉村，粵人稱之為墟市。以香山縣而言，位在城廂之處者，為市；鄉圍之間者，為墟〔註113〕。瓊州府，凡近城之處，則為市場，在鄉則為墟場或集場〔註114〕。名稱雖異，而其為臨時性之市集，則相同也。現將論述此一臨時性之村市發展及其演變情形。

〔註111〕 郭永亮，《明季澳門與日本之交通》（香港，珠海書院中國文史研究所研究生畢業論文，民國6年5月），第十章〈澳門與日本之貿易〉，頁195～202。
〔註112〕 同前註。
〔註113〕 《香山縣志》（明嘉靖二十七年刊本）卷二〈墟市〉，頁26。
〔註114〕 《天下郡國利病書》卷一○四〈廣東八‧俚戶〉，頁7。

　　明代廣東之村市，謂之墟。蓋指有人則實，無人則虛，而實少虛多，故以墟稱之〔註115〕。進而推求墟之本意，則是承襲往昔古人「日中爲市」，使民以有易無，各得其所。故其聚有常期，以東莞縣章村墟而言，十日三會，每會則商賈百姓負載提挈貿於途中〔註116〕。廣州府，一月之中九會〔註117〕。香山縣，則有二、六、九和三、五、八等二種會期〔註118〕。高州府，則以亥日爲聚〔註119〕。廉郡之猺蛋，每逢亥日，男女老幼，荷葉包飯，群至而往〔註120〕。靈山縣之勸農墟，則每月寅、巳、亥聚市〔註121〕。瓊、崖二地，每月三日，早晚二次，黎人入郡城與漢人互市，晚則鳴角結隊而歸〔註122〕。可見各地聚會時日不同，而其市墟無常期，則一致。每逢集市之日，則百貨雜陳，四方輻輳，大至牛、馬、騾、羊、奴婢、妻，小至斗粟、尺布，靡無所集，時人稱爲趁墟，是日開市，熱鬧非凡。〔註123〕

二、市墟之分布

　　市墟之設置之地理環境，每位於交通要道，舟楫輻輳，四會之所在。以東莞縣章村墟爲例，其地背山環海，南有大道，西連縣城，東通板橋、古鎭諸域。而村中又爲素封縉紳大夫甲第，邑屋鱗次，舟車輻輳，遂形成一重要市集地〔註124〕。高州府吳川縣鋪腳村之梅祿墟，界連吳川、茂名二縣之間，吳川縣城人口稀少，物產不豐，一切日用品，咸皆取用於梅祿〔註125〕。而惠

〔註115〕《永樂大典本地方志彙刊・廣州府三・風俗形勢》，頁2。又據《廣東通志》（明嘉靖本），卷六十九〈雜事上〉，頁4。及《廣東通志》（明萬曆三十年刊本）卷七十一〈外志六・廣州府〉，頁3。等二書所引：「市之所在，有人則滿，無人則虛，嶺南村市，滿時小，虛時多，謂之墟，不亦宜乎？」

〔註116〕葉春及撰，《石洞集》（《四庫全書珍本》五集，文淵閣本，台北，台灣商務印書館，民國63年）卷十五，頁19～21，〈章村墟記〉。

〔註117〕《粵劍編》卷二〈志風土〉，頁17。

〔註118〕同註112，香山縣東門，坑口二墟，是三、六、九開張。山仔、南萌、水撤、斗門四墟、二、五、八會集。

〔註119〕《圖書編》卷四十一，頁。

〔註120〕《肇域志・廣東二》，頁117。

〔註121〕廉州府志（明崇禎十年刊本）卷之二〈地理志〉，頁32～33，〈市墟〉。

〔註122〕《天下郡國利病書》卷一四〇〈廣東八〉，頁3。

〔註123〕《五雜組》卷三〈地部一〉，頁79。

〔註124〕同註115。

〔註125〕《高州府志》（清光緒十五年刊本）卷五十三〈紀述六・金石〉，頁29；三十，〈吳川縣鋪腳村告淮革弊立碑〉。又見《天下郡國利病書》卷一二〇，頁28～29，又寧川所山海圖說。梅祿墟，生齒上萬，米穀魚鹽，日常貨品俱全，

州府博羅縣之泊頭墟，即宋代之白頭墟，其地距離廣州府羅浮山十五里，為廣惠二郡水陸要衝，往來二郡者，莫不泊於此。百貨咸集，遂成重要墟市〔註126〕。肇慶府封川縣之大邱墟，本為舊之縣治，亦為名山古寺所在地，而又位於西粵灘、鬱、黔、賀諸水之會合點，客艘漁艇之所輻輳，東西財貨之所聚集，遂成大墟市，誠為交通便利之所賜。〔註127〕

此外，亦有位於偏僻之地，叢山之中，舟楫不通，人民交易不得不以墟市為主，而發展成市集之地者。如電白、陽江二縣〔註128〕。也有因軍事之需要而興起之墟市。如廉州府之衛民墟，便以固城保民而興起的〔註129〕。連、江一帶，為防止猺亂，每以興建墟市，集米、鹽，令猺民到墟場貿易，以安撫猺人之心〔註130〕。可見墟市之地理分布與其興起之作用，因素頗多，然可歸納為如下幾點：一則位於交通輻輳之地；二則窮鄉僻壤之所；三則軍事防禦要地；四則宗教信仰之區。此外各地之墟市皆以省城或縣治為中心，依此而作網狀集合。以廉州府靈山縣之地理位置分布作為一個例子如下表所示：

表二十一：明代廣東廉州府靈山縣市墟之地理位置分布表

墟　名	所　在　地	距縣城里數	墟　名	所　在　地	距縣城里數
勸　農	縣　西	15	廣　齊	縣治大雲寺前	
檀　屋	縣　西	30	舊　州	縣治西下武鄉	70
古　勞	縣治西上武鄉	80	那　密	縣治西菩堤鄉	160
那　旺	縣西上寧鄉	250	獺　坡	縣治南上武安	8

非但吳川、茂名二縣，俱于此買賣，漳州人又春來以貨易米，此墟之富，甲於鄰邑，常為盜賊所垂涎。

〔註126〕《肇域志・廣東一》，頁34。
〔註127〕《肇慶府志》（明崇禎十三年刊本）卷三十四〈藝文九〉，頁33～39，方尚祖，〈重建封川龍頭廟碑記〉。
〔註128〕周元暐，《涇林續記》（《百部叢書集成》之六十九，《功順堂叢書》第二函，據清光緒潘祖蔭輯刊《功順堂叢書》本影印，台北：藝文印書館，民國54年至59年）不分卷，頁55。
〔註129〕《廉州府志》（明崇禎十年刊本）卷十二，頁34～36，〈衛民墟記〉。此墟位於廉州府城附近，俱有固城保民，以使地方治安晏然之作用。
〔註130〕李來章撰，《連陽八排風土記》（清康熙四十七年刊印，成文出版社中國方志華南地方一一八號影印本，台北：成文出版社：民國57年）卷二，頁2～3，〈形勢・馬箭排〉。明思宗崇禎十五年十二月，總兵鄭芝龍平馬箭排之猺亂，遂立墟市於營堡，令諸猺到場貿易，乃致民猺相和，不再為亂。又見《松窗夢語》卷一，頁13，穆宗時，曾在肇慶以西，至梧州迤東，群猺雜處之地，設立墟市，與民猺交易，以便安撫。

石嶺坡	縣治南下武安	20	譚	縣治南下武安	40
分 界	縣南上業安鄉	80	武 利	縣南上業安鄉	80
平 山	縣治東宋太鄉	15	平 南	縣治北上東鄉	30

備註：資料取自《廉州府志》（明崇禎年刊本）卷之二〈地理志〉，頁32～33，〈墟市〉。

　　由上表可看出，在縣治四十里內，共有八個墟市，占全部市墟之三分之二。可見市墟，仍以縣城為中心，作網狀分佈。這種現象，普遍存在於廣東各府縣，不再贅述〔註131〕。廣東市墟之正確數目，因史料殘缺，現僅以世宗嘉靖年間，廣東之墟市總數及其分佈作一說明，如下表所載：

表二十二：明代廣東市墟統計一覽表（世宗期間）

府	廣州	韶州	惠州	潮州	肇慶	高州	廉州	雷州	瓊州	合計
市墟數目	138	9	37	34	69	57	19	8	66	437
百分比	31.58	2.06	8.47	7.78	15.79	13.04	4.35	1.83	15.1	100

備註：1.《廣東通志》（明嘉靖本）卷二十五〈民物志六〉，頁6～15，〈墟市〉。
　　　2.廣州府之連州、連山及南雄府之墟市無可稽查。

　　由上表可看出，市墟仍以廣州府居首，肇慶府次之，瓊州府又次之，足證此三府地方商業必定相當發達。最後附帶一提的是市墟之數目，由嘉靖至崇禎年間，有大量增加之趨勢，現以瓊州府和廉州府為例說明如下：

表二十三：明代廣東瓊州府市墟增加比率表

墟　　　縣	瓊州	澄邁	臨高	定安	文昌	會同	樂會	儋州	昌化	萬州	陵水	崖州	感恩	合計
世　宗(1522～)	13	3	7	8	5	4	3	10	2	6	2	2	1	66
神　宗(1602)	48	21	3	25	25	11	4	17	2	11	3	7		178
增加額	35	18	14	17	20	7	1	7	0	5	1	5	0	112
增加率(百分比)	269.23	600	200	213	400	175	33.33	70	0	83.33	50	250	0	169.7

備註：1.《廣東通志》（明嘉靖本）卷二十五〈民物志六〉，頁5～15，〈墟市〉。
　　　2.《瓊州府志》（明萬曆間刊本）卷四〈建置志〉，頁97～104，〈墟市〉。

〔註131〕同註120。又見《廣東通志》（明嘉靖本）卷二十五〈民物志六〉，頁6～15，
　　　　〈墟市〉。所記瓊州府，市墟之分佈，西南部的州縣，只在城廂之內繞有市墟，
　　　　東北部，如瓊山、定安二處，大都朝內陸。鋪前港附近以及臨高、儋州的濱
　　　　海一帶，都散佈在萬州附近的平地上，其間距離皆在十公里，而以縣城為集
　　　　合點。此外其餘府縣市墟亦復如此，不再詳述。

表二十四：明代廣東廉州府墟市增加比率表

時 間	世 宗	思 宗		
期 或			增加額	增加率（百分比）
合 浦	4	4	0	
欽 州	7	7	0	
靈 山	8	14	6	75

備註：1.《廣東通志》（明嘉靖本）卷二十五，頁6～15。
　　　2.《廉州府志》（明崇禎刊本）卷二，頁32～33，〈墟市〉。

　　由以上二表所顯示，廉州府增加六個，瓊州府則增加一百一十二個。其增加之數量之鉅，足可印證廉、瓊二府墟市之蓬勃發展，地方商業之急驟成長之一斑。

三、市墟之規模

　　明初廣東市墟之規模，皆於村圍適中之地，架木爲梁，覆茅爲瓦，以避風雨，民皆荷簣而市，以通有無，此現象，充斥於嶺表之間。然至中葉以後，廣東市墟之規模有突破性的進展，當時市墟已有固定的舖肆，作爲買賣之場所。以東莞章村墟市而言，有肆店四十五間，涂八，九十二楹。楹類似亭，有柱無壁，柱之原料，石木各半。由此可見章村墟市已介於流動攤販與固定店舖之經營方式〔註132〕。有些地方之墟市，因日久販物，漸形成固定商舖，甚至有每日開店經營者。如封川縣之新街墟，位於修泰鄉新鳳村，有數十家經營，屋宇連墟，舖舍連埠。淨興墟，在歸仁鄉淨覺村，舖舍百餘間〔註133〕。新寧縣之市墟，也有舖肆百餘間，政府年課其稅，可得銀五十餘兩。其詳細情形如下表所記載：

表二十五：明代廣東惠州府興寧縣市墟舖租歲額統計表

墟 名	大龍田	羅 岡	長 興	龍 歸	石 馬	大 坪	大 坡	合 計
舖數（間）	104	90	20	20	15	102		351
舖租（兩）	20.26	7.378	2.426	2.426	3.6364	2.4	24.26	63.7764

備註：1.《興寧縣志》（明崇禎刊本）卷一，頁51，〈墟市〉。
　　　2.其間石馬墟之舖租，萬曆間曾革，崇禎九年春再起，十年又革，其舖租由鄉人派納。

〔註132〕同註115。
〔註133〕《封川縣志》（明天啓二年修，清康熙二十四年刊本）卷六，頁7～8。〈墟市〉所記新街墟有舖舍十餘家。平岡墟，舖舍網集。淨覺墟，舖舍百餘間。羅董墟，舖舍四十餘間。這些舖舍有些是由僑寓封川之外商經營，可見外商在廣東市墟之經營上也扮演著重要角色。

由上面所述,廣東墟市之規模演變至明代中葉,已非往昔之日中爲市,而是架木爲梁,覆瓦蓋茅之固定商舖,政府有舖租之徵收,凡此足以反應出地方商業之昌盛。

四、市墟之經營

明代廣東市墟之經營方式,隨著各地風俗而有所不同。以瓊州府縣而言,每逢集市之日,黎婦負擔貨物,接踵路途。蓋其地貿易大權操之於婦女之手,男子足不出戶,祇以畜妻妾四、五人,給予資本,令其貿易市利,取利四、五分者,則以爲好妾。因此瓊州之市墟,女子販賣貨物者,較爲頻繁〔註134〕。而陽江、電白一帶,列肆興販,也以婦女爲主〔註135〕。足證這種婦人趁墟之習性,或爲古代女性中心社會之遺跡,而仍存在於廣東偏遠地區。

此外也有以村中長老掌管市墟之經營大權者,如東莞縣章村墟,是由邑中之長老來督收墟市之稅,以備凶年時全村經費之需〔註136〕。封川一地,因民性專務農事,恥於逐末,故其墟市,皆由僑寓商人經營,利入外邦,最爲奇特〔註137〕。可見墟市之經營方式,隨地而異,各有不同。降及中葉以後,市墟之經營大權,全落入勢宦鄉豪之手。當時此批土豪劣紳,每於墟市埠頭,交通輻輳之地,或開店面,或搭建蓬捲,或架閣,夤緣爲墟主。每月納銀於官,官給帖子,彼憑帖恣收市利,無時無刻不任意抽分。雖如茶、米、雞、鹽之日常用品,皆厚收其稅,然小民敢怒而不敢言〔註138〕。或是地方士族,假某都堂、某公卿、某科道之親戚,不管官府給帖與否,自立爲墟主,武斷鄉曲,橫徵暴斂。當時小民因懼此批土豪劣紳、達官貴族之氣焰,祇好忍氣吞聲,屈爲納稅〔註139〕。至世宗嘉靖三十八年(1559),始下詔巡按廣東條約內規定,凡墟市買賣之地,不許假借官戚,私立牙行徵稅,一切客商之貨物,照例投官納稅,如有違逆者,拿赴京城查辦〔註140〕。至此,民氣稍舒。

總之,墟市皆爲小規模之交易行爲,若經官方或土豪劣紳之侵擾,則往往祇有罷市。例如肇慶府知府李則剛搜括廣利墟之焦布、盧千鍾之端硯、陳

〔註134〕《廣東通志》(明嘉靖本)卷六十八〈外志五・夷情下〉,頁5。
〔註135〕同註127。
〔註136〕同註115。
〔註137〕同註132。
〔註138〕《廣東通志》(明嘉靖本)卷二十五〈民物志六〉,頁5~16,〈墟市〉。
〔註139〕同註138。
〔註140〕同註137。

德墟之革靴，不可勝數，以至墟邑爲之罷市者半年，足證墟市多半資本至微〔註 141〕。而高州府吳川縣鋪腳村之梅祿墟，生齒上萬，米、穀、魚、鹽、木材、器具等貨物齊全，漳州人又春來以貨易米，因此市墟之富甲於西嶺〔註 142〕。吳川縣城人口本稀少，百貨不全，一切日常用品，皆反而仰賴於鋪腳村之梅祿墟。其初，官府買貨者給現銀，時日一久，視墟爲市，實不知其地雖有居民，然商賈皆來自外地，買物不用現銀而以票取，以故商賈甚感痛苦，幸賴鄉正潘園、阮非口等赴府署陳情，遂革官府平買之弊。其後一切買賣皆用現銀交易，不許票取一物，遂革鋪腳村之弊害，人民爲之立碑以示慶賀〔註 143〕。由此可證，墟市爲一臨時性的商業，本無雄厚的資本，惟以滿足地方之交易爲主，若遇外力侵擾，又不得官方同情，則必祇有罷市一途了。

第五節　商業城市之繁榮

一、廣州商業城市

廣東之商業城市，最繁榮者，首推廣州府城。以其商業區而言，區內有百貨之肆，五都之市，天下商賈咸集於此。承平之時，香、珠、犀、象牙等番貨，堆積如山，番夷輻輳，費數千萬金，飲食之盛，歌舞之多，甚於秦淮河數倍〔註 144〕。明初，孫蕡見此光景，感嘆而作廣州歌，其歌詞如下所載：

> 廣南富貴天下聞，四海風氣長如春。長城百雉白雲裏，城下一帶春江水。少年行樂隨處佳，城南南畔更繁華。朱樓十里映楊柳，簾攏上下開户牖。閩姬越女顏如花，蠻歌野曲聲咿啞。岢峨大舶腴雲白，賈客千家萬家室。春風列屋豔神僊，夜月滿江聞管弦。良表吉日天氣好，翡翠明珠照煥島。亂鳴鼓競龍舟，爭睹金釵拜百草。遊治留連忘所歸，千門燈火相輝映。游子過處錦成陣，公子醉時花滿堤。扶留青葉蜆灰白，盆飣棺柳激上客。丹荔枇杷火齊山，素馨茉莉天香國。別來風物不堪論，寥落秋花對酒樽。回首舊遊歌舞地，西風斜日黃昏。〔註 145〕

〔註 141〕同註 99。
〔註 142〕《高州府志》（清光緒十五年刊本）卷五十三，紀述六，金石，頁 29～30，吳川縣鋪腳村告准革弊立碑。
〔註 143〕同註 142。
〔註 144〕《廣東新語》卷十七〈官語〉，頁 16，濠畔朱樓。
〔註 145〕《廣東通志》（明嘉靖本）卷二十〈民物志一・風俗・廣州府〉，頁 10。

其中「廣南富貴天下聞，城南南畔更繁榮」「賈客千家萬家室，千門燈火相輝映」，十足表現出東南大都會之壯觀。

城內之百姓，家無大小，俱從事於生意，人性溫和，物價低廉，買賣之時，僅得利潤一、二，貨品立即脫手。非如吳中商人，不得倍利，否則不售，因此容易吸引外地商賈。加上有番市，雖小巷，也堆滿貨品，摩肩接踵。論其繁盛，不下於吳下之閶門，及杭州清河坊一帶商業區〔註146〕。至於五羊門外，則「萬數商舟魚艇，青窄酒船，交織錯雜，日中如市。」〔註147〕至珠江則「戎艦海舶櫛比鱗次，小艇飛如奔馬渴驥，桓聲夾人語，幾不可辦。」〔註148〕足證廣城內外，繁榮之景象並無區別。

廣州全盛時期，番舶啣尾而至，市肆繁昌，山珍海味，應有盡有。豪商大賈，各以其土宜，互換有無，得其鉅利，遂有「金山珠海，天子南庫」之稱〔註149〕。然此皆是明初光景，憲宗成化以後，小民貿易者，衹作「縣金輮薄之器」，店肆之買賣，皆以飲食業為主，而市中無千金之家，廓外更加蕭條。但因魚米價賤，加上海舶之利，物價頗平，市民衹要持一銀出市，就可得百，生活還算安樂〔註150〕。迨世宗嘉靖年間，由於公差之過度搜括，舖戶皆罹其毒螫，乃至地方日窘，利源日竭，市景更蕭條，貧者十之八九。〔註151〕

二、其他商業城市

粵東除了廣州城之外，其他商業城市，也頗為繁昌。如廉州府城，則市廛雜遝，百物交集，居民殷富，連城煙火，終日不斷〔註152〕。知府饒秉監見此光景，作〈阜市人煙〉之詩以誌之。

> 阜市東來接海崖，市中煙火起樓臺。幾家峻宇相高下，無數征商自天來。民俗喜從今日厚，柴門應為故人開。聖朝自是多豐收，常聽歡聲動六街。〔註153〕

可見廉州之阜市，百商交集，瓊樓俊宇，煙火滿城，市民歡聲，驚動六街，

〔註146〕《博賢編》，頁168。
〔註147〕《肇域志・廣東一》，頁130。
〔註148〕《肇域志・廣東二》，頁160。
〔註149〕《廣東新語》卷十五〈貨語〉，頁34～35，贖貨。
〔註150〕《廣東通志》（明嘉靖本）卷二十〈民物志一・風俗・廣州府〉，頁12。
〔註151〕同註150。
〔註152〕《廉州府志》（明崇禎十年刊本）卷十三〈詩賦志〉，頁36，朱勤，〈阜市人煙〉。
〔註153〕同前書，同卷，頁37，饒秉鑑，〈阜市人煙〉。

熱鬧非凡。

潮州府之潮陽縣，爲潮郡東南大都會，民眾數萬，富商大賈駢集，每爲倭寇海賊所窺視。大埔縣之三河鎮，位在惠、潮之間，商販貨物，皆聚於此，最爲富饒〔註154〕。而佛山鎮，距廣州四十里，天下商賈，皆集於此，煙火萬家，百貨駢集，街道甚窄，僅容二人摩肩交臂而過〔註155〕。欽州防城一帶，明初以木柵圍之，僅一小市。因近交夷，百貿繁盛，商貨駢集，交夷又時常覬覦，遂在神宗萬曆三十四年（1606），築以城塹，周圍三百餘丈，派兵防守，儼然爲邊境大都會〔註156〕。而香山澳，因爪哇、佛郎機、渤泥諸番之湊，聚落萬頭，貨棧高堆，高居大廈，熱鬧非凡。〔註157〕

就整體而言，明代廣東之商業城市，除了廣州，因官方之榨取，稍顯衰退外，其他商業城市，均生氣蓬勃，顯現商業發展在廣東已漸趨於均衡性，而非祇集中於廣州一地。

第六節　商稅所得之價值應用

明代兩廣盜賊蠭起，軍旅數舉，軍餉所出，十分之三，取之於民戶，十分之七，取之於商。所以每年要由廣東各地徵解商稅於梧州府總督軍門，以供軍需。如南雄府太平橋稅，每年除了解一萬兩至廣東布政司外，其餘悉解梧州總督軍門，以供軍需。而廣州之船稅，每二年爲一季，除季解二萬至布政使司外，其餘也悉解梧州。此外，梧州府每年收取往來兩廣之間鹽利、雜木諸商稅，約四千兩至五千兩之間，聽總督衙門備支功賞差役盤纏、修理船隻等分用〔註158〕。所以一個梧州總督軍門，每年就要耗費廣東商稅十餘萬兩，足見商稅用之於軍餉之鉅大。〔註159〕

〔註154〕《肇慶府志》（明崇禎十三年刊本）卷三十八〈藝文三〉，頁 30～31，〈烏差幕府記〉。

〔註155〕吳震方撰，《嶺南雜記》（《百部叢書集成》之三十二，《龍威秘書》第七函，據清乾隆馬俊良輯刊《龍威秘書》本影印，台北，藝文印書館，民國57年，不分卷，頁4。

〔註156〕《廉州府志》（明崇禎十年刊本）卷一〈歷年紀〉，頁33，及卷三〈地理志〉，頁38。

〔註157〕《肇域志·廣東二》，頁114。

〔註158〕蕭參著，《制府疏草》（《百部叢書集成》之九八，《涇川叢書》第二函，據清道光趙紹祖、趙繩祖校刊《涇川叢書》本影印，台北，藝文印書館，民國54年至59年）上卷，頁3～12，〈因事激衷懇乞天恩明職掌定經費疏〉。

〔註159〕同註158。

粵省本身之軍事費用，也常靠商稅來支援。如世宗嘉靖三十年（1551），分守參政項喬議征廣州、南雄、韶州等三府之牛判銀，解布政司充軍餉用。當時除連州、連山、陽山等三地之牛判銀留州縣雇募勇手外，每年解布政司之牛判銀如下表所載：

表二十六：明代廣東廣、南、韶三府牛判銀支軍餉統計表

府	州　縣	牛判銀（兩）	百分比	府	州　縣	牛判銀（兩）	百分比
廣　州	連　州	279.7	19.59	廣　州	順　德	37.6	2.63
廣　州	番　禺	100	7	廣　州	連　山	25.6	1.71
廣　州	南　海	200	14.01	廣　州	新　寧	15	1.05
廣　州	陽　山	200	14.01	韶　州	曲　江	40	2.89
廣　州	新　會	180	12.61	韶　州	英　德	20	1.4
廣　州	從　化	10	0.7	韶　州	樂　昌	20	1.4
廣　州	香　山	10	0.7	韶　州	翁　源	18	1.26
廣　州	增　城	60	4.2	韶　州	乳　源	18	1.26
廣　州	三　水	20	1.4	韶　州	仁　化	24	1.68
廣　州	清　遠	20	1.4	南　雄	保　昌	20	1.4
廣　州	龍　門	20	1.4	南　雄	始　興	10	0.7
廣　州	東　莞	80	5.6	合　計		1427.9	100

備註：資料取自《廣東通志》（明嘉靖本）卷三十三〈政事志六〉，頁17～18，〈軍餉〉。

三十一年（1552），海北道右參議尹祖懋也建議開始收惠、潮、雷、廉、瓊五府之牛判銀，按季解府庫充作正支，每年可收得牛判銀口下表所記載：

表二十七：明代廣東惠、潮、雷、廉、瓊五府牛判銀支軍餉統計表

府	州　縣	牛判銀（兩）	百分比	府	州　縣	牛判銀（兩）	百分比
惠　州	歸　善	444	21.52	潮　州	潮　陽	20	0.97
惠　州	河　源	96	4.65	潮　州	陽	36	1.75
惠　州	龍　川	36	9.75	潮　州	程　鄉	36	1.75
惠　州	和　平	18	0.87	潮　州	大　埔	20	0.97
惠　州	博　羅	40	1.94	潮　州	饒　平	15	0.73
惠　州	海　豐	140	6.79	潮　州	惠　來	12	0.58
惠　州	長　樂	140	6.79	雷　州		39.4	1.91
惠　州	興　寧	108	5.24	雷　州	海　康	36.2	1.75
潮　州		120	5.82	雷　州	徐　聞	39	1.89
潮　州	海　陽	134	6.5	雷　州	遂　溪	14.2	0.69

廉　州		127	6.16	瓊　州	臨　高	8	0.39
廉　州	合　浦	30	1.45	瓊　州	文　昌	8	0.39
廉　州	靈　山	87	4.22	瓊　州	安　定	6	0.29
廉　州	欽　州	10	0.48	瓊　州	會　同	6	0.29
瓊　州		150	7.27	瓊　州	樂　會	6	0.29
瓊　州	崖　州	30	1.45	瓊　州	感　恩	3	0.15
瓊　州	瓊　山	50	2.42	瓊　州	昌　化	3	0.15
瓊　州	儋　州	12	0.58	瓊　州	陵　水	3	0.15
瓊　州	萬　州	12	0.58				
瓊　州	澄　邁	8	0.39	合　　計		2062.8	109.96

備註：資料來源同表十七。

　　牛判銀是一種征自販賣牛或屠牛之商稅，其數目之微，理應不用課征。
然在軍需之下，不得不課征，以至弊端百出。如對盜販及私宰耕牛等都不能
有效防止，而且規定上表所列牛稅銀，若有不足，令督收官員，照額補齊，
年終且要造冊通報。無疑祇重歲額，而不關心稅源所出。〔註160〕

　　肇慶府本身商稅，除歲解梧州府外〔註161〕，其用在府內軍餉方面也不少。
以軍饟而言，每年花費如下表所列：

表二十八：明代廣東肇慶府商稅支軍餉統計表

項　　目	歲額（兩）	百 分 比	項　　目	歲額（兩）	百 分 比
	200	4.07	魚 苗 稅	350.65	1.3
浙 江 水 稅	300	1.11		53	0.2
黃 江 廠	23165.683	85.76		9.725	0.04
白土壚蓆稅	621.404	2.3			
三 橋 牛 稅	1410.25	5.22	合　　計	27010.712	100

備註：資料取自《肇慶府志》（明崇禎十三年刊本）卷十六〈兵防〉，頁21～26。

〔註160〕《廣東通志》（明嘉靖本）卷三十三〈政事志六〉，頁17～18，〈軍餉〉。這種
　　　因軍餉之需，大量征收之牛判銀，最爲時人所詬病。如《石洞集》卷十，頁
　　　14，〈牛稅論〉：「論曰『六擾，獨屠牛有權，律禁之故也。』法應殺，輸其皮
　　　角，刀錐之人，而令鼓刀而屠，百里內，日殺啼嗷數百，則法不足信矣。以
　　　老易少，猶得全牛之半，仁者不爲，即令程子而愚長攘竊而害農人未可謂，
　　　非實也。禁天下毋屠牛，項有詔軍市租，倚辦於此，不敢奉宣嶺海之間，方
　　　數千里，豈少此瑣瑣哉！願執事者之慮之也。」此編是最具代表性反對牛稅
　　　租稅助軍費文。
〔註161〕《封川縣志》（明天啓二年修，清康熙二十四年刊本）卷六，頁10，〈墟市〉，
　　　封川縣賀江口埠，位於兩廣之衝，每年抽商稅二百四十二兩，解軍門充餉。

可見肇慶府每年支用在本府軍餉之商稅達二萬五千多兩。而肇慶一地，正當猺獞之衝，猺亂時起，本身駐軍不夠防守戡亂，遂向外募兵，這些募兵費用，全由黃江廠商稅供應，其餉額如下表所記：

表二十九：明代廣東肇慶府黃江廠商稅所得支募兵費用表

軍 營 名 稱	官 兵 人 數	年支軍餉額（兩）	百 分 比
游擊前營	541	5610	9.87
游擊後營	541	5139.8586	30.50
游擊中營	541	5610	9.87
古道巡洗水海隊	33	201.6	3.92
白 士 營	44	80	0.47
藍 營	173	209.2	1.24
合 計	1,883	128850.658	55.87

備註：資料取自《肇慶府志》（明崇禎十三年刊本）卷十六〈兵防志一〉，頁39～46，〈募兵〉。

此項募兵費用，是由熹宗天啟三年（1623），開始支用，止於思宗崇禎五年（1632）。此一時期肇慶府支募兵軍餉費用有七萬二千八百六十三兩六錢四分，而黃江廠一地商稅，竟然占百分之十五強。足見黃江廠之商稅收入，在肇慶府占有不言而喻之地位。〔註162〕

此外，由廣城至高、雷、廉、瓊四府，販賣牛、馬、羊之商販，經過陽江、恩平交界之黃竹橋逕之火夾腦營，必須繳納貨稅。此營每年必須繳送一千兩商稅，閏月加銀八十三兩三錢三分，作為恩平縣打手工食與幫助里甲夫役之用〔註163〕。而由高、雷二地，販牛馬至新興、高要等處之商販，則向新興立將巡檢納稅，每年可收商稅六十兩，閏月多五兩，解新興縣庫，以備軍餉。〔註164〕

瓊州府之商稅收入用於軍餉方面，年達七千餘兩，其詳細數額如下表所記：

〔註162〕《肇慶府志》（明崇禎十三年刊本）卷十六〈兵防志一〉，頁 39～46，〈募兵〉。

〔註163〕《蒼梧總督軍門志》卷十三〈兵防十〉，兩省歲入軍餉，頁16～17。

〔註164〕同註163。

表三十：明代廣東瓊州府年收商稅支軍餉統計表

州縣	牛稅銀（兩）	百分比	椰椰稅銀(兩)	百分比	船稅銀（兩）	百分比	商稅銀（兩）	百分比	車稅銀（兩）	百分比	酒稅銀	百分比
瓊山	409.664	15.78	146.173	5.54	14.4	4.7	290	57.91	12	12.37	6	15.38
澄邁	120.337	4.64	19.654	0.74	120	38.3					3	7.69
臨高	220.237	8.48	7.689	0.29							3	7.69
文昌	203.823	7.85	256.191	9.71	86	27.45	210	41.93			3	7.69
定安	264.285	10.18	445.478	16.88	14.4	4.6	0.797	0.16	32	32.99	3.5	8.97
會同	185.001	7.13	591.484	22.42	14.53	4.64			18	18.56	2	5.13
樂會	132.244	5.09	269.325	10.21	10	3.19					2	5.13
儋州	237.856	9.16	10.336	0.39	8	2.55					6	15.38
昌化	70.476	2.71	2.375	0.09	15	4.79					1	2.56
萬州	237.415	9.15	700.444	2.67	8	2.55			35	36.08	4	10.26
陵水	232.144	8.94	145.182	5.50	10	3.19					1.5	3.85
崖州	237.856	9.16	44.365	1.68	10	3.19					3	7.69
感恩	44.483	1.71			3	0.96					1	2.56
合計	2595.83		2638.69		313.33		500.797		97		39	

備註：資料取自《瓊州府志》（明萬曆刊本），卷七，頁 20～50，〈兵餉〉。

　　韶州府之河西、遇仙洽等商稅，約一萬兩，或解司充餉，或留該府備軍餉〔註165〕。而僻鄰粵境之廣西懷集縣，因位於河道之旁，上可達廣西之富、賀，下抵廣東之四會、三水，交通輻輳，商貨聚集，也立稅關。凡遇客商販賣稻穀貨物，及木植到廣東，皆二十抽一。一年下來，可解梧州府六百兩，以供軍需〔註166〕。足證商稅非但在廣東軍事用途上占重要比例，在廣西也不例外。

　　商稅除供應軍餉外，又可作為官員俸祿支用，如肇慶府就以商稅課鈔、牙行課鈔，解府備官員俸鈔用〔註167〕。韶州府，除曲江縣外，其餘各縣之商稅，均解豐積庫貯備，以供一府官吏之俸鈔支用〔註168〕。廉州府之商稅，悉解府庫，以給官員俸鈔〔註169〕。瓊州府自入明後，戍衛錯列，職官俸祿，自本色外，悉以商稅收入及各地土產物力之所出，作為供應。其後因物力有限，

〔註165〕同註 159。
〔註166〕同註 162，頁 18。
〔註167〕《肇慶府志》（明崇禎十三年刊本）卷十三〈賦役二〉，頁 23，〈課鈔〉。
〔註168〕符錫等纂修，《韶州府志》（明嘉靖二十一年刊本，國立中央圖書館公藏善本書）卷三，頁 12。
〔註169〕《廉州府志》（明崇禎十年刊本）卷四〈雜賦〉，頁 33。

遂加重商稅之征，加上商人侵漁，商人竭矣〔註170〕。可見商稅也為官員俸祿來源之一。

此外廣東商稅，亦可解戶部，轉送淮安倉，以備國用〔註171〕。或撥款以濟邊用〔註172〕。或則解工部，以助營建之需〔註173〕。而南雄府之商稅，尚可借予江西，作為剿賊費用〔註174〕。可見廣東商稅用途頗廣。

綜上所言，廣東商稅最大應用在於軍餉及官吏俸祿，若有所餘再用於助工部營建，及濟邊等項工事費用。

第七節　小　結

明代廣東境內商業之發展，已非如唐、宋二代，祇集中於廣州一地，而是呈現均衡性的發展。其商業中心，仍在廣州，由此向四面八方散布，北以韶州為主，東邊以潮州府最為繁榮，西則以肇慶府最興盛，孤懸海中之瓊州亦呈現迅速成長狀態〔註175〕。在此方形地帶之商業城鎮，如佛山鎮、防城、

〔註170〕《瓊州府志》（明萬曆刊本）卷五，頁39～40。
〔註171〕《肇慶府志》（明崇禎十三年刊本）卷十三〈賦役志二〉，頁24～25，記載明世宗嘉靖四十四年，曾收墟市及酒肆之稅，共七十八兩三錢六分四釐，由部政司，再解淮安倉，以備國用。
〔註172〕張居正等修，《明世宗實錄》（據國立北平圖書館紅格鈔本微捲影印，台北，中研院史語所校勘印行，民國57年）卷三百六十四，頁1～2，嘉靖二十九年八月壬戌條。
〔註173〕同前註引書，卷四百三十六，頁3，嘉靖三十五年六月丙午條。
〔註174〕《南雄府志》（清乾隆二十八年刊本）卷十二，頁12下。
〔註175〕曾華滿著，《唐代嶺南發展的核心性》（香港，香港中文大學，1973度1月出版）此書是作者在香港中文大學研究院歷史學部碩士論文，其論點在於唐代時，嶺南一般而言是未經大規模的開創，祇是廣州一帶有著畸形的突出繁榮而已。其後隨著經濟中心南移，宋元二代，嶺南纔漸漸均衡性的發展。到了明代，由《嶺海輿圖》一書中，所統計明世宗嘉靖年間，廣東各府商稅收入。
表三十一：明代廣東各府商稅統計表

府　別	商稅額（兩）	百分比	府　別	商稅額（兩）	百分比
廣　州	261466.13	43.56	韶　州	85399.85	14.23
南　雄	17626.14	2.94	惠　州	41542.39	6.92
潮　州	58109.49	9.68	肇　慶	41237.97	6.87
高　州	26050.55	4.34	雷　州	21498.11	3.58
瓊　州	47297.65	7.88	合　計	600228.28	100

廣州城、三河鎮等，也日益興隆。城鄉圍間，則充滿著欣欣向榮之墟市。由
這些商城和墟市之分布中，可看出當時廣東商業已形成網狀形態。內以城市
爲主，向四面輻射，外以墟市爲輔，向城市集中，構成一面商業網，而活動
網間之商人，則來自全國各地。他們將故鄉之土產，及大批的金銀帶到廣東，
換回去的是奇珍異物。這種貿遷有無之次數，極爲頻繁，更加速粵境商業之
成長〔註176〕。乃至粵境商稅網所督收之商稅，竟然可以支持二廣十分之七的
軍餉，而且又可供給廣東官員之俸祿及軍事費用。足見商業所得之效用發揮
達於極點，商人之功誠不可沒。

　　然而商人並未因此而受到重視，相反地到處受到排斥。他們在官府眼光
中是一群奸頑之徒，以故得不到法律之保護，而又常遭受盜賊侵襲。行商地
點甚受限制，尤其是猺黎之區，更因有通山之禁令，寸步不得踏入，私自進
入者常被冠上奸徒之名，任何人皆可擒拿，並從重問罪〔註177〕。然而朝廷卻
又到處設立關卡，重課商人之稅。廠榷人員，尤其恣意腋脂〔註178〕。這種既

由上表可推出廣州商稅年課額最鉅，次者韶州，次者潮州，次者瓊州，次者
肇慶，此四府位於邊緣，而以廣州爲核心。

〔註176〕廣東與外商貿遷有無，次數之頻繁，可由南雄府與江西南安二地馱運糾紛來
斷定。據《天下郡國利病書》卷八十二〈江西四〉，頁14～15所記，當時因
南安與南雄二地，大庾嶺路交通不便，商貨需以馱運爲主，南雄和南安二地
馱夫，皆靠運南北貨爲生。景帝景泰年間，始創南貨過北者，直抵南安城下，
由南雄人負責，北貨踰嶺者，直抵南雄，由南安人負責營運，互不相欺。然
因北商過南者，皆攜帶金、帛，輕細之物，南貨過北者，皆鹽鐵笨重之物，
且過南者，月無百馱，過北者，日有數千，遂起爭執，殺傷無數，商旅不通，
凡二十餘年，屢斷屢起，卒無寧日。二府之爭執，事雖可笑，然可看出，嶺
貨北上，日踰數千，而北商把大量資金投入廣東市場，更加速廣東商業之繁
榮。

〔註177〕《天下郡國利病書》卷一三〇〈廣東七〉，頁110，及《蒼梧總督軍門志》卷
十六〈賞格〉，頁2。所言，與猺人通商者，朝廷有通山之禁，入者，往往被
套上奸徒之名，任何人都可以捉拿，從重問罪。又見《粵大記》卷九〈宦績
類〉，頁57。因粵省有通山之禁，不許商人與猺獞黎人貿易，乃至地，物價
高漲，人歲劫於鄉，民商俱困。又見《廣東通志》(明嘉靖本)卷五十，列傳
第七，頁58～59，〈葛浩傳〉。所記武宗正德十五年，新寧盜起，凡商賈通商
路過新寧者，悉爲官兵毒殺，以冒領軍功。可見商人受官兵和猺黎之侵襲騷
擾，寸步難舉。

〔註178〕《肇慶府志》(明崇禎十三年刊本)卷二十五〈雜志〉，頁40。及《南海縣志》
(清乾隆六年刊本)卷六，頁55～56。當時粵西而來之柴、米，商賈經黃江
廠，官抽其一，而役索其十，足見關稅之苛。又見高魁標纂修，《澄邁縣志》
(清康熙四十九年刊本)卷二，頁20，〈市墟〉。由於橋津廠榷之橫征暴斂，

要重課商稅，又要限制行商地點之作風，導致明末粵東商業停滯不進，商賈不通，商稅收入頓減的主因。以故政府祇有採取加派於糧，以補商稅之不足的辦法〔註179〕。足見明末粵東商業之衰退，全然是斷送於朝廷之輕商及官吏之胡作非爲上。

乃至物價高漲「數倍往時，商賈裹足不行，鄉城爲之罷市。」足見廠榷之苛，對商業造成之阻礙。

〔註179〕《南海縣志》（清乾隆六年刊本）卷十八，頁 22～23，潘濬，〈題減粵東稅銀疏〉。所言至明神宗萬曆年間，廣東商業大爲下降，當時僅省城一、二處，商業較爲繁昌。商賈所納之稅，「子母不夠珠兩」，乃導致加糧稅以補商稅之不足。

第五章　廣鹽之經營與運銷

第一節　鹽場之分布與變遷

　　廣鹽見於史籍爲時頗早，漢武帝元封元年（西元前 110），因桑弘羊之議，全國設鹽官二十八部，南海就是其中之一，惜未見當時有關鹽場資料〔註1〕。降及唐代，在廣東本土就擁有新會、潮州、海陽等三個鹽場〔註2〕；另在瓊州，則設有容瓊、寧袁、義倫三場〔註3〕。迨至北宋，在廣州有東莞、靖康等十三場；廉州有白石等三場；而高、雷、瓊、崖、儋、萬安州亦各產鹽自給〔註4〕。當時在兩廣，有一種鹽柵，係從大場分出來，若連柵都計算在內，計有新會之海晏、博勞、懷寧、都斛、矬峒、金斗等六場；東莞之靖康、大寧、東莞、海南、黃田、歸德等六場；海陽之淨口、松口、三河口等三場；歸善淡水場；海豐之古龍、石橋二場；瓊山之感恩、英田二柵，合計有二十場柵〔註5〕。及南宋立國，在廣州則有九場；潮州三場；惠州三場；南恩二場；廉州一場；高、欽、雷、化四州均爲二場，共有二十六場〔註6〕。到了元代，世祖至元三十年（1292），在廣州設有提舉司，專門管理鹽務。當時廣州有靖康、香山、東莞、歸德、黃田、海晏、矬峒等七場；潮州有隆井、招收、小江等三場；

〔註1〕《漢書》卷二十八下〈地理志第八下〉，頁 1629。
〔註2〕《新唐書》卷四十三上，志第三十三上〈地理七上〉，頁 1096～1097。
〔註3〕同前註引書，同卷，頁 1111。
〔註4〕《宋史》卷一三〇，志第一三六〈食貨下五〉，頁 4466～4469。
〔註5〕戴裔煊著，《宋代鈔鹽制度研究》（台北：華世出版社，民國 71 年 9 月台一版）
　　　　第一章〈宋代鹽產〉，二、〈宋代鹽場及其管理〉，頁 27～30，兩廣區。
〔註6〕《粵大記》卷三十一〈政事類・鹽法〉，頁 4。

南恩州有雙恩、鹹水二場，共計十二場〔註7〕。以上爲明代以前廣鹽之大略情況。

　　有明一代，朝廷之經費，除了鹽政收入與屯田所得外，別無旁求，因此對鹽務特別加以重視〔註8〕。在太祖洪武二年（1369），置廣東、海北兩提舉司，以便管轄廣東、海北二地鹽務〔註9〕。廣東提舉司領有十四鹽場，在東莞縣有靖康、歸德、黃田、東莞四場；香山之香山場；新會有海晏、矬峒二場；陽江有雙恩、鹹水二場；惠州有淡水、石橋二場；澄海有小江場；惠來有隆井場；潮陽有招收場〔註10〕。海北鹽課提舉司領有十五場，廉州府有白沙、白石、西鹽白皮、官寨丹兜等四場〔註11〕；雷州府有蠶村調樓、武郎二場；高州府有東海、博茂、茂暉三場〔註12〕；瓊州府有大小英感恩、三村馬裊、陳村樂會、博頓蘭馨、新安、臨川等六場〔註13〕。至世宗嘉靖二十一年（1542），始裁革東莞縣之黃田場，其場務併入東莞場〔註14〕；陽江之鹹水場，也因灶丁日減，鹽課日虧，乃併入雙恩場〔註15〕。神宗萬曆元年（1573），析東莞置新安縣，乃畫歸德、黃田二場屬新安〔註16〕。熹宗天啓六年（1626），又革香山場、陳村樂會場〔註17〕。於是廣東鹽課提舉司所轄鹽場祇剩十一場，海北提舉司領十四場。

　　總而言之，廣東鹽場，由漢之未設場，至唐已有六場，宋代增至大小柵場二十六，元代十二場，演至明代再擴充爲二十九場，減除明末裁革場數，也有二十五場之多，較之元多出兩倍餘，鹽場規模也比宋代爲大。更可值得注意的是，當時瓊州六鹽場所產之鹽，打破唐宋時代祇販賣島內之限制，歲

〔註7〕　《永樂大典本地方志彙刊・廣州府三》，頁59～60。

〔註8〕　周碩勛纂修，《廉州府志》（乾隆二十年刊本，故宮普舊）卷二十下〈藝文條議〉，頁52～54，〈鹽課議〉。

〔註9〕　《太祖實錄》卷三十八，頁8，洪武二年正月戊申條。

〔註10〕　參《廣東通志》（明嘉靖本）卷二十六〈民物志七・鹽法〉，頁44。及《肇域志・廣東一》，頁44、49、61。

〔註11〕　《廉州府志》（明崇禎十年刊本）卷三〈營繕志〉，頁17，〈鹽場〉。

〔註12〕　《粵閩巡視紀略》卷三，頁52～53。

〔註13〕　《瓊州府志》（明萬曆刊本）卷五〈賦役志〉，頁29，〈鹽課〉。

〔註14〕　靳文謨纂修，《新安縣志》（清康熙二十七年修，故宮普舊）卷六〈田賦志〉，頁57，〈鹽課〉。

〔註15〕　《肇慶府志》（明崇禎十三年刊本）卷十〈地理志三・土產〉，頁79。

〔註16〕　彭人傑等修，《東莞縣志》（清嘉慶三年刊本，故宮普舊）卷十二〈鹽政〉，頁1。

〔註17〕　《明熹宗實錄》卷七十八，頁6，天啓六年十一月戊寅條。

運納所得於廉州府新村鹽倉〔註18〕。足證明廷不遺餘力在廣東開闢鹽場，增產公帑之一斑。

第二節　廣鹽之產量

一、製鹽之環境與方法

明代廣東疆域，東連福建之汀、漳，西毗鄰交阯，西北鄰廣西，北以五嶺與江西交界，南濱大海。從潮州府東南至欽州西南止，東西相距二千數百餘里之海面，加上孤懸海中之瓊州，所占海面之廣，爲他省難以匹敵〔註19〕。而濱海府縣，地多滷土，民以煎曬販賣爲業〔註20〕。沿海小島，鹽產更爲豐富〔註21〕。瓊州府四面環海，陽光直射，熱度頗高，海水的鹽分又比他地爲重。因此在文昌縣之陳村港，及會同縣之調懶港附近海岸，潮漲水高，便泊商舟；潮退沙淺，鹽戶沿岸煮鹽，獲鹽至易〔註22〕。加上廣東境內多山林，煎鹽所需之薪材，取之不盡。如東莞縣西北三十里之曹幕山，林木蔽天，大可合抱。新寧縣南海中二百三十里之上川山，材木茂密，灶戶煮海，咸取材於此。凡此優越之環境，不勝枚舉。〔註23〕

當時兩浙之鹽丁煎鹽時，因薪木有限，往往要計丁分料〔註24〕。山東沿海灶戶，取材覓薪，歷盡艱辛。四川、雲南二地之煎鹽，非但鹽井不易覓及，

〔註18〕《瓊州府志》（明萬曆刊本）卷五〈賦役志・鹽課〉，頁29。及蕭應植修，《瓊州府志》（清乾隆四十年刊本，故宮普藏）卷三〈鹽課〉，頁77下。

〔註19〕《讀史方輿紀要》卷一〇〇〈廣東一〉，頁4149～4162。

〔註20〕《廣東通志》（明嘉靖本）卷二十六〈民物志七〉，頁55，〈修舉鹽政記〉。

〔註21〕《肇域志・廣東一》，頁86，記載雷州府西南一百一十里之郡洲，周圍六十里，居民皆以海爲生。

〔註22〕《瓊州府志》（明萬曆間刊本）卷三〈山川・文昌〉，頁34。及會同縣，頁36。

〔註23〕《肇域志・廣東二》，頁38～39。

〔註24〕彭韶，《彭惠安集》（《四庫全書珍本》三集，文淵閣本，台北：台灣商務印書館，民國60年出版）卷一，頁29：「浙東濱海多山，重岡疊阜，林薄所聚，名爲山場，不屬鹽場管理，止是人民竈戶，自置收報，有司戶籍。往年稀用寡，柴薪易得；於今百年生聚，樵蘇日廣，但是附近去處，無不枯竭，必於離遠之山，方有可樵。上等竈戶，自有己業，禁蓄柴薪，或賤買堆積以備燒用；次等中戶，則於無主遠山，遂時採燒，或租典柴山，以備樵取；貧難下戶，既無錢鈔堪典，又無人力可使，則以己身妻子，備力大戶之家，苟具衣食而已。本名鹽課，靠其陪辦，此外若有債負縈併，遂拋棄鄉井而逃矣。」在此情況下，祇好採用計工授材，依人分料，極其煩噪。

　　而且煎費昂貴〔註25〕。但是廣東灶戶，則無此煩惱。所以廣東製鹽先天環境之優越，凌駕於諸省之上。

　　廣鹽之製造方法有二，一以「炊爲熟鹽」；一則「晒爲生鹽」〔註26〕。前者爲煎法，後者爲曬法。無論煎曬，均須先取滷水，使海水鹽度加濃，遂有鹽田之設置。鹽田多半位於沙灘背風之港，於港內築堤，堤中開竇（洞），使海水出入流通，潮漲海水流入鹽田，反之，則淡水出。堤內以五畝爲單位，以其半，分成四區，區內有溝、漏、漕、池等設備，空曠處，則布滿細沙。海水由竇入溝，從溝入漏，由漏入漕，滷水即成，開始製鹽。〔註27〕

　　煎法，每月朔望前後，潮退鹵壤，結生鹵花，刮而聚之。擇地爲池，鋪茅襯底，復挖其下爲井，以蘆管相通，取所收鹵花，置於井底，滷水循蘆管下注井中，以雞子或桃仁試滷之鹹度，若浮，則滷水可用〔註28〕。有時投入石蓮子數枚試滷，若是浮出水面三、四枚，則滷水淡，再重新取滷；浮出水面上七、八枚，則滷水鹽度濃，開始煎鹽〔註29〕。在灶傍作土斛，需高於灶，瀉滷水於內，再以蘆管注水於鹽盤，開始煎鹽〔註30〕。廣東煎鹽之盤，以竹釜塗蠣灰，煎久彌堅，功倍于曬，較淮、浙二地，以用鐵釜煎鹽尤佳〔註31〕。煎鹽較爲可靠，大盤日夜可煎鹽二百斤，小盤一百斤。〔註32〕

　　曬法，亦須先造池挖井，收聚鹹壤，鋪於池底，汲取海水淋之。滲漉入井，滲盡，則挖去舊壤，再填新壤。再以井中之滷水，復淋一、二次，則滷水可用。乃運井中之滷水注入盤中，盤以密竹砌治，極其堅緻，廣狹不過數尺。一灶夫，一天可曬鹽二百斤。〔註33〕

〔註25〕 Ray Huang, *Taxation and Governmental Finance in Sixteenth Century Ming China* (New York: Cambridge University press, 1974) 5. the Salt monopoly，頁190，記載山東因缺乏燃料，製鹽時往往要把鹽水運往二十哩外的海島製造；四川、雲南二地鹽井，燒焚時，極費工錢；這種麻煩，廣東鹽場，未曾有過。

〔註26〕 同註20。

〔註27〕 《廣東新語》卷十四〈食語〉，頁12～15，鹽。

〔註28〕 《廣東通志》（明嘉靖本）卷二十四〈民物志五・土產下〉，頁27。又見《香山縣志》（明嘉靖二十三年刊本），〈民物志二・食貨〉，頁16，一曰灶人以辦鹽額。

〔註29〕 同註27。

〔註30〕 同註28。

〔註31〕 《新會縣志》（明萬曆三十七年刊本）卷二〈食貨略〉，頁39。及《新會縣志》（清乾隆六年刊本），卷六，頁90～93，〈物產〉。

〔註32〕 同註28。

〔註33〕 同註28。

　　凡煎曬，俱要風和日麗，滷纔易取，鹽纔易成，否則，滷鹽俱無〔註34〕。煎鹽主要以東路之靖康、東莞、歸德，及西路香山、海晏等場爲主〔註35〕。因煎時技術不同，鹽分又有高下之分。然而鹽性極柔，易融化，味鹹帶甘，容易調和，廣受沿海居民歡迎〔註36〕。生鹽，在肇慶府鹹水場大星一帶，白如霜雪，稱爲鹽花，又叫望斗鹽，也就是古時所謂的水晶鹽，味力極薄〔註37〕。惠、潮等場之生鹽，若遇天晴多日曬，則鹽色潔白；雨天多濕氣，則鹽色暗青〔註38〕。論其鹽性，剛烈耐久，味道極鹹，深受山居人士喜愛。〔註39〕

二、廣鹽之產量

　　明初鹽丁，日辦鹽三斤，夜辦四兩〔註40〕，一年可辦一千一百八十六斤四兩。每二百斤折爲一小引，可得五引一百八十六斤；加上每引徵耗鹽五斤，共三十斤，每年一鹽丁共徵全課六引一十六斤。英宗天順年間，朝廷重新造冊徵鹽，熟鹽場，每丁徵二引；生鹽場，日曬，工本低廉，每丁徵三引，或四引者〔註41〕。而小江場，則每丁歲徵二引一百四十一斤四兩〔註42〕。至世宗嘉靖年間，廣東鹽課提舉司所轄各場鹽丁年產鹽額，如下表所記載：

表三十二：明代世宗嘉靖年間廣東鹽課提舉司所轄十四鹽場鹽丁年產鹽額統計表

鹽　　場	灶戶數額	灶丁數額	每丁年產鹽引（大引）	每丁年產鹽（斤）	名　　次
靖　　康	1,871	2,767	二引一○○○斤	1,800	3
歸　　德	1,452	3,832	二引十斤	810	11

〔註34〕 同註28。
〔註35〕 《蒼梧總督軍門志》卷十三〈兵防十〉，頁10～11，〈水客鹽價〉。
〔註36〕 同註27。
〔註37〕 《肇慶府志》（明崇禎十三年刊本）卷十〈地理志三・土產〉，頁79。
〔註38〕 同註35。
〔註39〕 同註27。
〔註40〕 參《瓊州府志》（明萬曆間刊本），卷五〈賦役志・鹽課〉，頁30，又參《廣東通志》（明萬曆三十年刊本）卷七，頁56，〈鹽總〉。
〔註41〕 《廣東通志》（明嘉靖本）卷二十六〈民物志七・鹽法〉，頁45，〈一辦鹽課〉。
〔註42〕 參劉汴修，熊可坪等纂，《饒平縣志》（清康熙二十五年刊本）卷五〈鹽課〉，頁1～5，及《廣東通志》（明萬曆三十年刊本）卷四十一〈郡縣志二十八・潮州府・賦役〉，頁12～13。二書所記載，饒平縣小江場：內分四柵，池漏有三千五百四十六畝，灶丁有七百八十丁，每年每丁可產鹽二引一百四十一斤四兩，年可課銀七百三十一兩四錢五分。

東　莞	454	771	三引	1,200	6
黃　田	495	548	三引	1,200	6
香　山	304	994	三引	1,200	6
矬　峒	1,801	2,809	二引一三三斤	933	8
海　晏	3,199	3,199	二引三十斤	830	10
雙　恩	1,273	1,591	五引一〇〇斤	2,100	1
鹹　水	448	1,041	五引	2,000	2
淡　水	419	2,428	二引一一〇斤	910	9
石　橋	939	3,902	二引二三八斤	1,038	7
隆　井	916	3,424	三引十五斤	1,215	5
招　收	552	1,218	四引四十四斤	1,644	4
小　江	1,406	6,815			

備註：1. 大引每引四百斤，靖康場之鹽引，是以當時方志所記載爲主。
　　　2.《廣東通志》（明嘉靖本）卷二十六〈民物志七・鹽法〉，頁46～47，〈一辦鹽課〉。

　　由上表可看出，在十四鹽場中，祇有歸德、矬峒、海晏、淡水等四場，產量低於洪武年間，其餘各場鹽丁年產鹽額均高於洪武所定鹽丁年產鹽額。若和英宗天順年間相比，則十四場之鹽丁，每年生產額，均高於英宗天順年間鹽丁之鹽產額。由此可見廣東所轄十四鹽場鹽丁，其每年生產毛額，愈至明末愈高，這是一件可喜的事，然而在總產量方面是否也跟著增加，就很值得探討。

　　據《太祖實錄》所記載，洪武二年（1369），廣東提舉司十四鹽場，歲辦鹽課四萬四千六百三十一引；海北提舉司十五鹽場，歲辦鹽課二萬七千九百二十二引，每引重四百斤〔註43〕。後來廣東鹽課提舉司十四鹽場，增產至四萬六千八百五十五引一百斤；海北則稍減爲二萬七千零四十二引二百斤〔註44〕。至成祖永樂年間，廣東提舉司所轄十四鹽場，鹽產年額如下表所記載：

表三十三：明成祖永樂年間廣東提舉司所轄十四鹽場年產鹽額統計表

鹽場	年產鹽引（大引）	折爲斤數	百分比	鹽場	年產鹽引（大引）	折爲斤數	百分比
靖康	2974.069	1,189,669	6.24	鹹水	1851.260	740,660	3.88
歸德	4904.037	1,961,637	10.29	淡水	3123.042	1,249,242	6.55

〔註43〕參《明太祖實錄》卷三十八，頁8，洪武二年正月戊申條。
〔註44〕《大明會典》卷三十三，戶部二十〈課程二・鹽法二・廣東〉，頁13～17。

黃田	1596.067	638,467	3.35	石橋	5246.116	2,098,516	11.01
東莞	2072.066	828,866	4.35	隆井	2118.270	847,470	4.44
香山	1491.098	596,496	30.34	招收	2571.085	1,028,485	5.39
海晏	4346	1,738,400	9.12	小江	9695.225	3,878,225	20.34
矬峒	2381.030	952,430	5.00				
雙恩	3293.235	1,317,435	6.91	合計		19,065,998	

備註：1.《永樂大典本地方志彙刊·廣州府三》，頁 54～55，課利。
　　　2.大引，每引可折四百斤。

由上表可看出，十四場中，以潮州府隆井、招收、小江三場產量最豐富，占總產量的百分之三十。這和潮府濱海廣闊，俗富漁鹽，早在宋、元已設場，元時尚設工本鈔以助灶戶，立管勾職位以督課程等設施，有密切關聯。所以其開發早，規模宏大，產額自然冠於諸場之上。〔註45〕

降及明代孝宗弘治年間，廣東鹽課提舉司十四鹽場之鹽產量，如太祖洪武年間之產額；而海北十五場，減產至一萬九千四百八十引一百斤，其中包含了折色鹽六千一百零三引九十斤，本色鹽祇占一萬三千三百八十引一百斤〔註46〕。可見海北鹽場產量，比洪武年間鹽產量，少了二分之一弱，而且開始折色。蓋當時瓊州府所轄大小感英等六鹽場，遠隔重洋，商賈不至。英宗正統七年（1442），遂令大引折米一石，運赴府倉，以供軍餉之用〔註47〕。孝宗弘治三年（1490），又令折銀，每石鹽折銀三錢，解送瓊州府貯存，遂開創鹽引折銀之例〔註48〕。武宗正德十五年（1520），御史鮮冕題奏准靖康等二十三場，跟隨瓊州府折銀事例，熟鹽每引折銀二錢三分，生鹽一引折一錢七分〔註49〕。至世宗嘉靖十五年（1536），廣東、海北二地鹽產量共十萬七千四百一十四引（小引）〔註50〕。中葉以後，廣東、海北二鹽課提舉司，年產鹽額及折銀所得，如下表所記載：

〔註45〕《永樂大典本地方志彙刊》，〈潮州府·稅課〉，頁 25。
〔註46〕同註 44。
〔註47〕參《瓊州府志》（明萬曆間刊本）卷五〈賦役志·鹽課〉，頁 30。
〔註48〕不著人撰，《廣東鹽法考》（中央圖書館公藏善本書）不分卷頁。
〔註49〕同註 48 及同註 44。
〔註50〕梁材撰，《梁端肅公奏議》（明萬曆三十七年刊本，國立中央圖書館漢學研究資料中心七十一年度蒐集流佚海外古籍影照本）卷八，頁 81～84，題為陳情乞恩。

表三十四：明代世宗嘉靖年間廣東鹽課提舉司所轄十四鹽場年產鹽額
統計表

鹽　　場	年產鹽額（小引）	折爲斤數	百 分 比	折銀計算（兩）	百 分 比
靖　康	5952.192	1,190,592	6.69	1151.846	7.14
歸　德	8418.008	1,629,608	9.15	1599.072	9.92
東　莞	2271.121	454,321	2.55	485.528	3.01
黃　田	1477.066	295,466	1.66	288.482	1.79
香　山	2981.098	596,298	3.35	567.374	3.52
矬　峒	4280.197	964,197	5.42	956.175	5.93
海　晏	9560.014	1,912,014	10.74	1775.312	11.01
雙　恩	7013.086	1,402,686	7.88	1469.066	9.2
鹹　水	3999.192	799,992	4.49	776.154	4.81
淡　水	6246.040	2,249,240	7.02	1229.306	7.63
石　橋	10493.015	2,098,615	11.79	1713.822	10.63
隆　井	5608.160	1,121,760	6.30	914.436	5.67
招　收	5143.122	1,028,722	5.78	750.849	4.66
小　江	15298.178	3,059,778	17.19	2444.226	15.16
合　計		17,803,289		16121.648	

備註：1. 小引，每引二百斤。
　　　2. 《廣東通志》（明嘉靖本）卷二十六〈民物志七‧鹽法〉，頁45～46，〈一辦鹽課〉。

表三十五：明代世宗嘉靖年間海北鹽課提舉司所轄十五鹽場年產鹽額
統計表

鹽　　場	年產鹽額（大引）	折爲斤數	百 分 比	名　　次
白　石	684.280	273,880	5.20	9
西鹽白皮	643.280	257,480	4.89	10
官寨丹兜	398.085	159,285	3.02	14
蠶村調樓	433.230	173,430	3.29	13
武　郎	897.360	359,160	6.82	8
東　海	971.280	388,680	7.38	7
博　茂	1376.025	550,425	10.45	3

茂　　暉	989.357	395,957	7.51	5
大小英感恩	1071.050	428,450	8.13	4
三村馬裊	1417.230	567,030	10.76	2
陳村樂會	1026.112	410,512	7.79	6
博頓蘭馨	1913.270	765,470	14.53	1
新　　安	610.360	244,360	4.64	11
臨　　川	214.090	85,690	1.63	15
白　　沙	522.300	209,100	4	12
合　　計		5,268,909		

備註：1. 大引，每引四百斤。
　　　2. 資料來源同表三十四。

　　由表三十四中，可看出廣東提舉司所轄十四鹽場鹽產量已較明初減少一百二十六萬二千七百零九斤。其產量最豐富之鹽場，仍然是潮州府之小江、隆井、招收等三場，足見潮府三場，在廣東鹽產中，占有不可言喻之地位。而從表三十五中可看出，海北十五場之總產量，已較洪武年間減產五百八十五萬九千八百九十一斤，其最豐富之鹽產地為瓊州六場，共計六千二百五十二引二百九十二斤。產量上，尚不足潮州府小江場的二分之一，所以海北十五場之鹽產量，始終不能跟廣東十四鹽場之鹽產量相提並論。

　　到穆宗隆慶二年（1568），朝廷戶部公布，收廣東、海北二鹽課提舉司之鹽銀，達七萬三千四十九兩。此鹽銀是將灶丁和鹽餉銀，合併計算，纔有如此龐大數目〔註51〕。神宗萬曆六年（1578），廣東鹽引悉規劃為小引，廣東提舉司十四場產小引生鹽二萬二百二十九引，熟鹽三萬四千六百零一引；海北鹽場鹽引一萬二千四百八十六引，合計七萬八千三百十六引〔註52〕。若把引數換成大引，則兩鹽課提舉司共產大引三萬八千六百五十八，與洪武、永樂年間之鹽產額相比，差距一倍。當時又按折銀之例，將鹽折一萬五千九百六十八兩九錢四分，以一萬一千一百七十八兩解部濟邊，剩下留為地方經費〔註53〕。此後，廣鹽已不能用原始之鹽引表示其總產量，而必須以貨幣銀兩來顯示其生產毛額。明末又加入鹽餉及練餉，更難看出其年產數額。〔註54〕

〔註51〕同註48。
〔註52〕同註44。
〔註53〕同註48。
〔註54〕《新安縣志》（康熙二十七年修）卷六〈田賦志〉，頁70～74，歸德場鹽課司。

表三十六：明代廣東、海北二鹽課提舉司鹽產併算增減統計表

年　號	西　　元	年　產　鹽　額	折爲斤數	增減鹽額
洪　武	1368～1398	73895.400（大引）	29,558,300	
弘　治	1488～1505	6633.490（大引）	26,535,690	1,022,610
嘉　靖	1522～1566	107414	21,482,800	8,075,500
萬　曆	1573～1619	77316（小引）	15,463,300	14,095,000

備註：1. 資料來源同表三十四。
　　　2. 增減額以洪武鹽產額爲主。
　　　3. 大引四百斤，小引二百斤。

　　廣鹽減產之現象，普存於各鹽場，以新安縣歸德鹽場之年產變遷，再作一實例印證。

表三十七：明代廣東新安縣歸德鹽場歷年鹽產額增減試算統計表

時　　間	西　元	灶　戶	減少額	灶　丁	減少額	鹽產量（小引）	折爲斤數	減少額（斤）
明　初		1,452		3,833		84,180,008	1,683,608	
嘉靖二十一年	1542	743	709	2,263	1,570	5,173,083	1,034,683	648,925
萬曆十年	1582	651	801	2,001	1,832	4,002	800,400	883,208
萬曆二十一年	1593	651	801	2,001	1,832	4,002	800,400	883,208
萬曆三十一年	1603	651	801	2,001	1,832	4,002	800,400	883,208
萬曆四十一年	1613	657	795	1,922	1,911	3,840	768,000	917,608
天啓二年	1622	622	830	1,853	1,980	3,706	741,200	942,408
崇禎五年	1632	608	844	1,736	2,097	3,472	694,400	989,208

備註：1.《新安縣志》（康熙二十七年修）卷六〈賦役志〉，頁 70～74，明歸德場鹽課司。
　　　2. 減少數額，以明初爲基數，依此類減。

　　綜上所述，鹽丁自世宗嘉靖以後，雖然每丁年產毛額較明初爲高，然而廣鹽年額總產量卻相對著減少。促成廣鹽產量減少之原因，除了鹽場合併，灶戶減少外，其最主要因素，將於鹽政管理和灶戶生活二節中，詳細說明。

第三節　鹽政之管理

一、行政之組織

　　明代廣東鹽政管理，可分上、下二層，上層由朝廷戶部執掌，下層是生

產組織；上層發號施令督導下層生產，下層將年產鹽引以本色或折色解京。此一行政系統維繫朝廷與廣鹽之生產與督導關係，今先就其行政組織敘述如下。

　　廣東鹽政最高督導機構是朝廷戶部。太祖洪武二十六年（1393），戶部規定天下鹽課產地之鹽運司、提舉司，將過去一年來所辦鹽課，具結印信，奏繳戶部，由內府戶科保管，若有偽造虧損，照數賠償〔註55〕。景帝景泰三年（1452），又令廣東等鹽課提舉司，把一年業績、歲辦鹽課、積存鹽利，悉數造冊告部〔註56〕。孝宗弘治二年（1489），又命廣東提舉司於次年六月以前，將一年營運鹽銷情形，造冊二本，一本送戶科註銷；一本送戶部查考，以便追究有司官員，是否有數目不清，虛出捏造之罪〔註57〕。至穆宗隆慶二年，（1568），南京工部鑄造銅版，印刷鹽引，限廣東提舉司於八月內，至南京關領引目，以便控制鹽引，利歸朝廷〔註58〕。可見當時朝廷戶部、工部為十足掌握鹽政最高指導政策的機構，因此一些地方鹽政官員，均由朝廷直接派員接管執行。

　　明初朝廷曾委任官員巡守廣東鹽政，因巡守官員另有本職，身兼鹽務，不能勝任，乃至年年督收鹽課，逋負數萬金〔註59〕。戶部遂革巡守兼任，添設按察僉事一員，專理鹽政〔註60〕。武宗正德十二年（1517），因歲辦鹽課，與朝廷戶部記載不同，恐有欺矇，遂派巡鹽御史按察修舉，察查是否地方官乘機吞沒，或挪移遷就鹽餉之弊，及僉捕灶丁，以維持鹽產正常化，以供國課〔註61〕。世宗嘉靖二年（1523），更命清軍御史，兼理鹽法〔註62〕。這種一

〔註55〕　《皇明世法錄》卷二十八〈鹽法通例〉，頁45。
〔註56〕　《大明會典》卷三十四〈鹽法通例〉，頁20～21。
〔註57〕　劉健等修，《明孝宗實錄》（據國立北平圖書館紅格鈔本微捲影印，台北：國立中央研究院史語所校勘印行，民國57年）卷七十一，頁1～2，弘治六年正月乙亥條。
〔註58〕　《皇明世法錄》卷二十八，頁56。
〔註59〕　《明孝宗實錄》卷七十一，頁1～2，弘治六年正月乙亥條。
〔註60〕　《廣東通志》（明嘉靖本）卷二十六〈民物志七・鹽法〉，頁44。及《粵大記》卷三十一〈政事類・鹽法〉，頁6。
〔註61〕　費宏等修，《明武宗實錄》（據國立北平圖書館紅格鈔本微捲影印，台北：國立中央研究院史語所校勘印行，民國57年）卷一四七，頁7～8，正德十二年三月庚子條。又見張居正等修，《明世宗實錄》（據國立北平圖書館紅格鈔本微捲影印，台北：國立中央研究院史語所校勘印行，民國57年）卷三，頁18，正德十六年六月丙午條，記載再度以巡按廣東御史兼理鹽法。
〔註62〕　《明世宗實錄》卷二十三，頁13，嘉靖二年二月戊戌條。

味以兼職來督辦鹽政，導致鹽政日壞。三十一年（1552），遂命巡按全權督理鹽務；且命廣東提舉司，撥出差官二員，幫辦督理鹽務，以拯救日漸頹壞之鹽政。〔註63〕

　　當時朝廷雖已注意到，中央官員督導鹽政，時有鞭長莫及之憾，祇有求之地方官幫督鹽務之一途。然而卻又不能信任地方官員，時常委任巡撫督察鹽務，導致權責一再重疊，互相推諉，至是鹽課反而不能按時解部〔註64〕。穆宗隆慶二年（1568），朝廷命大理寺卿鄒應龍為左副都御史，總理湖廣、江浙、福建、廣東、雲貴等地鹽屯之事，其轄區半天下，遙領數千里，公文傳達，動輒數月，各鹽法道上簿書應命，敷衍而已，鹽政更形敗壞〔註65〕。至神宗時，乃將鹽政改成軍管，由右副都御史蕭彥以總督兩廣軍務兼理糧餉、鹽法巡撫廣東〔註66〕。萬曆三十一年（1603），改由廣東右參議兼僉事管鹽屯水利道主掌鹽務〔註67〕。鹽官屢變，又以兼職為之，鹽課解部日竭。萬曆四十五年（1617），朝廷急需鹽課以濟邊用，遂派戶部郎中盧田親臨廣東，辦督鹽課〔註68〕。可見以往朝廷所委派之鹽官，未能勝任其職，乃至鹽餉不能歲解戶部。而朝廷所委任督辦鹽政之官員，良莠不齊，贓官污吏，有之；捐貲得官者，也有之，以貪官污吏及貲郎督辦鹽務，必然搜括鹽餉，以回取其所捐之貲〔註69〕。觀此可知，行政督導鹽政機構，無常任專員，一味以兼職擔任；而戶部所委任官員中，素質又參差不齊，往往不能完成朝廷所交付之鹽務，鹽餉解部日竭，是必然的結果。

二、生產之組織

　　朝廷委任之巡鹽、巡按、清軍等御史，其職責本在監臨巡視，督收鹽課，

〔註63〕同前註引書，卷七七八，頁1～2，嘉靖三十一年四月己未條。
〔註64〕鹿善繼，《認真草》（《百部叢書集成》之九十四，《畿輔叢書》第十七函，台北：藝文印書館景印，民國57年）卷七〈粵東鹽法〉，頁6～7，重京解。
〔註65〕談遷，《國榷》（台北：鼎文書局出版，民國67年7月初版）卷六十五，頁4081～4082，隆慶二年二月癸卯條。
〔註66〕同前註引書，卷七十五，頁4646，萬曆十九年三月丁未條，記載令右副都御史蕭彥總督兩廣軍務兼理糧餉鹽法，巡撫廣東；及卷七十八，頁4819，萬曆二十六年八月丙辰條，又以戴耀總督兩廣軍務兼理糧餉鹽法，兼理巡撫廣東。
〔註67〕《明神宗實錄》卷三八九，頁6，萬曆三十一年十月壬寅條。
〔註68〕同前註引書，卷五五六，頁9，萬曆四十五年四月辛酉條。
〔註69〕《明憲宗實錄》卷二六六，頁1成化二十一年五月庚戌條，及《明神宗實錄》卷三二二，頁1，萬曆二十六年五月乙酉條。

或僉補灶丁，使鹽場生產能正常化而已。至於鹽產運銷，及經營大權，實際上，操之在鹽運司及提舉司手中。廣東因鹽產額較少，祇設一鹽課提舉司，合產銷大權於一身〔註70〕。當時廣東鹽課提舉司內設有提舉一員，官品從五品；副提舉一員，官品從七品；吏目一員，官品從九品；廣盈庫收貯引目大使一員；所轄十四鹽場，大使各一員，未入流，俸米二石至三石，由各場鹽課司供給薪餉〔註71〕。鹽課提舉司之公署，在廣州府城東南府學之左，洪武四年（1371），提舉薛友諒所建，正廳五間，後廳五間，東西房各七間，吏目廳三間，吏舍十八間，西為廣盈車，有庫房三間。論其規模建置，不下於布政使司公署，尤超於各縣署之上，足證其被重視一斑。〔註72〕

海北鹽課提舉司，官員品位皆同廣東鹽課提舉司。其公署，舊時設在雷州；太祖洪武元年（1368），遷于石康縣長沙埠；三年（1370），遷入石康縣城內；憲宗成化年間遷入廉州府治東門內還珠驛，十四年（1478），毀於祝融。孝宗弘治十七年（1504），提舉唐泮再加重建，計有正堂、後堂、各官廨吏目廳、六房、監房、土地祠、儀門、大門，規模頗壯觀。〔註73〕

平時鹽課提舉司掌鹽區之鹽政，率領同提舉、副提舉共司朝廷戶部、或巡鹽御史、或鹽法道之鹽令〔註74〕，督導各場場官、大使員、攢典，率同柵長，催促灶丁，辦鹽納課〔註75〕。此外尚可執掌鹽引之運銷，追徵他省拖欠鹽課〔註76〕。如此而言，提舉司之職權頗重，但實際上並不然。因提舉司官

〔註70〕《明太祖實錄》卷三十八，頁8，洪武二年正月戊申條。及徐復祚，《花當閣叢談》（《百部叢書集成》之四十八，《借月山房彙鈔》第十一函，據清嘉慶張海鵬輯刊《借月山房彙鈔》影印，台北：藝文印書館印行，民國57年）卷一，頁11，〈鹽法〉。

〔註71〕同註60，及《香山縣志》（明嘉靖二十七年刊本）卷五〈官師志・官制〉，頁4，〈鹽場〉。及《古今圖書集成》卷一三五六，一六七冊，高岵〈府部彙考・高州府公署考〉，頁58，吳川縣茂暉鹽場鹽課司。及《明史》卷七十五，志第五十一〈職官四〉，頁1847。

〔註72〕《廣東通志》（明嘉靖本）卷二十八〈政事志一・公署上〉，頁28～29。

〔註73〕《廉州府志》（明崇禎十年刊本）卷三〈營繕志・鹽場〉，頁16～17。及《廣東通志》（明萬曆三十年刊本）卷五十三〈郡縣志四十・廉州府・公署〉，頁19，鹽課提舉司署。

〔註74〕《明史》卷七十五〈職官四〉，頁1847。

〔註75〕盧祥撰，《重刻盧中丞東莞舊志》（明天順八年修，國立中央圖書館公藏善本書）卷三，頁7，〈鹽場〉。及《香山縣志》（明嘉靖二十七年刊本）卷五〈官師志〉，頁4，〈鹽場〉。

〔註76〕《明神宗實錄》卷一八八，頁5～6，萬曆十五年七月庚子條。

員之品位極低，乃至形成「上不能自通于本部，下不能自列于諸司，省以內且不敢概問」，平日祇爲各府道間供牛馬奔走〔註77〕。故其所課徵之鹽銀，常爲各府道官吏借調，造成年終無鹽餉解京之窘態。〔註78〕

此外，廣東鹽課提舉司所轄之鹽場，有些位於偏僻之處，鹽課常拖欠。世宗嘉靖三十年（1551），始令鹽場附近州縣掌印官，負責徵收鹽課，務在年終以前督收完畢，且要追徵二十九年（1550）以前各場拖欠之數。至此廣東鹽課提舉司職權，漸爲州縣官所取代，地位更加沒落〔註79〕。世宗以後，廣東鹽課提舉和各鹽場官員，幾乎全部由捐貲的貲郎擔任。此批貲郎，視鹽務爲謀財之管道，競相貪盜〔註80〕，乃至民間流傳，提舉一年可得羨銀五萬金，後因官府催迫鹽課較急，所得稍減，然亦不下三萬金。此官缺，大約三年一選，求之者，必出金三千。後因求之者眾，銓部逐改三年任期爲一年，導至「任者未滿，代者已上，繼者又來」，一官三人之現象〔註81〕。由此可看出明中葉以後，廣鹽減產，與此批貲郎之貪羨銀，有莫大關聯。

海北鹽課提舉司，原爲管轄陳村樂會等十五鹽場而設，英宗正統初年，割陳村樂會等五場，屬瓊州府帶管；博茂屬高州府；僅剩白沙等七場鹽務。此七場鹽課，各府管糧道，督行場官，悉數解徵。每季客商票稅引紙餉銀，全由廉州府官員就近兼理。而提舉司祇負責支發票引價一百八十兩，吏目薪餉四十兩。全年提舉司官員薪餉遠超四百二十餘兩，支出不能相抵，因此陳大科建議裁革；而吏部也以「官省用節，課足民舒」之理，將海北鹽課提舉司裁革〔註82〕。裁革後之海北鹽區，高州鹽務，由海防同知兼理〔註83〕；雷、廉二地，由管糧道督場官徵收；官商、賈稅、餉銀之事，由廉州府佐兼理〔註84〕。此後海北鹽區因無統籌鹽政機構，鹽產更加減少。〔註85〕

〔註77〕《認眞草》卷七〈粵東鹽法〉，頁9～10，復淮課。

〔註78〕同前註引書，同卷，頁19～20，一曰索積貯。

〔註79〕《粵大記》卷三十一〈政事類・鹽課〉，頁8～9。

〔註80〕《認眞草》卷七〈粵東鹽法〉，頁8～9，一曰更任職。

〔註81〕《涇林續記》，不分卷，頁50。

〔註82〕《粵大記》卷三十一〈政事類・鹽課〉，頁19～24，陳大科，〈議裁革海北鹽課提舉疏〉。及《見神宗實錄》卷三一〇，頁7，萬曆二十四年閏八月丙子條，記載戶部下令永革海北鹽課提舉司。

〔註83〕《吳川縣志》（清光緒十四年刊本影印）卷四，頁82。

〔註84〕同註82。

〔註85〕《認眞草》卷七〈粵東鹽法〉，頁10～11，一曰通海北，自海北割屬府佐，視事官吏，因循苟且，不肯替太倉計，鹽課收入漸少。

　　總之，廣東鹽政大權攬於朝廷戶部，每年皆由戶部下達鹽令，委派撫官督導，但因無良好人事檢覈制度；無一固定督導鹽務機構，以致委任之巡按諸官，任期考滿，升遷他處，鹽政隨革。地方生產組織，每抱著敷衍態度，戶部徵鹽餉時，一味推拖，以致逋負縣年，償還無期，且官商勾結，飽入私囊。此種通病，嘉靖三十三年（1554），清理福建廣東鹽法戶部主事錢嘉猷已略爲提及，他建議裁革廣東鹽法道僉事，設立巡鹽御史，專理鹽法，使職權畫一，則鹽務不致怠廢。若能遵循嘉猷之建議，設立專職，或許能挽回日漸減產之廣鹽，然而戶部不准﹝註86﹞。廣鹽產額，日漸下降，乃成必然之結果。

表三十八：明代廣東鹽政組織一覽表

第四節　鹽戶之崩潰

一、優惠之消佚

　　鹽戶亦稱鹽丁、灶戶、灶丁、亭戶，是鹽產組織中最基層單位。朝廷爲加強對鹽戶之管理，於黃冊上註明爲灶籍，世代相承，不得更籍。然後依冊籍所載之丁數，徵納鹽課﹝註87﹞。明太祖起自民間，深知鹽戶煎鹽之苦，加上爲保持鹽產量穩定，對鹽戶採取優惠政策。規定鹽戶除里甲、正役、納糧外，其餘雜役差徭、科派等項，全部蠲免﹝註88﹞。後因地方官派遣差役時，常把鹽戶和民戶混編，鹽戶並未深受其惠。洪武二十三年（1390），小江場灶丁余必美奏聞朝廷，太祖再申前令﹝註89﹞。二十四年（1391），對於有田產鹽

〔註86〕《明世宗實錄》卷四九〇，頁5～6，喜靖三十三年四月丙申條。
〔註87〕徐泓，《明代鹽法》（台北：國立台灣大學歷史研究所博士論文，民國62年）第一章第三節〈灶戶制度〉，頁36。
〔註88〕《瓊州府志》（明萬曆刊本）卷五〈賦役志〉，頁29～30，鹽課。及《饒平縣志》（清康熙二十五年刊本）卷五，頁1～5，鹽課。
〔註89〕《饒平縣志》（清康熙二十五年刊本）卷五，頁1～5，鹽課，引《東里志》。

戶，祇令其辦夏稅秋糧，其餘雜役，全部蠲免〔註90〕。成祖永樂九年（1411）八月，且規定對灶丁犯罪，從輕發落，若犯流罪，僅杖百下，扣其工資，仍發鹽場工作〔註91〕。宣宗宣德年間，亦承祖制，對鹽戶優免有加〔註92〕。景帝景泰五年（1545），又再度重申「鹽戶除正役納糧外，其長解隸兵禁倉庫，一應蠲免。」〔註93〕其後因鹽戶多買民田，而民戶、漁戶見鹽戶優免雜役，皆矇混投入鹽司，導致「詭寄影射」之弊發生，有礙全免。朝廷乃令鹽戶辦鹽一丁，准其二丁幫貼；每戶除民田百畝，不當差役外，多餘人丁僉補逃亡故絕；多出田土，扣算納銀，出銀僱役〔註94〕。孝宗弘治二年（1489），都御史彭韶更明確規定，全課鹽丁，每丁可貼餘丁二名，幫忙煎鹽；正丁每人餘田二十畝，免其差役，此外多餘丁田，俱發有司當差，且清出詭寄奸民，以補逃亡故絕灶丁。〔註95〕

　　彭都御史之辦法，行之久漸廢弛。武宗初年，僉事吳廷舉乃重新規定，自正德四年（1509）以後，除了十年一次之里甲正役，依期輪當外，不許將鹽戶編充民壯、水馬、解銀、大戶等役；灶丁若有買絕民戶田糧者，隨其田糧之多寡，編差役，祇令出銀僱役，不當力役，以妨煎鹽〔註96〕。至世宗嘉靖八年（1529），僉事林希元題奏內開蠲徭役，以充國課事，戶部乃查孝宗年間彭韶之奏議，覆議施行〔註97〕。二十年（1541），都御史蔡經遷怒鹽戶逋欠鹽餉，盡革鹽戶優恤。然而有些鹽場，仍免鹽丁，一丁米一石。此後或免或

〔註90〕《新安縣志》（清康熙二十七年修）卷六〈田賦志〉，頁57～62，鹽課。
〔註91〕《明太祖實錄》卷一一八，頁1，永樂九年八月乙未條。
〔註92〕《皇明世法錄》卷二十八〈鹽法〉，頁76，凡優處鹽丁。
〔註93〕同註90。
〔註94〕《南海縣志》（清乾隆六年刊本）卷十八，疏，頁6～9，龐尚鵬，〈均徭役一條鞭疏〉：「往時優免之法，止審該年，是以鄉宦舉監，多事花布，辦鹽灶丁，動皆詭寄，甚至有將自己之田，分析貧灶之丁，及收貧灶在戶，以圖詐冒者，有捏立子戶女戶，以規避重差者，其中奸弊不可勝言。」又見《廉州府志》（明崇禎十三年刊本）卷十一〈奏議志〉，頁17～20，林希元，《編造灶丁疏》。所記載漁蛋、民戶因見鹽丁可免差役，競向囑托詭寄。又見《新安縣志》（清康熙二十七年修）卷六〈田賦志〉，頁57～62，〈鹽課〉，所記載，朝廷因見詭寄奸弊百出，乃改爲灶戶辦課，一丁准其二丁幫忙，戶內田產，除民田一百畝，不當差役外，其餘民田，止令出銀僱役。
〔註95〕同註89。
〔註96〕《瓊山縣志》（清咸豐七年刊本）卷八，經政志，頁38，鹽法，引僉事吳廷舉之〈改革廣東、海北二地灶丁差役疏〉。又見《瓊州府志》（明萬曆刊本）卷五〈賦役志〉，頁30～31，鹽課，引正德鹽法僉事吳廷舉〈查復優免例〉。
〔註97〕同註89。

否，而知恤鹽戶之官員甚少〔註98〕。二十八年（1549）改成「止免灶田，不免民田；止免正丁，不免貼丁。」〔註99〕至明末，鹽戶非但優恤全無，平日既當縣役，又當場役，一身有二役之苦；既納縣糧，又輸場稅，一田有雙稅之病。此外又有科派、堂倉、引頭等費，導至生靈塗炭，競相逃竄。〔註100〕

二、盜寇之侵擾

鹽戶均落腳於濱海一帶，平時常飽受海寇流賊之侵擾。如瓊州府陳村樂會鹽場，在洪武十四年（1381）開設，翌年土民王官政作亂，官兵勦賊，灶丁被濫殺無遺，以至鹽引無徵，到了英宗正統八年（1443），始奏勘合，再徵鹽引〔註101〕。大小感恩場，原有灶丁八百三十八口，至天順年間，禾豐、杜村、三廠等地灶丁，慘遭海寇殺擄，祇剩正丁二百三十丁，遺下鹽課二百三十引三十斤，俱由大小感恩場之舖前、四廠二地鹽丁賠納。世宗嘉靖末年，又遭兵寇，死傷大半，鹽引無徵。而各場場官，復加派花燈、火工、灶甲、柵長等役，灶丁生活更苦。〔註102〕

廣東本土鹽場，在洪武及英宗正統年間，經蘇有興、黃蕭養之亂，灶丁被殺逃絕者達二萬八千四百零三丁，只剩鹽丁四萬四千二百五十八丁。這些逃絕死亡鹽戶遺下無徵鹽課達一萬三千六十五兩，朝廷要求由見在灶丁賠納，見在灶丁負擔此無徵鹽課，不堪其苦。至孝宗弘治二年（1489），灶丁陳球之訴苦兩廣都御史閔閨，請求查勘豁免，但不得官方諒解。至武宗正德四年（1509），廣東巡鹽御史鮮冕奏請減免見在灶丁有徵鹽課二分，無徵鹽課，即行停止。至世宗嘉靖元年（1522），蒙皇上登極，又減免五分，鹽戶稍得舒息〔註103〕。三年（1524），因兩廣都御史督責無徵鹽課，鹽課提舉司遂補徵武

〔註98〕同註89。
〔註99〕同註90。
〔註100〕《新安縣志》（清康熙二十七年修）卷十二，頁1～4，〈藝文志〉，〈明知縣喻燭條議〉。及頁85～87，明人江振浦之〈艖海謠歌〉：「國初賦常，一丁歲辦二小引，戶有三丁其貼幫，條科罪犯煎鹽律，役滿寧家應計且，鹽丁生本是平民，終日煎辦無優恤，縣籍秋糧科竈日，場單據敘又稅鹽，竈鹽兩稅丁重役，例免徭差雜泛編，困窮救死常不贍，重斂橫差欺莫辦，累朝恩例付空言，吏緣為奸遂成漸，逼迫紛更損大和。」
〔註101〕《瓊州府志》（明萬曆間刊本）卷五〈賦役志〉，頁30～31，鹽課。
〔註102〕同註101。
〔註103〕《廣東通志》（明嘉靖本）卷二十六〈民物志七‧鹽法〉，頁53～54，林希元奏議，一豁無徵以登國課。有徵鹽課是謂見在鹽丁，每年向提舉司辦秋之鹽

宗正德十六年（1521）以後停收之無徵鹽課，乃至富戶，尙可支持，貧戶灶丁，相攜逃亡，灶丁又少十分之三。〔註104〕

香山一場，在洪武初年有鹽戶灶丁二萬，灶甲、灶排約六、七百戶，經過蘇、黃之亂後，至憲宗成化八年（1472），祇剩一百一十戶，口有五百。至武宗正德年間，僉事吳廷舉再度勘合灶丁，祇剩灶排二十戶，灶甲數十戶，分上下二柵，共築池漏煮鹽，自煎自賣，僅足納課。後池漏灶田，又爲豪強侵奪，歲課無出，競相逃竄，至神宗萬曆四十四年（1616），祇剩九十七丁〔註105〕。熹宗天啓六年，祇好關閉鹽場〔註106〕。足見沿海寇盜之侵擾鹽場，對鹽戶及灶丁，造成至鉅之斲傷，實爲鹽戶崩潰之最大原因。

三、鹽戶之逃絕

鹽戶在優惠之消失，及盜寇騷擾下，競相逃竄。以廣東提舉司而言，在明初有灶丁二萬二千九百零一丁，至世宗嘉靖二十一年（1542），祇剩一萬三千八百零八丁，減少九千一百九十三丁。海北鹽課提舉司，明初轄有一萬六千五百八十九丁，至嘉靖九年（1530），祇剩一萬一百零六丁，逃絕將近二分之一〔註107〕。而肇慶府陽江縣雙恩場，在明初有鹽戶一千二百七十三戶，二十一柵，至思宗崇禎年間，只剩八百零三戶，一十四柵〔註108〕。揭陽縣之鹽戶，明初有一千零二十四戶，到崇禎五年（1632），祇剩七十四戶〔註109〕。這種鹽戶逃絕之現象，普存於各鹽場之間，不再贅述。〔註110〕

課：無徵鹽課，是指自洪武、正統年間經寇盜侵擾逃絕之鹽丁，遺下鹽課，無人辦納，是謂無徵。提舉司爲了征滿朝廷戶部規定之鹽額，往往把無徵鹽引，加在見在鹽丁身上，見在鹽丁不勝其苦。

〔註104〕同註103。
〔註105〕見《香山縣志》（明嘉靖二十七年刊本）卷三〈政事志三・漁鹽〉，頁19。又見暴煜纂修，《香山縣志》（清乾隆十五年刊本，故宮普舊）卷三，頁9，〈鹽法〉。
〔註106〕同註17。
〔註107〕《粵大記》卷三十一〈政事類・鹽法〉，頁5～6。
〔註108〕《肇慶府志》（明崇禎十三年刊本）卷十二〈賦役志一〉，頁26～27。鹽丁減少，其生產毛額也由七千零一十三引八十六斤四兩，降至五千八百一引一百七十四斤七兩。
〔註109〕劉業勤、凌漁纂修，《揭陽縣志》（清乾隆四十九年補刊本，故宮普舊）卷三，頁2～30。
〔註110〕喻炳榮等修，《遂溪縣志》（清道光三十一年刊本）卷五，頁14下，遂溪縣灶戶：英宗天順六年有七百二十五戶，至神宗萬曆四十一年，祇剩七百一十八

　　當時朝廷對鹽戶減少之數目，每登記於鹽冊之內。鹽冊一如黃冊，須十年一造，以便朝廷課徵鹽課，有所憑藉。然而有司並未十年一造，每因年久失修，灶丁失憑，導致逃絕之灶丁未刪除，滋生新丁未編冊，仍憑舊冊徵課。富室因舊冊之利，雖有人丁百餘，田業千頃，祇徵三、四引；貧戶因舊冊之累，徵鹽四、五引，苦樂不均。此皆因鹽戶逃絕之後，朝廷未能及時修造鹽冊，徵引無所憑藉，引起之麻煩。〔註111〕

　　世宗嘉靖中期，曾對廣東、海北各場柵，重新造鹽冊，新冊完成，免除逃絕在外灶丁之鹽課十之四，新補徵三分之一〔註112〕。可見鹽戶逃絕後，朝廷若能重新修冊，使鹽課均擔，貧戶不必見累，則不會再開逃亡之路。然而廣東有司，僅在天順、嘉靖年間，二次重造鹽冊。乃至期間逃亡鹽戶，所遺下之鹽稅，要由見在灶丁補繳。見在鹽戶繳納不出時，又競自逃竄，鹽戶更少，國課更虧〔註113〕。至明末，把逃移鹽戶之無徵鹽課，加派於一條鞭銀內，見在灶丁免於受累，然為時已晚，鹽場之灶丁，已是十室九空，對挽回鹽戶之崩潰，已起不了作用。〔註114〕

四、鹽戶之凋敝

　　灶丁在鹽產過程中，砍山煮海，極其艱辛〔註115〕。平時須修鹽田基圍、

戶。又見《新安縣志》（清康熙二十七年修）卷六，頁57～62，所記載東莞黃田鹽場，明初有四百五十九戶，至世宗嘉靖二十二年祇剩一百三十戶；東莞場原有灶戶四百五十四戶，至世宗嘉靖二十二年祇剩三百六十七戶。

〔註111〕同註103。

〔註112〕同註103。

〔註113〕同註103。

〔註114〕郭指南纂修，《電白縣志》（清康熙十二年刊本，故宮普舊）卷三，頁63，鹽課。

〔註115〕陳子壯，《昭代經濟言》（《百部叢書集成》之九十二，嶺南遺書第六函，據清道光伍崇曜校刊嶺南遺書影印，台北：藝文印書館，民國57年）卷四，頁20～21，彭韶，〈進鹽場圖詩疏〉：「然庶民之中竈戶尤苦，惜乎！古今未有圖詠，臣近履鹽場始識其概。海鹽煎熬全資竈戶，雖有等分，業產蕩然，糧食不充，安息無所，未免預借他人，所得課餘，悉還債主，艱苦難以言盡：小屋數椽，不蔽風雨，粗粟糲飯，不能飽餐，此居食之苦也；山蕩渺漫，人偷物踐，欲守無人，不守無入，此蓄薪之苦也；曬淋之時，舉家登場，刮泥吸海，午汗如雨，隆寒砭骨，亦必為之，此淋滷之苦也；煎煮之時，燒灼薰蒸，蓬頭垢面，不似人形，酷暑如湯，亦不敢離，此煎辦之苦也；寒暑陰晴，日有課程，前者未足，後者復來，此徵鹽之苦也；客商到場，無鹽抵價，百端逼辱，舉家憂惶，此陪鹽之苦也；疾病死傷尤不能，逃亡則身口飄零，復業

漏、池，以待淋滷，採薪愈月而歸，疲憊不堪。乃致「夫妻勞勸生息少，形枯精耗多殤夭。」〔註116〕鹽收成時，若逢大雨，則前功盡棄〔註117〕。幸而豐收，運鹽出境，法所不許，商販不來，鹽堆如山，無以聊生。到官方指定埠頭，與水客交易，又常遭不肖官兵，以巡緝私鹽為名，妄提局設騙，乃致鹽滯不通，鹽利無入〔註118〕。年終納課，有司又不諒解，苦苦催租。乃致沿海強悍灶丁，驚惶而起，打鬥官吏，坐判死罪者，有之〔註119〕。弱者，賣身富家為奴，以避酷徵徵役〔註120〕。時人漫叟，因見灶丁生活苦楚，而作〈鹽丁嘆〉，全文如下：

> 煎鹽苦，煎鹽苦，煎鹽日月遇陰雨，爬齷打草向鍋燒，點散無成孤積鹵。舊時叔伯十餘家，今日逃亡三四五。曬鹽苦，曬鹽苦，皮毛落盡空遺股。曬鹽稍望濟吾貧，誰知抽箄無虛土。年年醫得他人瘡，心頭肉盡應無補。公婆枵腹缺常飡，兒女遍身無全縷。場役沿不復憐，世間誰念鹽丁苦。鹽丁苦事應難數，豪商得課醉且歌，總催得錢歌且舞。鹽丁苦，鹽丁苦，狀類圈羊，群惡宣驕猛如虎。何時天憫凋輸魚，清波一挽滄溟溥。〔註121〕

詩中「舊時叔伯十餘家，今日逃亡三四五」及「公婆枵腹缺常飡，兒女遍身無全縷」，把鹽戶之逃絕，及生活之凋敝，全盤托出。

綜上所言，鹽戶首擾於盜寇之侵襲，次則阻於它待之取消，再則見累於逃絕灶丁之無徵鹽課，最後見困於提舉場官之逼徵鹽課，本身所有已全無，又無法突破生活困境，遂導致奔竄逃亡，落草為寇，賣身為奴之途。當生產單位之灶丁離開生產線；代表中央決策單位之人事制度又不健全；地方又無

則家計蕩盡，去住兩難，安生無計；所宜加意矜念，遇事寬恤，彼將感動忻慰，雖困極無復恨矣。」此疏已將明代鹽戶生活之苦楚，全盤述出。

〔註116〕同註27。及見《新安縣志》（清康熙二十七年刊本）卷十二〈藝文志〉，頁85～86，明人江振浦之〈醝海謠〉歌：「退敝赤子難衣食，砍山煮海勞筋力，煎熬章苦無奈何，徒思出作而入息，場戶逃亡代賠償，縣當里甲納秋糧，饑寒切骨誰憐憫，憔悴一身當縣場，夫妻勞勸生息少，形枯精耗多殤夭，聚斂惟拘足額求，催科斂巧多流殍，豈知水接東西江。」

〔註117〕同註27。

〔註118〕同註100。

〔註119〕同註103。

〔註120〕同註103。

〔註121〕《新安縣志》（清康熙二十七年刊本）卷十二〈藝文志〉，頁87，明漫叟，〈鹽丁嘆〉。

固定之鹽政機構，整個鹽產組織開始動搖，廣鹽產量之減少，乃是必然的
結果。

第五節　廣鹽之行銷

一、戶口食鹽鈔法

　　廣鹽之行銷，可分成二種，一種是公家配給制度之戶口食鹽鈔法；一種
則爲開中行鹽法。先就戶口食鹽鈔法，來探討其在廣鹽運銷制度中的地位。

　　戶口食鹽鈔，即宋代之鹽錢，元代易名爲鹽鈔，乃是一種官賣制度，在
鹽產區，以強迫配給方式，將食鹽賣予人民，以防止鹽場附近人民買食私鹽
〔註122〕。這種官銷法首先在沛州府推行，縣官令鹽戶納鹽於永豐倉，「散給眾
民，徵收其鈔」，謂之「鹽鈔」；每年每戶「坐食鹽六引」，納鈔「六貫」，該
錢「一十二文」，每逢閏月加一文。至明代太祖洪武四年（1371）以後，鹽戶
照米課納銀，民無鹽給鈔，其法遂止〔註123〕。其後廣東各府，卻廣爲推行，
當時規定男女成丁者，年給「鹽三斤，徵米八升」〔註124〕。至成祖永樂二年
（1404），爲遏阻軍民偷食私鹽，影響財政收入，乃令有司審核丁口，大口給
鹽十二斤，每斤納鈔二百文（十二貫）；小口鹽鈔，俱減半〔註125〕。英宗正統
三年（1438），令戶口鹽鈔，俱半徵，惟官吏并隨宦大口全徵。四年（1439），
又免徵未戶年男女及軍戶之鹽鈔〔註126〕。憲宗成化十年（1474），錢鈔兼收，
鈔一貫折錢二文〔註127〕。成化以後，戶口食鹽鈔變質，祇徵鈔而不配給食鹽，
規定「男成女大，納鈔六貫，每鈔一貫折銀三釐。」〔註128〕然其徵收鈔數，
又隨府州縣丁口多寡、男女之別，各有不同。

　　以肇慶府徵鈔而言，有男女同派者，如四會縣，每丁口歲徵二分八釐五

〔註122〕《香山縣志》（明嘉靖二十七年刊本）卷二〈民物志・雜賦〉，頁8，〈戶口食
　　　　鹽鈔〉。
〔註123〕《潮州府志》（明嘉靖二十六年刊本）卷之三〈田賦志〉，頁2，〈鹽鈔〉。
〔註124〕《天下郡國利病書》卷九十八〈廣東二〉，頁11，增城縣。又見孫蕙纂修，《長
　　　　樂縣志》（清康熙三十六年刊本）卷六〈賦役論〉，頁26～28，〈鹽鈔〉。
〔註125〕《明太宗實錄》卷二十八，頁3～4，永樂二年二月戊子條。
〔註126〕同註124。
〔註127〕同註124。
〔註128〕《肇慶府志》（明崇禎十三年刊本）卷十三〈賦役志一〉，頁 90～93，〈鹽
　　　　鈔〉。

毫四絲九忽。新會縣，每丁口皆派銀一分五釐四毫。也有男女異派者，如高要縣，每丁派銀二分四釐，而婦女每口減半〔註129〕；惠州府則每口收銀二分四釐。神宗萬曆二年（1674），改成「酌定銀數爲額，丁口多寡，隨額銀敷派輕重。」總計年終可徵得鹽鈔一千四百三十餘兩，遇閏月可收到一千五百餘兩〔註130〕。這種祇徵鈔銀，而不給食鹽之鹽鈔法，至明末尙存在廣東各府縣，以瓊州府而言，每年解府鹽鈔銀五百餘兩〔註131〕；廉州府，至思宗崇禎年間，仍收有鹽鈔十九萬八千五百七十三貫〔註132〕。凡如此之類頗多，不再贅述。

　　總之，戶口食鹽鈔，明初普遍推行於廣東各府縣，其目的在遏阻鹽產區人民買食私鹽，和強迫銷售食鹽，以增進鹽利收入。此法在憲宗成化十年以前，對於廣鹽產量之運銷，有相當助益。其後，祇徵鈔而不配給食鹽，已流於變相敲詐之疲政〔註133〕。此時對廣鹽產量之銷售，已毫無裨益。隨後廣鹽之行銷，祇有靠開中行鹽法之商運商賣制度來維持。

二、開中行銷法

　　明初的食鹽運銷，除前述之戶口食鹽鈔法外，還有通商制。即商人運送糧草到邊區或其他指定區，與政府交換支給食鹽的憑證，前往指定鹽場取鹽，運往指定地區銷售，這種鹽商與政府交易的程序，稱爲「開中法」。此法在官方配給食鹽沒落下，漸在廣東鹽銷史上，扮演重要角色。〔註134〕

　　當時鹽商於開中處納米後，憑鹽引至指定地支鹽，再往指定地銷售。而商人所持之鹽引，又可分成官引，即有司親到戶部關領，發予商人者；一則商引，則鹽商於邊納粟後，由戶部給引目至鹽場支鹽者〔註135〕。無論商引或

〔註129〕同註128。
〔註130〕呂應奎等修，《惠州府志》（清康熙二十七年刊本，故宮普舊）卷十〈賦役下〉，頁31，〈鹽鈔〉。
〔註131〕《瓊州府志》（明萬曆間刊本）卷五〈賦役志〉，頁40～41，戶口食鹽鈔。
〔註132〕《廉州府志》（明崇禎十年刊本）卷四〈食貨志〉，頁11～12，戶口食鹽鈔。又見《順德縣志》（明萬曆乙酉刊本）卷三，鹽糧，頁18～19。及註122，所記載順德、香山二縣至明中葉仍徵有戶口食鹽鈔。凡此類似資料散布於方志中頗彩，不再贅述。
〔註133〕同註123。
〔註134〕關於明代開中法之詳細情形可參閱陳德清，《明代開中法》（台北：中國文化學院史學研究所碩士論文，民國59年）一書。及徐泓，《明代鹽法》，第四章〈戶口食鹽法、開中法的變遷與商營運方式的改變〉。
〔註135〕《廣東通志》（明嘉靖本）卷二十六〈民物志七‧鹽法〉，頁47～48，一納鹽。

官引，皆需到鹽場支鹽，而流動於鹽場之間的商人，又可分成二類：一則「水客」，即居貨之商人，負責前往鹽場向鹽戶買鹽，轉運省城販賣之商人；一則「納堂商人」，即向水客買鹽，轉行鹽區發賣者〔註136〕。水客往鹽場買鹽，先赴提舉司領票，照數預納鹽稅，提舉立限填票，纔可持票前往鹽場買鹽，買鹽回來，又須向提舉司銷盤，纔能把鹽賣予納堂商人。而納堂商人持鹽引，先向提舉司納餉若干，提舉纔在鹽引註明年月日期，用印鈐蓋，截去一角；然後鹽商再前往巡檢司或指定地區查驗水程，驗畢，鹽引再截去第二角，封給商人，持往批驗所秤掣；秤掣完畢，再由批驗所官員截去鹽引的第三角，仍將鹽引發給商人，作爲前往販賣地之執照。商人販賣完畢，將鹽引截去第四角，再依日期，將引目號票，回州銷毀，最後送往提舉司或鹽法道繳納。〔註137〕

　　鹽場位於偏遠地區，如潮州府，則免其至提舉司報納，每年由鹽法道拆出印有票號鹽引一萬道，給府佐轉廣濟橋收貯，用完再發。其水客、商人，納堂買鹽，程序如上文所述〔註138〕。高州府所屬化州、茂名、電白、信宜、吳川等五縣，每年於海北提舉領取引目各一百道，再向鹽法道領取由廣東鹽課提舉司刊印商人水客票號各一百道，存放化州。若有水客前往茂暉、博茂、官寨丹兜三場買鹽，先赴化州領號票，照數預納餉銀，該州秤收，立限填票，給往該場買鹽，回州銷盤〔註139〕。商人須先向州官納鹽餉銀，給照前往指定地投秤盤驗，纔可出境販賣，販畢，依限將引目，回州銷繳。州官將引票送往鹽法道查驗。〔註140〕

　　商人納堂買鹽後，就可將食鹽運往指定區域販賣。朝廷爲保障國家鹽課固定之收入，硬性規劃行鹽區，鹽商不得越區行銷。廣東行鹽限於廣州、肇慶、惠州、韶州、南雄、潮州等六府〔註141〕。海北鹽則行銷於廣東之高、雷、

〔註136〕同前註引書，同卷，頁 48～49，一賣鹽。及《粵閩巡視紀略》卷三，頁 52
　　　　～53。當時在鹽場煎鹽爲灶丁，赴鹽場向灶丁買鹽者爲水客，從水客受鹽而
　　　　行之贛、吉南岸諸府者爲商人。
〔註137〕《蒼梧總督軍門志》（明萬曆九年廣東布政司刊本）卷十三〈兵防十〉，水客
　　　　鹽價，頁 13。及《粵大記》卷三十一〈政事類・鹽法〉，頁 10～14，及見 Ray
　　　　Huang, op. cit, p. 194~195。及徐泓，《明代鹽法》。這種鹽引截角係爲買賣憑
　　　　據，全國皆同。
〔註138〕同註137。及《廣東通志》（明嘉靖本）卷三十三〈政事志六・軍餉〉，頁 14。
〔註139〕同註137。及《廣東通志》（明嘉靖本）卷三十三〈政事志六・軍餉〉，頁 14
　　　　～15。
〔註140〕同註137。
〔註141〕《明史》卷八十〈食貨志四・鹽法〉，頁 1935。

廉、瓊等四府；廣西之桂林、柳州、梧州、潯州、慶遠、南寧、平樂、太平、思明、鎮安等十府，及龍、田、泗城、奉儀、利等五州〔註142〕。鹽銷市場雖已劃分，然由當時地方官允許商人若於清遠縣納堂，鹽可賣至樂昌、曲江、乳源、仁化、如興等縣；在高州府納堂者，可賣至高要、高明、德慶、封川、開建、龍水等處；在肇慶府納堂商人，可賣至四會、懷集等地；該縣納堂買鹽，可賣至廣城、南海、番禺、德化、順德、增城、東莞等縣；在廣州納堂商人，可賣至歸善、博羅、河源、德州、和平等處；惠州府納堂者，可銷至南雄河下，且可賣往江西南安、贛州；在南雄府納堂商人，可銷往梧州河下，廣西各府及湖廣衡、永、南潯、柳慶等處。〔註143〕

由上所述，商人投稅納堂而賣鹽地區，已超越朝廷指定之行鹽區。因此下文將廣鹽行銷路線，劃分成東北、西北、西南等三區，以便論其行銷路線之演變；行銷地區之紛爭；及行銷成果之評價。

三、東北鹽銷區

東北鹽銷區，以潮州府之招收、小江，和惠州府之淡水、石橋等四鹽場為主。此四場，鹽產工本少，行銷利潤厚〔註144〕。其行鹽路線有二：一則由廣濟橋，轉入三河，可賣至閩之汀州〔註145〕。汀州因河水南流入於潮陽，交通運輸上，以食潮鹽為便。而汀商往往越嶺至贛州、袁、臨等府；瑞金、會昌、石城等七縣，販賣潮鹽，導至此區人民皆食潮鹽〔註146〕。另一路是由廣商以海運鹽，溯水路至南雄，渡大庾嶺，到南安、贛州發賣，最遠可銷至吉安。〔註147〕

東北鹽銷區，主要以江西之袁、臨、吉、南、贛五府為主。蓋因南安、贛州界連南雄，去淮甚遠，中間又隔十八險灘，淮鹽逆江而上，江河險惡，累月不能至，鹽價高漲。廣鹽由南雄踰嶺而下，一日可達，營運容易，價錢

〔註142〕同註141。
〔註143〕同註137。及《粵大記》卷三十一〈政事類・鹽課〉，頁10～11。
〔註144〕參《認真草》卷七〈粵東鹽法〉，頁12～13，一曰絕西運。
〔註145〕陶珽，《續說郛》（清順治丙戌刻本，台北：新興書局，民國61年3月版）卷二十四〈閩部疏〉，頁15所記當時汀州之水獨入潮陽，故以食潮鹽為生。
〔註146〕《天下郡國利病書》卷一○○〈廣東四〉，頁13。及《廣東通志》（明萬曆三十年刊本）卷四十一〈郡縣志二十八・潮州府・賦役〉，頁15，行鹽地方。
〔註147〕同註144。及《廣東通志》（明萬曆三十年刊本）卷四十一〈郡縣志二十八・潮州府・賦役〉，頁13，行鹽地方。

便宜〔註148〕。加上廣鹽味道極鹹，鹽度重於兩淮一倍，南、贛人民醃醬，皆以廣鹽爲主〔註149〕。而淮鹽粗如沙土，咽噎難食〔註150〕。吉安一府，與南、贛、南雄接壤，山間小路，隨處可通，淮鹽路遠價高，廣鹽路近價廉。袁、臨二府，又界連南贛，廣鹽順流而下，計日可到，鹽價也較淮鹽便宜〔註151〕。因此五府百姓，皆喜食廣鹽，然而朝廷卻將此五府畫入兩淮行鹽區，遂導致行銷地區之紛爭。

早在太祖洪武三十年（1397），監察御史嚴震直已建議，召商入粟廣西，支鹽廣東，以便行銷南安、吉安、贛州、臨江等四府，因受阻淮商，旋即停止〔註152〕。英宗天順五年（1461），都御史葉盛，見廣東行鹽區，北止南雄，西抵肇慶，此一範圍內，俱係鹽賤之區，難以發賣〔註153〕；又見江西之南安、贛州二府，因溪灘險惡，淮商少至，又喜食廣鹽，廣商夤夜載去，至二地發賣，大發鹽利。若禁之，則鹽滯，利歸私梟；弛之，則利歸鹽商，有礙鹽法。權衡輕重，遂議行廣鹽商人支粟折銀於南雄府者，可前往二府賣鹽，公私皆利〔註154〕。憲宗成化年間，都御史韓雍，因征廣西大藤峽蠻亂，更加抽徵往南、贛、衡、永等處商人鹽稅，以助軍需〔註155〕。可見江西之南安、贛州二府，已成爲廣鹽之銷售市場。

武宗正德六年（1511），江西南部發生寇亂，都御史陳金奏准於贛州設官場抽分，許廣鹽至袁州、臨江、吉安等三府發賣，以助軍需〔註156〕。然此是

〔註148〕參不著撰人書，《廣東鹽法考》（國立中央圖書館公藏善本書）不分卷頁。及《廣東通志》（明萬曆三十年刊本）卷七，〈省鹽〉，頁71～73，屯鹽僉事陳性學〈吉安鹽議〉。

〔註149〕同註27。

〔註150〕《虔臺續志》卷五，頁1。

〔註151〕《梁端肅公奏議》卷八，頁47～57，〈廣鹽行安、贛、吉，淮鹽行表臨疏〉。又見《皇明經世文編》第二十二冊，卷二九五〈龐中丞摘稿〉卷之一，疏通引鹽，頁30～34。

〔註152〕《明太祖實錄》卷二五〇，頁2，洪武三十年二月己丑條。

〔註153〕葉盛，《兩廣奏草》（明崇禎刊本，國立中央圖書館公藏善本書）卷九，頁7～10，題爲〈措置軍餉事〉。

〔註154〕同註153。

〔註155〕《虔臺志》（明天啓三序刊本），卷四，頁80。

〔註156〕王圻，《續文獻通考》（明萬曆刊本，日本京都，中文出版社，西元1981年4月出版）卷二十四，征榷課，鹽法中，鹽課事例，頁14～15。及王守仁，《王文成公全書》（明隆慶刊本，《四部叢刊初編》集部，台北：台灣商務印書館影印，民國64年6月台三版）卷九，頁302～303，〈疏通鹽法疏〉。

一時權衡之計，流賊戡定後，朝廷雖仍在贛州龜角尾，設官場抽分，查收商稅，以充軍餉；然而卻取消袁、臨、吉三府之市場，衹准廣鹽在南、贛二府發賣〔註157〕。十一年（1516），王守仁爲江西巡撫，以寇亂雖緝，殘黨未定，圖保靖地方之策，再許廣鹽行於袁、吉、臨三府〔註158〕。十三年（1518），戶部因恐廣鹽奪淮利，不許廣鹽再行於三府。三府百姓，因淮鹽比廣鹽價格貴三倍，抱怨連天，私梟乘機活動，連艘挾帶，官府非但不能禁止，且私自徵稅，以助薪俸。〔註159〕

世宗嘉靖五年（1526），巡撫潘希曾仍以南、贛二府，盜賊屢爲發生，十餘年來之軍需，皆靠抽收廣鹽爲主。今停行廣鹽，則非但軍餉無出，且彼處居民已食廣鹽十餘年，各處商人皆以賣廣鹽爲利，今一旦禁之，則商人無利可圖，民無便宜之鹽可食，必群起告擾。且江西各府，屢遭天旱，衛所軍糧，屢不得支，若能行廣鹽，抽其鹽利，則如上問題，皆可以迎刃而解。朝廷乃再許袁、臨、吉三府行廣鹽〔註160〕。當時規定，廣鹽入南贛者，於南雄抽分，利歸廣東；由南贛入吉、臨之廣鹽，在贛州抽分，利歸贛州〔註161〕。十五年（1536），御史徐九皋奏禁廣鹽行江西五府，以通淮鹽。南贛巡撫王浚仍以軍需爲理由，請暫禁袁、臨二府，毋得行廣鹽，其他三府，仍許通廣鹽〔註162〕。三十四年（1555），嘉靖帝下詔南、贛、吉三府，每年行廣鹽以二十萬引爲限，收入鹽稅，二分存留，八分解部；袁、臨二府，復行淮鹽〔註163〕。而袁、臨二府百姓，仍私食廣鹽，巡撫馬森在峽江縣設橋關緝捕鹽梟，私鹽

〔註157〕同註156。及《明武宗實錄》卷一一六，頁1，正德九年九月。

〔註158〕《王文成公全書》卷三十二，頁932～933，正德十三年十月一日再疏通鹽法。及陳建撰，沈國元訂補，《皇明從信錄》（明啓禎間刊本墨批，國立中央圖書館公藏善本書）卷二十七，頁20～21。

〔註159〕同註158。

〔註160〕潘希曾，《竹澗集奏議》（《四庫全書珍本》四集，文淵閣本，台北：台灣商務印書館影印，民國62年）卷二，頁2～7，〈遵敕諭陳利弊以消天變疏〉。又見《重修虔臺志》卷五，頁11所記因見廣鹽行之以江西五府，並未壞兩淮之鹽法。禁之，反而利歸私梟，乃重新議復榷鹽。

〔註161〕徐學聚，《國朝典彙》（台北：台灣學生書局影印，民國54年1月初版）卷九十〈戶部十‧鹽法〉，頁24。

〔註162〕《明世宗實錄》卷一九四，頁13～14，嘉靖十五年十二月壬午條。

〔註163〕《國朝典彙》卷九十六〈鹽法〉，頁10。及沈朝陽著，《皇明嘉隆兩朝聞見紀》（明萬曆原刊本影印，台北：台灣學生書局，民國58年12月初版）卷九，頁38。

稍止〔註164〕。三十八年（1559），江西山寇蠢動，軍餉無出，巡撫奏請廣鹽再行於袁、臨二府，以便抽分，以供軍餉。戶部祇許袁州一府，暫行廣鹽〔註165〕。四十三年（1564），兩淮巡鹽御史朱炳如，又奏請袁、吉二府再行淮鹽〔註166〕。兩廣侍郎吳桂芳、南贛都御史吳百朋等，以民情不便，鹽課頓減，無以充軍餉拒之〔註167〕。後來經戶部定奪，袁州仍食淮鹽，吉安食廣鹽。〔註168〕

降及神宗萬曆十四年（1586），兩淮因鹽引積滯，請收回吉安一府，戶部給事中常敬以江西短缺軍餉、廣東鹽商生意窮困爲詞，加以拒絕〔註169〕。而兩淮鹽區，自失江西五府之鹽銷市場後，鹽額頓減；加遼餉徵引，不下一百三、四十萬引，比舊額鹽課多出一倍，導致鹽商囤積，中鹽日少，灶丁煎鹽難售，堆積如山，無課納餉，競自逃亡。直隸御史唐朝卿見此情況，奏請歸還江西三府，以行淮鹽，以解淮困〔註170〕。廣東巡按御史顧龍禎認爲，廣東因稅監搜括，兵餉短缺，三府不該割還兩淮〔註171〕。各執一詞，爭執不已。戶部乃令兩廣總督、南贛、廣東巡撫、兩淮巡鹽御史共同會商，參照民情，定一長久之策〔註172〕。三十七年（1609），遼東軍興，兵部又議收回江西五府，全行淮鹽，以佐軍資。江西巡撫彭端以「地勢、人情便，此邦人士，久不知淮鹽，淮商至，必無所得售。」再度拒絕〔註173〕。其後五府仍行廣鹽，淮商不服，轉而爭奪吉安一府。熹宗天啓五年（1625），淮商願將南、贛二府委於廣東，祇求收回吉安一地。其以每年繳納吉安舊課十五萬兩，再加助遼餉十五萬兩，合計三十萬兩；且先貯四萬二千五百兩，作爲助大工費用基金等優厚條件，爭回吉安市場〔註174〕。吉安見奪於淮商後，南贛軍餉缺乏，加

〔註164〕《明世宗實錄》卷四六〇，頁4，嘉靖三十七年六月癸未條。
〔註165〕《重修虔臺志》（明天啓三年序刊本）卷七，頁11。
〔註166〕《明世宗實錄》卷五三五，頁1，嘉靖四十三年六月壬申條。
〔註167〕同前註引書，卷五四三，頁3，嘉靖四十四年二月丁丑條。
〔註168〕《重修虔臺志》（明天啓三年序刊本）卷九，頁22。
〔註169〕《明神宗實錄》卷一七三，頁10，萬曆十四年四月辛巳條。及《重修虔臺志》（明天啓三年序刊本）卷九，頁20～24，萬曆十三年冬十二月會議吉安府仍行廣鹽。
〔註170〕《明神宗實錄》卷三四四，頁5～6，萬曆二十八年二月戊寅條。
〔註171〕同前註引書，卷三四八，頁5下，萬曆二十八年六月壬申條。
〔註172〕同前註引書，卷三四九，頁9，萬曆二十八年七月辛亥條。
〔註173〕同前註引書，卷四五九，頁1，萬曆三十七年六月生壬條。
〔註174〕《明熹宗實錄》卷六十四，頁18～19，天啓五年十月己亥條。

上吉安市場雖去，舊徵鹽課未除，官方窮於應付。廣商因鹽引堆積，日漸困窘。而淮商開出優厚條件後，因轉輸困難，入吉安行鹽商人甚少，乃致淮鹽貴至一分五釐，吉民尤感不便〔註175〕。其後粵東鹽商也以「輸餉助工」為條件，再度爭回吉安行鹽地。〔註176〕

廣鹽因地理形勢優越，交通運輸便利，鹽度濃，價格便宜，使其東北鹽銷路線暢通無阻。尤其是東路之鹽，由潮州出發，經汀州入南贛，路線便捷，稅關少，鹽價低廉，其鹽商往往打擊北路行銷商人。蓋北路運銷路線，關卡重重，由廣州抵南雄，達三府，須經提舉司徵價餉，清遠鹽場又徵，太平橋又徵，關多稅苛，鹽價更高，不能與東路行商競爭。雖然朝廷屢禁潮商，不准越境行商，然禁不勝禁〔註177〕。倘若粵東有司，能開放東路行銷路線，則鹽利收入必更高，惜當事者屢禁，其利反入私梟之手。〔註178〕

四、西北鹽銷區

西北鹽銷路線有二：一則由韶州府至樂昌平石村，直抵湖廣郴州府之宜章縣；一則由連州運至星子白牛橋，直抵衡陽之藍山、臨武為止，可再轉向西邊販賣〔註179〕。此二路，本屬內銷，只在廣東境內發賣。然而因白牛橋以北，平石村以西，皆湖廣郴、衡之地，廣東水路，大部發源於此，過此即五嶺，舟楫不通，故郴、衡等府縣百姓，皆親至水道買鹽，挑負而歸，供日常食用〔註180〕。而郴、衡二地，本屬兩淮鹽區，其改食廣鹽歷程，如下所述。

成祖永樂八年（1410），湖廣郴州府桂陽縣知縣梁善，因見郴州屬縣邊臨廣東，距離兩淮六千七百餘里，往返艱難，卻食淮鹽，極為不便，奏請食廣鹽，皇太子（仁宗）許之〔註181〕。至孝宗弘治七年（1494），因修造湖廣三處王府，遂許廣鹽暫越衡州、永州二府發賣，每引徵銀二分，以助修造王府之費用〔註182〕。由於廣鹽稅輕價賤，淮鹽稅重價昂，湖廣百姓普愛廣鹽，一時

〔註175〕《崇禎長編》卷四，頁8～9，天啟七年十二月庚子條。
〔註176〕同前註引書，卷十，頁20，崇禎元年六月丁未條。
〔註177〕《廣東鹽法考》，不分卷頁。
〔註178〕詳見第七節〈私鹽之盛行〉。
〔註179〕《認真草》卷七〈粵東鹽法議〉，頁12～18，一曰絕西運。
〔註180〕《粵大記》卷三十一〈政事類‧鹽法〉，頁15～19，劉堯誨，議疏通韶、連鹽法疏。
〔註181〕《明太宗實錄》卷一三〇，頁1～2，永樂八年夏四月戊戌條。
〔註182〕《明孝宗實錄》卷九十三，頁8，弘治山年十月甲申條。

寶慶府之辰、沅及長沙一帶，俱私食廣鹽，難以禁止。十四年（1501），遂許衡州百姓食廣鹽。〔註183〕

世宗嘉靖年間，廣鹽入湖廣者有三路：一則由東安入；一則由宜章而入；一則由連州入，淮鹽備受排擠〔註184〕。四十三年（1564），兩淮巡鹽御史朱炳如以衡、永二府，界連廣東，淮商由湘潭而上，水急灘險，運輸不便；廣鹽得地勢之便，乘機販賣，勢不可阻，請免淮商之鹽稅，待其盡行銷售，改行廣鹽〔註185〕。當時因淮商遠涉洞庭湖，歷經風濤，遷延數月，不樂行鹽於此，衡、永二府，因食鹽短缺，鹽價高漲。廣鹽卻因水陸方便，私販競行，非但影響淮商收入，廣課收入亦減，衹有秉入私梟，不佐公家之賦〔註186〕。四十四年（1565），世宗下詔，許廣鹽行於衡、永二府〔註187〕。其後由韶州樂昌，和連州星子二地發賣之鹽引，每年最高額達到一萬五千餘引，鹽餉最高可收至一萬餘兩，少亦不下九千餘兩，軍餉民食，俱得其便。〔註188〕

穆宗隆慶五年（1571），廣西古田蠻亂初平，巡撫都御史殷正茂議將韶、連行鹽津路，悉行禁絕，改由梧州以入湖廣。因此本區行鹽市場，遂見奪於西南鹽銷區。〔註189〕

五、西南鹽銷區

廣西不產鹽，其鹽由粵省營運而來，運鹽路線則沿西江流域，至梧州，運入桂陽，至全州，最遠可銷及衡、永二府。此一行銷路線以廣西全省為主要市場，以湖廣為輔。〔註190〕

太祖洪武二十八年（1395），致仕兵部尚書唐鐸，因見湖廣之長沙、寶慶、衡州、永州等四府，及郴、道二州，缺少食鹽，而廣東積鹽實多，遂建議戶部，令廣東布政司將鹽運至梧州，再由廣西官方轉運至桂林，召商中納，可賣至湖廣〔註191〕。當時計畫，每年運往廣西之鹽共八十五萬八千五百引，一

〔註183〕《皇明世法錄》卷二十九〈鹽法〉，頁 36～37，湖廣行鹽。
〔註184〕同註183。
〔註185〕《明世宗實錄》卷五三五，頁 1，嘉靖四十三年六月壬申條。
〔註186〕《蒼梧總督軍門志》（明萬曆九年廣東布政司刊本）卷二十五〈奏議三〉，頁 1～2，吳桂芳，議復衡、永行鹽地方疏。
〔註187〕同註167。
〔註188〕同註180。
〔註189〕《粵東鹽法考》，不分卷頁。
〔註190〕同註189。
〔註191〕《明太祖實錄》卷二四一，頁 2，洪武二十八年九月壬寅條。當時商人，每

半放在廣西布政司；一半貯存梧州府。然而由洪武二十九年至三十年（1396〜1397）之間，運至廣西之鹽纔九萬四千二百六十引，與原目標差距九倍。監察御史嚴震建議以大船將廣東各鹽場之鹽運至廣東布政司，再由小船轉運至梧州府，然後再轉運至廣西布政司，存留在梧州府二十五萬引，廣西布政司收貯三十萬引，剩餘三十萬八千五百引，暫屯廣東布政司倉庫，召募商入中糧廣西，可前往江西四府發賣〔註 192〕。可見廣西運鹽速度之慢，導致鹽引寄存他處。這種情況至穆宗隆慶五年，都御史殷正茂平古田蠻亂後，議增兵餉，作地方善後之計，奏請：「官出資本，買鹽廣東，運到桂林，發賣衡、永、寶三府」之官運官賣法，運輸數量，較有進展。〔註 193〕

殷御史之官運官賣法，是依漕運事例，於衛所考選清廉武官一員當監運，命各府佐貳官一員，帶領錢糧至廣東收買鹽斤，交給把總押運至廣西。每一運船，旗甲一名，船夫二十名，皆選自富裕、行為良好之衛所士兵。這批把總、押運、府佐，若能奉公守法，一年無過，重行獎勵，三年則循資破格陞遷。旗甲、運軍，則可自出資挾帶五十包，飽入私囊，上下皆有利可圖，侵盜較少〔註 194〕。而運船則由官兵自己打造，三年新造一次，船體堅實，營運安全。運鹽以四月為期，年可三運〔註 195〕。每年二月初、五月半、九月初，此三季是運鹽最繁忙時期〔註 196〕。每船裝鹽三百五十包，官買三包，運軍挾帶五十包。合計一年買正鹽七萬一千四百六十三包，花費官本二萬七千餘兩，獲利二萬二千餘兩〔註 197〕，營運所得頗鉅。至萬曆三年（1575），又奏請在梧州府設提舉一員、常輪一員，前往廣西買鹽，管理公私諸費，督船往來；且令廣西管糧通判，兼理鹽法〔註 198〕。其後因運卒不習水道，運船常遭覆沒，上司要求理賠，衛官無資理賠，又誅求運卒，導致官敗兵逃，營運日下〔註 199〕。且官運之鹽，堆積鹽埠，轉售民商前往衡、永兜

一引納米三石。

〔註 192〕《明太祖實錄》卷二五〇，頁 2，洪武三十年二日己丑條。
〔註 193〕同註 189。
〔註 194〕《蒼梧總督軍門志》（明萬曆九年廣東布政司刊本）卷二十六，頁 1〜20，〈奏議四〉，殷正茂，〈運鹽前議疏〉。
〔註 195〕同註 194。
〔註 196〕同註 194。
〔註 197〕同註 89。
〔註 198〕同註 44。
〔註 199〕《蒼梧總督軍門志》（明萬曆九年廣東布政司刊本）卷二十七〈奏議五〉，頁

賣，路途遙遠，利潤至微，商人皆不願支米〔註200〕。遂改官運爲民運：「改上船爲中船，改官旗爲水甲，而以府官督之。」全年止一運。每遇旱潦，江河水淺，即減一運之半，鹽滯日甚，府藏稍空。〔註201〕

　　衡、永二府百姓，自割食西鹽後，每年短缺食鹽三百五十萬斤，是以秋冬之間，鹽商無鹽銷售，鹽舖罷市〔註202〕。而西鹽由廣東運至梧州府，再由全州運往永州府東安縣石期驛秤驗，然後分售衡、郴各處，水路合計三千餘里，販難鹽少，鹽價每斤至銀三分到四分之間，百姓稱困不已。宜章等縣民丘東明、蕭端等赴道陳情恢復隆慶五年以前率食韶、連之鹽制。〔註203〕

　　兩廣總督劉堯誨有鑑於百姓食鹽之苦，遂放寬禁例，增加韶、連引數，官、民運兼施，以解官鹽壅塞、軍餉缺乏之急〔註204〕。於是每年折八千引予連州，韶州則七千引，且許西省官、民並運〔註205〕。韶、連鹽多價賤，甚受衡、永二府商民之歡迎，西鹽無處行銷，再度引起爭執〔註206〕。撫臣郭應聘、按臣胡宥二人以衡、永食西鹽之事上聞，下大司農裁決，朝廷以廣西「兵餉具乏，地方具困」，不可以「一時人之私便，忘地方之遠圖」，乃取消韶、連之增引，廣西官鹽又通行衡、永二府〔註207〕。經此禁絕，韶、連之鹽利，盡歸於粵西。衡、永二府人民食西鹽，以鹽少價昂，叫苦連天，遂議再食東鹽，爭執不已〔註208〕。熹宗天啓四年（1624），楚中撫、按，議將衡、郴一府二州十三縣之戶口多寡，差派鹽引，增引一萬八千五百引，委任願註明籍貫及認領引數；且願補足戶部解餉及廣西鹽課之鹽商，即可以前往廣東鹽法道支鹽發賣。當時只需補廣西兵餉九千三百兩，解納戶部銀九千三百零五兩〔註209〕。其法廣爲推行，則粵西諸司可坐享其成。然至天啓六年（1626）巡按廣西御史王政新以「西餉、部餉不輸」之理由，乞復舊制，戶部遂令衡州

　　　　45～56，劉堯誨，〈覆議疏通韶、連鹽法疏〉。
〔註200〕同註199。
〔註201〕楊芳撰，《廣西通志》（明萬曆二十七年刊刻，台北：台灣學生書局，民國54年5月初版）卷二十〈財賦志‧鹽法〉，頁7～12。
〔註202〕同註199。
〔註203〕同註199。及《認眞草》卷七〈粵東鹽法議〉，頁12～18，一曰絕西運。
〔註204〕《明神宗實錄》卷九十五，頁7，萬曆八年二月戊辰條。
〔註205〕同註199。
〔註206〕《明神宗實錄》卷一三九，頁3，萬曆十一年七月乙酉條。
〔註207〕同註201。
〔註208〕同註189。
〔註209〕同註189。

悉食西鹽，且湖南鹽法全聽廣西按臣指令行事〔註210〕。至此衡州一府，永食西鹽不得再議。

西南行銷區，鹽產廣東，轉賣權在廣西，而其行銷路線又與西北行銷區相衝突，以致同樣是廣鹽，在市場上價格卻有高低之分。當時若能由廣東直接運銷湖廣，不但運輸路線簡易便捷，且衡府、郴州十三縣之人民可食廉價食鹽，廣東更可增加鹽課收入。然而這些良好條件，全部被抹殺於「粵西兵餉不足」這一句話上。廣西一地，本即貧窮，每有亂事，軍餉全靠廣東供給〔註211〕，乃不爭之事實。本已寄人籬下，奈何再與主人爭利？當時應如南贛設廠抽分，公開銷售，不應獨攬銷售權，壟斷行鹽區。且以官運為主，導致上則「豪商奸吏，窟穴其間」，下則「鹽梟盛行」，鹽利非但不佐公家之賦稅，反入私家之室〔註212〕。所以當時若能將西省之牛馬船隻、差官解運，全部停止，採用支銀買鹽商銷制度，在衡、永自由銷售，則每月鹽利鹽餉，必超過數萬，折扣鹽利以濟西南兵餉，粵西不費不勞，坐享其成；廣東省「引增餉益，大俾邊儲」；衡、郴之民亦可食便宜之鹽。〔註213〕

第六節　鹽課之價值應用

一、行銷所得之應用

戶口食鹽鈔，在廣東普遍推行，其營運所得，部分解司充當軍費，剩餘留作地方經費之用。以肇慶府而言，每年收鈔銀二千七百餘兩，其用途有三：一則解布政司交餉；二則解府支給官吏俸鈔；三則留德慶州，給官吏俸鈔〔註214〕。惠州府之鹽鈔，收存在府縣邑庫，一部分用於府縣衛所官吏更役俸鈔用；一部分解司充餉〔註215〕。瓊州府，每年督收鹽鈔，除供用各州縣官吏俸鈔外，剩餘者，俱解府庫，以備支用〔註216〕。順德縣年收有七百五十兩

〔註210〕同註189。
〔註211〕《明熹宗實錄》卷七十，頁12，天啓六年四月庚子條。及見《蒼梧總督軍門志》（明萬曆九年廣東布政司刊本）卷二十五，〈奏議三〉，頁26所記載廣西十萬軍人之官餉，全賴廣東供給。
〔註212〕同註179。
〔註213〕同註179。
〔註214〕《肇慶府志》（明崇禎十三年刊本）卷十二〈賦役志一〉，頁90～93，〈鹽鈔〉。
〔註215〕同註130。
〔註216〕同註131。

鹽鈔，以七百一十一兩解司，作爲官軍餉費外，剩餘者，作爲地方官吏俸祿用。〔註217〕

　　開中行銷所得之價值應用，皆以軍事費用爲基準點。如廣東鹽課提舉司一年所得，一半解部；一半留於布政使司充作軍餉。海北白沙等九鹽場，年督收鹽課共二千九百五十餘兩，世宗嘉靖二十五年（1546）以前，俱解布政司，一半轉部；一半留備軍餉。其後全部留在廉州府，作爲該府縣衛所及提舉司、官吏、旗軍之一月、七月、九月、十一月之俸祿用。瓊州府六鹽場，年終所得鹽利，收貯廣盈庫，作爲南海衛所和瓊州所屬官吏薪餉，及大征黎人之費用〔註218〕。而解部之鹽課，有時也可挪移作爲地方調官兵糧食費用。如穆宗隆慶二年（1568），粵東用兵，御史王同道奏留解戶部鹽課七萬三千四十九兩，留作官軍糧食之用。演至明末，曾造成十幾年，因軍事之需鹽課未解部之情形。足見鹽利用之於軍餉之龐鉅。〔註219〕

　　潮州府之榷鹽廠，其所課徵鹽利，專備軍餉，及府雇募海夫、烏船子弟兵之工食，及犒賞官兵之費用，若有所餘，悉解布政司，其歲解軍餉額，英宗天順以前，不過三百餘兩，歷成化、弘治、正德年間，增至四千兩；至世宗嘉靖十五年（1536），增至八千兩；到二十五年（1546），高達一萬六千餘兩〔註220〕。可見鹽利在潮州府支用軍餉方面，也發揮至極點。此外廣濟橋之鹽利，又可代南澳山缺轄之糧稅〔註221〕；而且每年又可抽二千四十三兩，代納潮民之食鹽鈔銀，使潮民免於鹽鈔之累。〔註222〕

　　廣西在未通廣鹽時，「公無厚積，民鮮羨藏」；「夷寇猖獗，戰守無資，坐視其亂，莫之戢。」通行廣鹽，取息充餉，行之十年，獲利十萬餘兩，不增

〔註217〕《順德縣志》（明萬曆乙酉刊本）卷三〈鹽糧〉，頁8～19。
〔註218〕《粵大記》卷三十一〈政事類・鹽課〉，頁9～10。
〔註219〕《認眞草》卷七〈粵東鹽法議〉，頁6～7，一曰重京解。
〔註220〕《潮州府志》（明嘉靖二十六年刊本）卷二〈建置志・榷鹽廠〉。及《廣東通志》（明萬曆三十年刊本）卷四十一〈郡縣志二十八・潮州府・賦役〉，頁13，榷鹽。
〔註221〕同前註引書，卷一〈地理志〉，頁32，南澳山。及見《肇域志》卷二，頁51。
〔註222〕同前註上引書，卷三〈田賦志〉，頁2所記潮府之鹽鈔，洪武年間停徵；成化年間都御史韓雍爲達官買馬，再徵鹽鈔，後又賴御史鄭安奏革：後胥吏爲奸，再徵鹽鈔，又賴長史林銘疏請免徵。又見《廣東通志》（明萬曆三十年刊本）卷四十一〈郡縣志二十八・潮州府〉，頁14，戶口區鹽鈔所記載，神宗萬曆年間又再徵舊額，全府民請求額免，久而不決。後賴僉事陳性學以廣濟橋鹽利代納，永爲定制，潮民德之。

民賦，軍餉充足。古田之征，十寨之大勳，軍饟賴之。善後增兵之費用，悉皆取給於鹽利。可見鹽銷所得，在廣西也發揮極大效用。〔註 223〕

　　江西南贛之折梅亭榷鹽廠，抽收廣鹽銷往袁、臨、吉之鹽稅。在孝宗時，一部分用於南安踰梅嶺之雇募夫役費用；一部分則充南贛軍餉〔註 224〕。武宗正德六年至九年（1511～1514），共徵得四萬八百四十餘兩，全部用在征大帽山桃源洞之役〔註 225〕。世宗嘉靖五年（1526）至十五年（1536），鹽稅積至二十六萬餘兩，年可解戶部，助大工木材之費用〔註 226〕。至神宗萬曆年間，每年尚可抽取鹽利一萬八千餘兩，二分存留江西養兵；八分起運濟邊〔註 227〕。可見鹽利也爲江西財政收入、軍事支出之重要來源之一。

二、餘鹽所得之應用

　　餘鹽，即鹽戶辦課之外，煎有多餘鹽斤，聽商收買，增入正引，照例掣賣。在商人，則納餘鹽以濟國；在鹽戶，則賣餘鹽以補貼生計，公私兼濟，官、商兩便。當時水客往鹽場買鹽，每一萬斤，許帶餘鹽一百斤，若再多挾帶，則按往常則例，抽納軍餉，其鹽免入官，立限在省河下發賣。納堂商人，若盤出餘鹽，亦照時值折銀，鹽官特別寬量，以「一千七百五十斤爲一引，抽引價銀一錢，袛價銀三釐；軍餉銀九錢。」官方給予引票，內填寫已收餘鹽銀若干數目，照往常指定鹽區行銷。〔註 228〕

　　這種徵自商人挾帶之餘鹽，創始於英宗天順年間，都御史葉盛。盛在兩廣，見軍費所出全資鹽利，鹽利悉出於鹽商；商人之領官鹽有限，收買私鹽數多，私鹽之利，超過官鹽數倍，商人競相挾帶。葉盛遂令鹽商每鹽一引，抽米二斗，許其販賣〔註 229〕。憲宗成化年間，都御史韓雍，因鹽商納米甚多，不勝屯積，乃改成官鹽一引，許帶餘鹽四引；官鹽一引，納銀五分；餘鹽一引，納銀一錢。後都御史秦紘，改成官鹽一引，許帶餘鹽六引，俱照前例抽

〔註 223〕同註 201。

〔註 224〕《重修虔臺志》（明天啓三序刊本）卷四，頁 6。

〔註 225〕同前註引書，同卷，頁 26。

〔註 226〕《虔臺續志》（明嘉靖三十四序刊本）卷四，頁 19～20。及見註 151。

〔註 227〕《重修虔臺志》（明天啓三序刊本）卷十，頁 8～9。

〔註 228〕《粵大記》卷三十一〈政事類・鹽課〉，頁 11。

〔註 229〕張萱撰，《西園聞見錄》（台北：華文書局，民國 57 年 10 月初版）卷三十六，頁 5～9，鹽法後。及蒼梧總督軍門志（明萬曆九年廣東布政司刊本）卷二十三，奏議一，頁 14～21，陳金，〈復舊規以益軍餉疏〉；及卷二十九，〈集議〉，頁 45～50，霍韜，〈鹽利〉。

銀；此外又有多帶餘鹽，令其自首，每引抽銀二錢〔註230〕。當時在廣西梧州及廣東韶州、南雄、肇慶、清遠設有盤鹽廠，商人俱先到場投稅納銀後，纔往指定鹽區販賣。此法歷閔珪、唐珣、鄧廷瓚、劉大夏、潘熊琇等幾任都御史，相沿三、四十年，商賈通融，府庫充實，地方每年用兵勦賊，買糧賞功等項費用，悉賴焉。〔註231〕

　　總之，廣東鹽課所得，大部分用於解部、軍餉、官吏俸祿等方面，此種情形在廣西、江西二地皆同。此外鹽利尙可作爲備賑濟，救災害，及羈縻蠻族等多方面用途。在此不再一一列舉。〔註232〕

第七節　私鹽之盛行

一、鹽區規劃不盡合理

　　政府爲保障鹽課收入，劃分鹽區，不准私自跨越買賣。然而在行鹽區限制下，每使一地鹽價高昂低賤，判若雲泥，導致私梟蠢動，相機漁利。以廣東境內來說，潮州府以廣濟橋劃分爲茱鹽、橋鹽：橋右長樂、興寧、程鄉等縣，及福、汀等處叫橋鹽；橋左之海陽、潮陽、揭陽、饒平、普寧、澄海、惠來等七縣叫茱鹽。橋鹽每引徵餉六兩六錢五分；茱鹽每引徵餉未及二錢，價錢懸殊，私販難禦〔註233〕。海陽縣內爲茱鹽；縣外則爲橋鹽；橋右爲橋鹽，

〔註230〕同註229。
〔註231〕同註229。及《廣東通志》（明萬曆三十年刊本）卷七〈鹽總〉，頁60～61。當時南雄、韶、連鹽船經清遠等廠，年盤割鹽斤約銀一千六百兩；羅定、梧州、封川鹽船經肇慶廠，年收包銀一千兩；太平橋廠年收餘鹽二萬二千。又見《皇明經世文編》第十五冊，黃佐、黃王二公疏，鹽利：「漢土軍兵，多則就用十萬之上，少亦不下六、七萬之數，方敢行事。況賞犒出軍耐卒并各處哨守官兵，及修城船、打造銀牌、買辦紅料硝黃、製造軍兵器械、收買馬匹鞍轡等項，凡軍中合用之物，無不賴於此，舍此再無出辦之路。」
〔註232〕《明孝宗實錄》卷四十七，頁6，弘治四年正月庚子條。又見《廣東通志》（明萬曆三十年刊本）卷四十一〈郡縣志二十八·潮州府·賦役〉，頁15，衙鹽。當時潮府每年向商人徵鹽稅八十兩，以供府、縣儒學，并諸衙門之買食細鹽費用。見《蒼梧總督軍門志》（明萬曆九年廣東布政司刊本）卷二十〈討罪四〉，頁12，以魚鹽作爲控制藤峽諸蠻之利器。及《明世宗實錄》卷一四二，頁2～3，嘉靖十一年九月壬子條，所記載盡革鹽利，以制猺亂。凡此例頗多，不再贅述。
〔註233〕《廣東鹽法考》，不分卷頁；及見 Ray Huang, op.cit, p.191 所言：明代鹽區的劃分，不但是全國一致的，而且又把全國區分成幾個行鹽區，互不交易。這種情形，必然引起鹽價高低、踰界買賣事情之發生。

橋左則茱鹽，尺寸之間，鹽價相距六兩四錢五分。揭陽縣民，在通往程鄉及長樂之河婆湯坑路營運私鹽，每年收入數萬金〔註234〕。郴、衡等二州十三縣，與廣東連州、樂昌，并廣西賀縣等處接鄰，食連、韶之鹽爲便，自改食西鹽後，每逢秋多之間，鹽商罷市，鹽價高漲；宜章、臨藍、江華、永明等縣人民四出，西南至廣西賀縣及廣東四會縣，東至廣東陽山、連山、樂昌等縣，出入猺洞之鄉，爭相貿易，私販之路大開。〔註235〕

　　海北十四鹽場，祇允許廉州四場聽商行鹽；而瓊欽等十場未畫分鹽區，自煎自賣，商引不通，私鹽盛行。瓊海商人則私通黎族取利；高、廉則由西粵、閩海等四路商人，私自買賣。〔註236〕

　　贛、湘接近廣東，卻畫入兩淮鹽區。淮鹽自數千里外，逆江而上，河灘險惡，尤其是贛、湘上游，水勢湍急，灘石險惡，舟行累月不能至〔註237〕。勢難費倍，鹽價每引至一分七厘。至於廣鹽順流而下，計日可至（參照東北行銷路線），營運便易，鹽價僅七厘。因此人民樂食廣鹽。由贛州或南安順贛江而下，尚可浸淫于吉、袁、臨、撫、瑞諸府，直抵九江〔註238〕；或由峽江而下，銷往新喻、新塗、靖江、豐城等地〔註239〕。更厲害之無籍鹽梟，尚可把廣鹽販入南直隸之蘇、松等府。〔註240〕

　　西南鹽銷區，自穆宗隆慶五年（1571）畫食西鹽後，因鹽價高於廣鹽，鹽梟競起，其走私路線有二：一則自廣東三水分路，由清遠至連州，轉旱路，肩挑至寶慶武岡州、藍山、臨武等處發賣；一則由封川江口船運至懷集、賀縣，肩挑至灌陽縣、桂陽州，直抵衡、永等處發賣〔註241〕。可見因鹽區規畫

〔註234〕《認眞草》卷七〈粵東鹽法議〉，頁18～19，一曰均菜餉。
〔註235〕同註180。
〔註236〕《認眞草》卷七〈粵東鹽法議〉，頁12，一曰通海北。
〔註237〕《明世宗實錄》卷六十三，頁1，嘉靖五年二月戊子條；卷五三五，頁1～2，嘉靖四十三年六月壬申條。《明神宗實錄》卷三四四，頁5～6，萬曆二十八年二月戊寅條。及《崇禎長編》卷四，頁8～9，天啓七年十二月庚子條。對此鹽區劃分不合理，淮鹽難至之情形，均有詳細記載。
〔註238〕《明世宗實錄》卷五三五，頁1～2，嘉靖四十三年六月壬申條。及《廣東通志》（明萬曆三十年刊本）卷七〈鹽總〉，頁6～13。淮、廣二地鹽價，在江西五府，最貴時，淮鹽爲廣鹽之三倍，所以廣鹽較爲便宜，當然備受江西五府百姓歡迎。
〔註239〕《皇明經世文編》，二十九冊，卷四七六，袁世振，《兩淮鹽政編》卷三〈私鹽〉，頁9～10。
〔註240〕《竹澗集奏議》卷二，頁2～7，〈遵敕諭陳利弊以消天變疏〉。及見註151。
〔註241〕同註179。

不合理，乃致鹽梟盛行，勢不可阻。

二、官紳之破法壞度

明初法令嚴明，對於內外勢要、官豪家人，標立詭名，占窩轉賣私鹽者，俱發充軍；使勢欺鹽，必刑其人，必沒其鹽，一時士大夫不敢營運私鹽〔註242〕。其後「法度漸弛，人心轉貪」，官大仗勢欺壓提舉，託造鹽引，以圖私利，鹽法大壞，官梟盛行。〔註243〕

當時兩廣之鎮守市舶司，內外官員，明使家下舍人、軍士等，私營鹽引，大發鹽利。如靖江王府長吏以「關支戶口食鹽」為名，令內史、儀賓、校尉、軍士等，不依次序買鹽，挾制水客，殺低鹽價，擡高時價，卒獲暴利。巡撫因同僚之故，難以查禁，提舉官小，且在治下，不敢抗衡〔註244〕。貲郎年收鹽稅，以多報少，蒙惑上司，果稍盤問，必遭反噬〔註245〕。土豪劣紳則於海北等場，以舟楫、肩挑、車載，興販私鹽圖利〔註246〕。凡此梟焰高漲，難與禁絕。

前往江西販鹽之私商，因畏懼南雄府太平橋廠之抽盤，俱由烏逕小路，越信豐縣橫田江九渡水，徑往袁、臨、吉三府發賣；每逢秋冬，水位低落，船行不得，則賄賂把守贛州之橋官放賣，或權貴囑託，公然通行〔註247〕。導致利歸豪右鹽梟，不佐公家之賦。〔註248〕

廣西營運官鹽者，每仗運輸軍門鹽餉，緝私官員不敢檢驗斤量，以致挾帶走私鹽引，悉獲巨利〔註249〕。改以民運後，雖有官督辦，然奸商貪吏、衙門混昆，造船私運，或「私賄運官，影射掣驗」，以至西路鹽商困弊，梧鎮額稅日減。〔註250〕

〔註242〕《廣東通志》（明嘉靖本）卷二十六〈民物志七‧鹽法〉，頁50～53，廣東按察司僉事吳廷舉奏議，三曰差憲臣。
〔註243〕同註242。
〔註244〕同註242及註180。
〔註245〕《認眞草》卷七〈粵東鹽法〉，頁2～3。
〔註246〕周碩勳纂修，《廉州府志》（清乾隆二十年刊本，故宮普舊）卷二上〈藝文記序〉，頁47，海北鹽課提舉張公德政序。
〔註247〕同註240。
〔註248〕《王文成公全書》卷九，頁301～304，〈疏通鹽法疏〉，所記載東北行銷路線，祇要禁行廣鹽，則私販興盛，利歸於豪右；反之，則商集資於軍賦。然因朝廷政策不定，鹽區屢變，乃至鹽私盛行，鹽利入私梟，不佐公家之賦。
〔註249〕同註179。
〔註250〕《明神宗實錄》卷一三九，頁3，萬曆十一年七月乙酉條。

三、緝私組織失效

朝廷爲嚇阻鹽梟之囂張，於各地設有緝私之機構，負責盤查鹽私。如在潮州府廣濟橋設有盤鹽廠，以便查驗鹽船之入朝者；經惠州者，在府河委官盤查；東莞者，在西河埠，委官盤之；散入廣州河下，番禺、南海、順德、增城、從化等縣，皆由巡檢司盤驗〔註251〕。世宗嘉靖十九年（1540），惠州郡守李玘，因見私鹽日盛，乃重新佈署老州府之緝私工作：在博羅、歸善、長樂等三縣，分別設置石灣、寬仁、清溪等三巡檢司，負責盤詰往來惠州府之私鹽；淡水鹽場之鹽梟，皆經平山驛，與巡檢司距離甚遠，乃令弓兵巡緝。其弓兵名額六名，由歸善縣派遣，每月一替。若緝捕到從淡水場或潮州府肩擔私鹽五斗以上，或三五成群者，俱拏送府辦。若由水路走私之鹽商，則委之地方衙門及民壯盤查。至於持有鹽引印信之商人，其鹽船，俱由知府大人親臨盤驗，若逢知府因公務繁忙，則委託巡捕官代之。不許商人，指倉作數，指包代斤，必須與印信文簿所記載斤數相同，否則不准通行〔註252〕。肇慶府高明縣東五十里之羅格、阮角二甲；扶麗、蘇塘等村，靠近大河，嘉靖二十六年（1547），也設打手駕船巡視中圍、石州等處，以防鹽賊〔註253〕。可見除大規模之盤鹽廠外，各地方之府縣治、巡檢司、弓兵、打手等皆具有緝捕鹽私之任務，而這種組織與官員布滿全廣，不再一一贅述。〔註254〕

此外廣東有司爲使緝私工作進行順利，以保障官鹽通行無阻，遂明文規定：府州縣之捕盜巡捕官，每月至少限獲私鹽二件，每季限獲三起；對於緝私有功的官員，除了以一半私鹽獎賞之外，例入功績簿，作爲來日獎拔準則〔註255〕。然而緝私人員，並未因獎賞有方，而盡力緝捕鹽徒，反受鹽徒賄賂，給予鹽票，以便買補不足鹽斤，乃致私票盛行。鹽徒一票在手，聯檣揚帆，萬關莫阻〔註256〕。朝廷官員、巡邏守卒，非但不緝捕鹽私，反侵食私鹽〔註257〕。可見當時緝私人員，並未很認眞執行緝捕工作。且有「自首鹽」之

〔註251〕同註229。
〔註252〕《惠州府志》（明嘉靖二十一年刊本）卷五〈稅課〉，頁13～14。
〔註253〕《肇慶府志》（明崇禎十三年刊本）卷十七〈兵防下〉，頁23。
〔註254〕《蒼梧總督軍門志》（明萬曆九年廣東布政司刊本）卷八〈兵防五〉，頁1～9，巡檢司官兵。
〔註255〕同前註引書，卷二十二，事例，頁20。
〔註256〕《明神宗實錄》卷四十七，頁14～15，萬曆四年二月壬辰條。及見註245。
〔註257〕《明英宗實錄》卷一三八，頁5，正統十一年二月戊午條。及《認眞草》卷七〈粵東鹽法〉，頁21，禁私鹽。

例，私鹽成爲一種半公開的交易，禁與不禁，追緝與不追，官吏難以適從；不肖官吏，更利用此法律漏洞，勾結商人，放賣私鹽，私自徵稅，以圖鹽利。〔註 258〕

　　緝私之組織與法令，始創設之時，嚴密詳備，盤驗官員，堅守崗位，競相圖功；人民畏法，不敢走私私鹽，鹽法暢通無阻。迨時日一久，官吏懈怠，百姓蹈法爲常，私鹽猖行〔註 259〕；加上緝私官員，監守自盜，而鹽梟之神通廣大，囑通權貴，賄賂關津，以致於私鹽暢通無阻。甚至在鹽產區，也可借權貴之援，使「鹽價騰湧，菇淡無聊」，導致濱海鹽產，利歸私商，不佐公賦。〔註 260〕

第八節　小　結

　　鹽爲日常生活必需品，其產地有限，易於控制，因此，壟斷專賣向爲主政者賴以富國強兵之資。有明一代，對於鹽產沿襲前代亦推行專賣制度，由政府嚴密控制鹽產運銷，作爲接濟國家財經主要手段之一。明初實行開中法，以鹽引與商人交換軍需品，補助軍屯之不足。當時國家捨「鹽與屯」之外，經費不能再多方旁求。英宗正統以後，軍屯因官僚勢豪的占奪，漸趨崩潰〔註 261〕。於是開中法遂取代軍屯，成爲供應軍需之主體。世宗嘉靖中期以後，北邊邊患又日趨嚴重，軍費驟增，政府祇有廣徵鹽課，當時鹽課收入幾達朝廷歲收之半〔註 262〕。鹽利收入，竟然在雜稅中占如此重要地位。然而

〔註 258〕《蒼梧總督軍門志》(明萬曆九年布政司刊本)卷十三〈兵防十〉，頁 10～11。又見《明穆宗實錄》，卷十六，頁 7～8，隆慶二年正月庚午條記載：當時各橋關年收通往江西五府之鹽稅，不下萬金。而漏報者更多，大凡官取其一，私得其九，足證鹽私之濫。

〔註 259〕同註 252。

〔註 260〕同註 240。及王槩纂修，《高州府志》(清乾隆二十四年刊本)卷十三〈序記上〉，頁 35，〈論鹽碑文〉。又見《梁端肅公奏議》卷八，頁 53：「袁、臨、吉三府，雖是行淮鹽，地方水逆灘險，鹽船不到。自奏准開通廣鹽以來，彼處軍民惟食廣鹽，商人得利興販日眾。近奉例禁革，民缺鹽商失利，情甚不堪，揆之理勢誠不可以不疏通。況廣鹽先年通行於袁、臨、吉，未聞鹽法有礙；近年止行於南贛，未聞淮鹽有來。若不仍照先年疏通，徒使私販益眾，官捕益勞；利歸漏網之夫，而鹽食愈難；禍起拒捕之輩，而事勢可慮；抑且軍儲無資、緩急無措，非國計之得者也。」

〔註 261〕方楫著，〈明朝的軍屯〉(《明代社會經濟史論集》第二集，香港，崇文書店，民國 64 年 12 月)頁 6～12。

〔註 262〕《皇明經世文編》卷四七四，第二十九冊，袁世振，《兩淮鹽政編》卷之一，

廣東之鹽產額，並未隨著朝廷收入而驟增，反而日漸減少，推其減產之主因
如下所述：

貨棄於地——海北十五鹽場，朝廷祇允許廉州四場聽商行鹽，其他十場，
皆自煎自賣，無客商餉，導致鹽引不行，鹽商不通，鹽賤灶困，國課日絀。
而私梟競行，乃至天地大利，歸於私梟之手，朝廷不收絲毫之用〔註263〕。而
欽州一地，西北接連廣西，西人莫不食鹽於此，鹽舡連桅，鹽商輻輳；境內
山麓多薪，民力農戶之餘暇時皆可煎鹽；閩、廣多商，隨到隨賣，不致滯留。
有此大利，然而朝廷仍不闢場生產，暴殄天物，莫此為甚。〔註264〕

鹽政管理不良——無完善的管理鹽務體系，造成部、府不調：戶部徵鹽
餉銀濟邊，地方府官，一味推拖，逋負纍年，鹽課日虧。至於在鹽政執行
上，又因委官不定，事權不一，導致鹽務難以開展，鹽利盡歸私商，絲毫不
入府庫。當時若能設鹽運司，統籌鹽政，更換舊有官僚組織，遏阻貲郎一
途；海北再設鹽運使司，督辦鹽課；在虎頭門、潮州門一帶，設立通判，專
司盤鹽、以整鹽產、以杜走私之源；則廣鹽產額，必可日增〔註265〕。清代廣
鹽產量較之明代鹽產超過甚多，推其主因：在於管理鹽務上，有專司負責，
生產、運送以至於行銷等程序，井然有序；因其鹽政有法度，以故鹽產量自
然驟增。〔註266〕

鹽銷路線不調——廣鹽行銷路線，有東北、西北、西南三路。在運銷上，
並未能使用最具經濟價值之路線，導致西南、西北二路重複運銷，西北路線
每年虧損三萬多兩；西南行鹽路線，也未蒙其利，鹽課反入私梟之手。當時
在鹽銷路線上，若能捨去本位主義，捨遠求近，以最便捷路線來營運廣鹽，
則非但鹽課年額收入可驟增，而且江西五府與湖廣之衡、永二地百姓，自然
也有便宜之鹽可食。

總之，明代廣東鹽場生產條件之優越，行銷路線之便捷，鹽價之便宜，
廣受鄰省百姓之歡迎。然因囿於行鹽區之限制與鹽政管理之不良，以致於鹽
私盛行；而官方之輕忽因循，乃至鹽額日絀，鹽利漸少。

　　　　頁1～32，〈戶部十議〉。

〔註263〕《認眞草》卷七〈粵東鹽法〉，頁10～11，一曰通海北。

〔註264〕《廉州府志》（清乾隆二十年刊本）卷二十上〈藝文序記〉，鹽。

〔註265〕《認眞草》卷七〈粵東鹽法〉，頁7～9，一曰設運司。

〔註266〕《廣東通志》（清道光壬午刊本）卷一六五、一六六〈經政略八、九〉，頁2995
　　　　～3028，鹽法。

第六章　採珠事業之發展

第一節　珍珠之產地、種類與市價

一、珍珠之產地

　　珍珠是由於砂粒等侵入珠貝體內，而形成的一種寄生物。珠貝因有堅硬的外殼，可以保護珠兒，即使被魚吞噬，也不可能在魚體內消化，所以壽命很長，久之，能孕育成大珠〔註1〕。當珠貝成熟時，珠戶潛水採取，剝貝得珠。然而並非每一珠貝皆能孕珠，往往剝貝遍百，纔得珠一、二，可見珍珠之難求〔註2〕。而珠貝生長環境，常在水下數十丈之處，若潮汐漲落弧度太大，便不能孕珠。因此中國濱海地帶產珠之區域，則無幾。內陸河流因無潮汐漲落的影響，產地相形的就非常的廣泛。據載：《尚書》之〈禹貢篇〉已言及「淮夷濱珠」〔註3〕《爾雅》亦記載「霍山之多珠玉焉」〔註4〕，又如王圻在《續文獻通考》所記元朝產珠地有大都、南京、羅羅、水達達、廉州等五地〔註5〕。

〔註1〕宋應星，《天工開物》（香港：中華書局，1978年5月港一版，明崇禎十年初刻本）第十八卷〈珠玉〉，頁435。

〔註2〕見靳文謨，《新安縣志》（康熙二十七年修，故宮普舊），〈藝文志〉卷之十二，頁52～54。

〔註3〕艾南英，《禹貢圖註》（《百部叢書集成》之二十四，《學海類編》第一函，台北：藝文印書館，民國56年）頁21：「淮夷蠙珠，暨漁。」

〔註4〕郭璞注，《爾雅》（《四部叢刊初編》經部，上海，商務印書館縮印常熟瞿氏藏宋本，台北：台灣商務印書館，民國64年）卷中，頁15：「霍山之多珠玉焉。霍山今在平陽永安縣東北。珠如今雜珠而精好。」

〔註5〕見王圻，《續文獻通考》（明萬曆刊本，京都，中文出版社，1975年10月出版）卷二十七，頁8，產珠之所。

谷應泰《博物要覽》記載中國珠產地有廣東廉州、蜀州西路、河北、淮南高郵、豫章海昏、鬱林州等地〔註6〕。可見中國境內產珠地之廣，由北方大都、淮河，以迄四川一帶，無不產珠，並非如《天工開物》所言，僅產於廣東合浦一地而已。〔註7〕

中國境內珠產之地雖廣，然而在產量和品質上，卻以合浦產量最多而且品質最佳。古來就有「西珠不如東珠」，「東珠又不如南珠」的說法，此南珠乃是指合浦所產之珍珠〔註8〕。由於品質佳，備受一般人的青睞，早在前漢已開始採擷〔註9〕。歷代相沿，視合浦珠為上貢品〔註10〕。至明代，合浦不但仍為明珠之產地，而且已經改由政府直接經營，擴場生產，規模之大，為歷朝以來所僅見。當時廉州府合浦縣擁有青嬰、楊梅、烏泥、白沙、平江、斷望、海豬等七池〔註11〕。從烏泥池至斷望池，線延長達一百八十三里，圍成一域，稱為珠母海〔註12〕。在此海域內，斷望池，因為惡魚所盤據，珠戶下

〔註6〕 谷應泰，《博物要覽》（《百部叢書集成》之三十七函，《函海》十函，據清乾隆李調元輯刊《函海》本影印，台北：藝文印書館，民國57年）卷五〈志眞珠〉，眞一～十一所載中國產地有廣東廉州、蜀中西路女瓜鄉、河北塘濼、淮南高郵及沿江、廣西、廣陽縣、永昌郡博南縣、館陽縣、豫章海昏、鬱林州等地。

〔註7〕 《天工開物》一書所記中國產珠地，唯合浦一縣，其它不產，然而以上所敘，可知其錯誤。蓋珠屬於淡水類，中國的珍珠，大半得自淡水，這是眾所皆知；在中國古書上，散見有曾採珠於長江以及南北各地河川及湖泊之記載，可見淡水眞珠，曾得自相當廣泛地區。

〔註8〕 屈大均，《廣東新語》卷十五，貨語，珠，頁14～15：「合浦珠名曰南珠；其出西洋者，曰西珠；出東洋者，曰東珠；東珠豆青白色，其光潤不如西珠，西珠又不如南珠，南珠自雷、廉至交阯千里間六池。」又見方以智，《物理小識》（《四庫全書珍本》十一集，台北：台灣商務印書館，民國70年3月）卷七，頁17～18：「西珠出於西洋，北珠出肅慎，東珠豆青白者出東海，南珠則今合浦州珠池。」

〔註9〕 見郭棐，《粵大記》卷二十九〈政事類・珠池〉，頁8～9。

〔註10〕 同前註引書卷，頁9～10：「漢順帝永建四年詔：『桂陽太守，……遠獻大珠以求媚，封以還之』……太平興國二年貢珠百斤，七年貢珠五十斤，八年貢一千六百一十斤，皆珠場所採，……紹興二十六年罷廉州買珠，縱蜑丁自便。」

〔註11〕 見《讀史方輿紀要》卷一四〇〈廣東五〉，頁4311，珠母海。又見曹學銓，《大明一統名勝志》（國立中央圖書館公藏善本書，明崇禎三年原刊本）卷九，頁6上～7上：「珠母海在縣（合浦）南八十里，中有七珠池，曰青鶯，曰楊梅，曰白沙，曰平江，曰斷望，曰海渚。」

〔註12〕 《廉州府志》（明崇禎十年刊本）卷六，頁27，珠池所載從烏池至海豬沙一里，海豬至平江五里，平江至獨攬沙州（白沙）八里，白沙至楊梅池五十里，楊梅至青嬰池十五里，青嬰至斷望五十里，全程合計一八三里，圍成一域，而

海取珠，常遭吞噬，故名斷望。烏泥一池，近沙水淺，蚌多空殼，往往剝蚌一、二斗，得珠數粒而已。祇有平江、青嬰、楊梅三池，位於澄潭深淵，人跡罕至之處，珠產量較豐〔註13〕。此外如雷州府遂溪縣亦有對樂一池（或稱樂民池），位於遂溪縣西南一百八十里，樂民千戶所城西海域。此池宋朝置場司，開始生產〔註14〕。但亦因近沙水淺，產量不豐，至世宗嘉靖十年（1531）始為林富所奏革。〔註15〕

　　總之，明代在廣東，共有八珠池，其中真正生產者，僅有平江、青嬰、楊梅三池，其它珠池，皆濫竽充數，虛有其名而已。〔註16〕

二、珍珠之種類

　　珍珠種類繁多，最大者如豌豆，周徑由一寸五分至五分之間，小者如米粒般。依其體積大小，可分成九品，品第最高者為「璫珠」，即南海（合浦）之明璫，其一邊小平，狀如覆釜，此便是古稱明月夜光珠，日照下，可以發出閃亮光芒；其次是走珠；再次是滑珠，形狀不圓，但色澤光亮；又再次是螺蚵珠；官珠；雨珠；稅珠；蔥符珠；最低劣的是璣珠〔註17〕。徐衷「南方草木子」，又將璫珠分一寸三分，光色小平，形式似覆釜，為第一璫，共三品；一寸三分，有光色，但不圓正者，為第三滑珠，凡三品〔註18〕。可見珠之品類劃分極細。

　　在市場上，為了易於區別其價值，將珠依其尺寸式樣分成一樣珍珠；二

　　　　叫珠母海。
〔註13〕《廣東通志》（明萬曆三十年刊本）卷五十三，廉士，頁53，珠池：「斷望池，越在冠頭嶺外，蛟龍水怪之所窟，間有絪腰泅而下探珠者，輒不返，故曰斷望。至平江、青嬰、楊梅三池，稍有珠，率產于澄潭深淵，人跡不至之處，古所謂水圓折，則多珠是也。若近淺水，蚌多空殼，每剖一、二，所得不過如粟小珠數十粒而已。」
〔註14〕喻煩榮，《遂溪縣志》（清道光三十一年刊本，光緒二十一年補本，台北：孫逸仙圖書館藏）卷二，頁45，珠海，「對樂池，在遂溪縣西南一百五十里第八都樂民千戶所城西海內。漢唐無考，自劉鋹置媚川都，宋開寶以還，遂置場司，或採或罷。」
〔註15〕見《粵大記》卷二十九，頁12，嘉靖十年巡撫都御史林富奏革看守珠池內官。
〔註16〕《肇域志・廣東一》，頁81所載珠母海在廉州東七十里，南八十里，大海中。左有斷望、對達二池，右有平江、楊梅、青嬰三池，出蚌多大珠。左二池無珠，右三池有珠，剖可得珠，即古合浦也。
〔註17〕見《天工開物》第十八卷，頁438。
〔註18〕參《天下郡國利病書》卷一六〇〈廣東二〉，頁12。

樣；三樣；四樣；五樣；六樣；七樣；八樣；頭樣；大樣珍珠等十種〔註19〕。王圻《三才圖會》，則依明代人所載之珍珠，將南北珠分為二十八種，其品別如下表：〔註20〕

表三十九：明代南北珠圖表

寶粧	鼠頭	天生子	胡蘆	盒盤	蓮子身	珠丹	古殼	阿協
披肩直見	雪花	腰紅腰勒	粉紅斷紅	解眼	杵頭兒	泥心	骨色	鹿身兒
藏瓶兒	蒸辮座	一稻兒	龍眼	鬼眼睛	三星	粉白皮	雙星	鼓搥鑽
一株兒占鑽					一錢	二錢	三錢	四錢
五錢	六錢	七錢	八錢	九錢	一兩	一分	二分	三分
四分	五分	六分	七分	八分	九分	十分		

　　也有以重量來劃分，由一分至十分，共分十等。萬曆二十七年（1599），李敬由廣東進大珠，一顆重七分，一顆七分三釐，一顆六分二釐，就是依珍珠重量來區別的。〔註21〕

〔註19〕《廣東通志》（明嘉靖本），卷三十五〈民物志第六〉，頁30所載世宗嘉靖二十二年，二十三年，二十四年在廣東和順天府召買珍珠卽以此分法。

〔註20〕 王圻，《三才圖會》（明萬曆三十五年刊本影印，台北：成文出版社，民國59年），〈珍寶〉一卷，頁2。

〔註21〕 見《續文獻通考》（明萬曆間刊本）卷二十七，頁32，又見文秉撰，《定陵註略》（台北：偉文圖書出版社，民國65年9月）卷四，頁259～260。

三、珍珠之市價

珍珠廣受明人喜好，故身價百倍，最貴之璫珠，一顆可值千金〔註 22〕，次者亦值百金〔註 23〕。至於其平均價格，亦即官方之公定價格，每顆約在兩錢二分至二釐二毫之間。世宗嘉靖二十二年（1543）、二十四年（1545），分別由廣東買進一批珍珠，其價格如下表：

表四十：明代廣東珠價表

珠樣	一	二	三	四	五	六	七	八	九	頭	大	特
單位	1	1	1	1	1	1	1	1	1	1	1	1
價格	0.13	0.13	0.07	0.035	0.018	0.035	0.018	0.008	0.002	0.18	0.1	0.08

備註：1. 單位以顆計算，價格以兩爲單位。
　　　2.《廣東通志》（嘉靖本）卷二十五〈民物志六〉，頁 20～21。

萬曆十年（1582）輔相張居正去世後，神宗貪財嗜利之意大熾，珠價高於舊日二十倍〔註 24〕。至於民間之珠價，則較官方價格爲高，一顆三分半之珍珠，可值銀一百兩〔註 25〕。而中官及一些奸商，每利用皇上求珠心切，屯積珍珠，哄擡珠價，以至數兩之珠，賣至黃金數千金〔註 26〕。可見黑市價格，遠非官價所可比擬。

第二節　珍珠之用途

一、宮中之需要

〈禹貢〉記載：「淮夷濱珠」，據蔡氏註云：「是珠爲服飾，而註明其產地，以便進貢。」〔註 27〕《周禮》載：「澤虞掌國澤之政令，各地之人，守其財物，

〔註 22〕《天工開物》第十八卷〈珠玉〉，頁 435～442。
〔註 23〕張萱，《西園聞見錄》卷十三，廉潔，頁 13 下或王翱有珠四顆，價值千兩，一顆亦有二百兩。
〔註 24〕《明史》卷八十二，志第五十八〈食貨六〉，頁 1994 載。張居正死後，神宗贖貨日興，開採議興，費以萬計，珠寶價增舊二十倍。
〔註 25〕馬歡著，馮承鈞校注，《瀛涯勝覽校注》（台北，台灣商務印書館，民國 59 年 6 月台一版）頁 41 載：一顆三分半珠，值中國銀一百兩。
〔註 26〕《國朝典彙》卷三十三，頁 71，及《昭代典則》卷二十八，頁 81～84：隆慶三年，監察御史詹仰庇諭中官廷杖削籍條：「臣聞珍珠寶石，多藏於中貴之家，因陛下，索之愈急，則彼抬價愈高，珍珠數兩，費金數千。」
〔註 27〕同註三，頁 21：「珠爲服飾……珠魚出于淮，各有所產之地，故詳其地，而貢也。」

以時入王府。」鄭玄註云：「此時入王府，謂皮角珠貝也。」〔註28〕可見珠之用於王宮，由來已久。降及明代諸帝，也不免俗，加上當時盛傳人死口中含一顆走珠，屍體永不腐爛〔註29〕。因此嗜珠倍昔，特地在內宮設內府承運庫，專門管轄珍珠寶飾〔註30〕。考明時珠在內宮最大用途，莫過於帝后之服飾，宮闈簪珮之飾及皇帝、太子、親王等皇親國戚婚禮之用。

由洪武至嘉靖間，皇帝之冕服上鑲十二顆珍珠，皇冠上鑲二十一顆；而郡王冠服亦鑲七顆珍珠，其他如郡王妃、親王等諸冠服，皆鑲有珍珠。可謂無珠不成服，無珠不成冠〔註31〕。然而此還是禮部明文規定鑲嵌珍珠之數目，實際上，皇后之冠服，其所鑲嵌珍珠之數目，往往超踰禮制。如英宗時爲張皇后縫製珍珠袍，搜集內廷珍珠殆盡，甚至要動用太祖時代所留下之珍珠〔註32〕。而神宗曾因遺失一件珍珠袍，大發雷霆，拷打宦官，杖死一人，餘者放逐充軍〔註33〕。若非珠袍耗珠極多，縫製不易，神宗寶愛異常，則又何必如此動氣。近年由定陵出土之神宗皇后珠冠，珠光閃閃，鑲滿全冠，耗珠之多，令人歎爲觀止〔註34〕。神宗萬曆二十四年（1596），爲表達孝思，呈奉母后各樣大珠、圓珠各一顆，頭樣珍珠一百二十七顆，六樣珍珠三百六十顆，一樣至十樣一萬二千八百十一顆〔註35〕。其數目之鉅，已可推知宮闈耗珠之原因。

此外內宮婚禮耗珠頗鉅。皇帝納后儀，納采、問名，聘物中有珍珠五樣，

〔註28〕 參《周禮》鄭注（《四部備要》經部，中華書局據永懷堂本校刊，台北，台灣商務印書館，民國55年3月臺一版）卷十六，司徒教官之職，頁7～8。

〔註29〕 見《天工開物》卷第十八，頁438。

〔註30〕 《明孝宗實錄》卷一五一，頁10下，弘治十二年六月甲寅條所記載珠在宮中歸內府承運庫管轄。

〔註31〕 俞汝輯，《禮部志稿》（《四庫全書珍本》初集，文淵閣本，台北，台灣商務印書館，民國58年至59年）卷十八，頁1上～45上，冠服。

〔註32〕 芷沅以蘺陂微臣，《治世餘聞錄》（台北：民智出版社，民國54年10月臺一版，影印本，《紀錄彙編》卷之十～十一）上篇，卷之一，頁854～52「中宮張后欲製珠袍，乘間語上曰，須差管寶藏庫太監王禮廣東珠池採舉，則整齊可觀。上不聽，乃宣禮及敬同檢內帑所藏，蕭以太祖所藏不敢動……。」

〔註33〕 沈德符，《萬曆野獲篇》（《百部叢書集成》之二四，《學海類編》第十七函，台北：藝文印書館，民國54年至59年）卷六，頁30，尚衣失珠袍。因失珠袍，杖死田進，二人充軍。

〔註34〕 陳致平，《中華通史》（台北：黎明文化事業股份有限公司出版，民國69年12月再版）第九冊，第三節〈神宗親政後四十年間的內憂外患〉，頁270，定陵內發現之神宗皇后珠冠。

〔註35〕 《明神宗實錄》卷四一七，頁3～5，萬曆三十四年甲申條。

珍珠粉十兩。納吉、納徵、告期禮物中，除了鑲嵌不算外，又有珍珠粉十兩，五樣珍珠十八兩〔註36〕。其他皇親國戚婚禮，也各有定限〔註37〕。然而若依禮部規定納聘禮物之珍珠數目，珍珠耗量，必定很小。但是每次大婚，所用珍珠，都踰越禮制。以潞王婚禮為例，當時動用珍珠八千五百顆，珊瑚珠二萬四千八百顆〔註38〕。萬曆二十七年（1599），準備大婚禮，令戶部買辦西珠兩百顆，各樣廣東珍珠九萬二千餘顆〔註39〕。二十九年（1601）太子成婚，購買珍珠前後通計用銀一百一十萬兩，較神宗婚禮所用，遠超十倍〔註40〕。可見，內宮婚禮耗珠之量，實在驚人。

其他如賞賜親王、番僧、宦眷之用途也頗多。成祖時，就曾賞賜蜀王椿珍珠一百九十三兩，以獎勵其發谷王謀反之功〔註41〕。朝廷有時也製珍珠袈裟，賞賜西僧，俾羈縻其心〔註42〕。英宗北狩時，太后齎送珍珠等物，詣也先營，祈求還駕〔註43〕。可見珍珠還有其政治效用。

由上諸用途，可看出內宮每年耗珠量頗大，從廣東採擷而來的珍珠，往往不敷所用，還要從外地買進。世宗嘉靖二十二年（1543）由雲南買進一樣

〔註36〕《禮部志稿》卷二十，頁 4 下～17 上，婚禮。

〔註37〕同註 36。

〔註38〕《古今圖書集成・經濟彙編・食貨典》第二五二卷，國用部，第六九六冊之二葉。載潞王婚禮用了珍珠八萬五千顆，珊瑚珠二萬四千八百顆，按《會典》親王聘禮金，止五十兩，珠止十兩，今已數倍於《會典》所記。又見高汝栻輯，《三朝法傳錄》（台北：國立中央圖書館公藏善本書，明崇禎間崇文堂刊本）卷三，頁 32 上。

〔註39〕不著撰者，《萬曆邸鈔》（台北：學生出版社，民國 57 年 9 月影印出版），萬曆二十三年乙未卷，頁 891，謁戶部買辦金珠。

〔註40〕《神宗實錄》卷三五八，頁 1～2，萬曆二十九年四月丙子條，又見談遷，《國榷》（台北：鼎文書局，民國 67 年 7 月），卷七十八，頁 4861：「禮部再疏請冊立冠婚，不報。時司禮司設監奉旨下戶部催舖宮等錢糧。戶部上言：『簿查二年來共進珠寶六次，計價銀一百八十萬。近日監庫紛紛題討，又共進三次，計價銀四十一萬，通計前後所進用過銀二百二十一萬，較之皇上大婚所用十七萬已不啻十倍，而謂不足備禮，臣不敢知也。』」

〔註41〕徐學聚，《國朝典彙》（台北：學生書局影印，民國 54 年 1 月）卷十三，頁 1～5。

〔註42〕尹守衡，《明史竊》（台北：華世出版社，民國 67 年 4 月影印本）卷十三，頁 32 上載永樂五年三月賜西僧哈立麻金珠袈裟。又見陳建撰，沈國元訂補，《皇明從信錄》（台北：國立中央圖書館公藏善本書，明崇禎間刊本）卷二十二，頁 60～61 上所載，弘治八年十二月賜崇恩真石，珠玉綿綺。

〔註43〕陳建撰，岳元聲重編，《皇明資治通紀》（台北：國立中央圖書館公藏善本書，明萬曆間刊本）卷十六，頁 52 下。

至六樣珍珠四萬五千八百零五顆，耗銀五千五百五十二兩〔註44〕。二十六年（1547）下詔順天府買珠四十萬顆〔註45〕。四十二年（1563），又買進八樣珍珠二萬五千餘顆〔註46〕。四十五年（1566），又耗銀二萬二千五百餘兩，購得小珠一千五百餘顆〔註47〕。世宗在數年期間，採買珍珠數量之鉅，可看出內宮耗珠量之大，其用途雖不能全部舉出，然也可推知，珍珠在內宮之用途，應較本文所述更爲廣泛。

　　總之，當時宮中以珠來承製帝后、王子、親王等服飾及大婚禮，和嬪妃簪飾之用。服戴各有定限，以便區別長幼之序，以維繫宮中禮制，所以每當宮中缺珠時，就以「珠不取，則禮廢」爲言，由皇帝下詔，廣東採珠，俾充朝廷禮儀之用。

二、仕宦之需要

　　仕宦階層窺視內宮喜好珍珠，往往獻珠媚上，以求晉陞高位〔註48〕。尤其是宦官，因近宮闈之便，每以獻珠得寵〔註49〕。且常積貯屯藏，動以萬計，俟時待價而沽，以牟高利〔註50〕。權臣更常私自僭用珠冠及珍珠龍袍，以誇耀一時〔註51〕。朝臣之間，每與宦官勾結，餌以金珠，謀求名利〔註52〕。或

〔註44〕 參《廣東通志》（嘉靖本）卷二十五〈民物志第六・珠池〉，頁 20～22。

〔註45〕 《明世宗實錄》卷四四九，頁 3 上，嘉靖三十六年七月庚午條。

〔註46〕 《國朝典彙》卷一九六，頁 15。

〔註47〕 同前註引書，同卷，頁 16。

〔註48〕 何喬遠，《名山藏》（台北：成文出版社，民國 62 年 1 月，明崇禎十三年刊本影印）卷十六，頁 12～14。

〔註49〕 《國朝典彙》卷三十三，頁 71，〈中官考上〉，所載弘治元年時太監張興、莫英先後以獻珠得寵，一時後宮器用，以珍寶相尚。

〔註50〕 參《明史竊》卷三，頁 25 下：「莊皇帝時……傳貿珠玉帖屢下，郎皆二、三中貴，出囊私藏物，高價侵牟。」又見陳鶴，《明紀》（《四部備要》史部，中華書局據江蘇書局刻本校刊）卷三十七，頁 11 下～12 上：「帝（穆宗）詔戶部購寶珠……況寶石珠璣，收藏中貴家，求之愈急，邀直愈多，奈何以百用之財，耗之無用之物。」

〔註51〕 見王世貞，《弇州史料後集》（明萬曆間刊本，國立中央圖書館公藏善本書）卷三十六〈權幸僭恣〉，頁 7，劉瑾。及見徐學謨，《世廟識餘錄》（國立中央圖書館珍藏明萬曆年間刊本，台北：國風出版社影印，民國 54 年 9 月）卷二十五，頁 1～2。又見高汝栻輯，《三朝法傳錄》（明崇禎間崇文堂刊本，國立中央圖書館公藏善本書）卷二，頁 26 上。此三書分別記載劉瑾擁有珍珠龍袍，嚴世蕃則有珍珠冠等項六十三頂件，馮保則金珠以萬計。可見權臣之愛珠，比皇帝有過之而無不及。

賄賂皇上，以保全其身，以昇高階。如陳大科，二次參奏皇上採珠之弊，觸犯龍顏，罪應至死。然因曾進獻皇上金珠，竟能保全性命〔註53〕。抗倭副將陳璘，寸功未見，祗因獻大珠六顆，即優掛副將〔註54〕。楊一清爲首輔時，部下送珠一斗，其後一清又轉送邊將〔註55〕。張居正病逝後，其子簡修親送夜明珠九顆、珍珠簾五幅至馮保家。這些珍珠，俱平日大臣賄賂張家，以升高位之物〔註56〕。可見朝臣之間，每以珠作賄賂物品，互相籠絡，保其祿位〔註57〕。這種情形不但普遍存在士大夫之間，甚至連武夫邊將，亦屢見不鮮〔註58〕。至明末流寇張獻忠，在南陽爲左良玉所敗，夜走七百里，至穀城，遂派孫可望以徑寸明珠四顆、金珠十萬，賄賂熊文燦，以至熊文燦在獻忠敗退之餘，不但不乘勝追擊，反而力主撫，予張獻忠所部有休養喘息之機會，後得以再次捲土重來，禍害一方，明祚終亡於此流賊之手。士大夫因愛珠，而禍及國祚，遠非始料所及。〔註59〕

〔註52〕《昭代典則》卷二十八，頁91～92上，户部尚書劉體乾罷條所載：穆宗隆慶三年（1565）内降户部取買珍珠，尚書高曜，那時召商收買，皆中宫内藏之物，以伴當爲商人，送户部，倍索高價，買入復出，循環取利，中貴大喜，曜六年考滿，遂加太子太保腰玉。後劉體乾爲尚書，取買珍珠，每持止不行，且不與宦官溝通，竟遭至皇帝降旨罷去。

〔註53〕見文秉，《定陵註略》（台北：偉文圖書出版社，民國65年9月，本書據中央圖書館所藏明刊本影印）卷二，頁119～121。

〔註54〕同註53。

〔註55〕姚之駰，《元明事類鈔》（《四庫全書珍本》初集，文淵閣本，台北：台灣商務印書館，民國58年至59年）卷三十六，頁9。

〔註56〕沈頤仙撰，《遺事瑣談》（台北：偉文圖書出版社印行，民六十五年九月影印中圖所藏書）卷二，頁48～52。

〔註57〕據明無名氏撰，《謏聞續筆》（《筆記小說大觀》二十二編第八冊，文明刊歷代善本，台北：台灣新興書局影印，民國67年9月）卷四，頁8所載明時貪人執政，賄賂公行，有謔語：獻銀萬兩，可得銀青，獻金萬介，可得紫金，獻東珠若干，欲得朱皇帝坐位。雖是戲言，但可看出珠竟然是賄賂最尚品，可見珍珠之備受群臣矚目。

〔註58〕鄧元錫，《皇明書》（台北：國立中央圖書館公藏善本書，明萬曆間刊本）卷二十，頁16，〈名臣上〉載王翱敘遼東，内璫曾贈送明珠四顆，值千金。又見陳鶴，《明紀》（《四部備要》，中華書局據江蘇書局刻本校勘）卷五，頁20～21下所載洪武二十三年五月余靖（工部尚書）曾鞫一武弁門子，檢其身得大珠一顆，余靖碎之。事聞太祖讚賞余靖有四善，一不獻朕求悦；二不窮加投獻；不獎門卒，杜小人僥倖；千金之珠，略不動心，有過人之智慧。由此可知投獻者常拿珠作贈品，以作進身之階。

〔註59〕見《遺事瑣談》卷三，頁71～72。及卷五，頁245～247。

三、民間之需要

宮中與仕宦階層競相愛好珍珠，上有所好，下必甚焉，民間也大相效法。朝廷雖有禁僭用珠飾之令，但形同虛文，毫無約束之力可言〔註60〕。當時富者藏珠以自傲，貧者以無珠爲恥〔註61〕。內眷們視珍珠爲私房珍寶，每以擁珠多寡相抗衡。甚至於連皇帝獨一無二之珍珠衫，民間亦有之〔註62〕。官方明文規定，婚禮時，禁民間僭用珠飾。然至明代中晚期，市民之家，遇婚嫁迎娶時，多以假珠冠袍帶，炫耀一時，可見珠冠流行於民間由來已久矣〔註63〕。民間既已蔚成好珠之風，遂有「金子不如珠子」之語。俗尚所向，廣東人生子皆以「珠兒」「珠娘」命名〔註64〕。可見在明代社會裏，珍珠非但廣爲中貴所寶愛，甚至連下層社會也深染其習。

第三節　採珠之程序及其方法

一、行政之組織

合浦珍珠於漢章帝時開始進貢朝廷，此後歷代皆有採擷，但都沒有專設採珠機構，或讓民間自採，或由朝廷募兵採擷，然皆屬臨時之機構，採完即罷〔註65〕。迨至元仁宗延祐四年（1317）十二月，纔在廣東設採金銀珠子都提舉司，官員三名，官秩正四品〔註66〕。英宗至治元年（1321），又罷之，而

〔註60〕 黃訓，《名臣經濟錄》（《四庫全書珍本》三集，文淵閣本，台北：台灣商務印書館，民國61年）卷二十七，頁6下～11上，〈欽遵聖訓嚴禁奢侈事〉：「一伏覩大明令，凡官民服色冠帶、房舍、鞍馬、貴賤各有等第，上可以兼下，下不可以兼上。……庶民男女衣服，不得僭用金繡，許用紵絲綾羅。……頂帽珠，並不得用。」又見《國朝典彙》卷一九六，頁13～14載嚴禁民間不許僭用諸珠飾。

〔註61〕 《廣東新語》卷十五，頁11～16，〈貨語〉，珠。

〔註62〕 請參考陳嘉定編，《三言兩拍資料》（台北：民主出版社出版，民國72年9月出版）。《警世通言》第三十二卷，頁350～356，〈杜十娘怒沈百寶箱〉。及《喻世明言》第一卷，頁3～8，〈蔣興哥重會珍珠衫〉。此外《三言兩拍》內記載明代民間及官方之嗜珠風氣頗多，不再贅述。

〔註63〕 徐咸，《徐襄陽西園雜記》（《百部叢書集成》之九十七，《鹽邑志林》一，據明天樊維城輯刊《鹽邑志林》本影印，台北：藝文印書館，民國54年至59年）卷上，頁41。

〔註64〕 同註56。

〔註65〕 見《粵大記》卷二十九〈政事類・珠池〉，頁9～15。

〔註66〕 見宋濂，《元史》（台北：鼎文書局，民國68年3月再版）卷二十六，本紀第二十六〈仁宗三〉，頁581。

以有司兼領〔註67〕。順帝至元三年（1337）又立採珠提舉司，六年（1340）又廢罷〔註68〕。降及明代，曾於洪武三十五年（1402）委命太監往廣東，招集蜑戶，負責採珠，但仍是一時權宜之計，並未專設機構〔註69〕。永樂三年（1405），東莞軍王保兒建議在大涉海採珠，以充國用，朝廷派內官查勘無珠，遂又罷採〔註70〕。十四年（1416）雖恢復採珠，但仍未見專官駐守〔註71〕。可見在明初，採珠沒有專設機構，祇是朝廷差遣內官前往廣東監視採珠，採完隨即回京。

至英宗正統四年（1439）五月，遂有典守珠池內使之設置〔註72〕。當時委派內使王保貞巡守珠池，因珠海遼闊，保貞要求再遣內使前往幫助巡察，但爲皇上所拒〔註73〕。然而由資料上顯示，英宗時，廣東已有內官二員，分別鎮守雷、廉珠池。此爲中官鎮守珠池之開始，亦爲朝廷永駐珠池人員之濫觴〔註74〕。天順三年（1459）從福安康奏請，再度採珠，所獲頗豐。五年（1461）英宗又想採珠，給事中葉盛以民疲不堪勞之理由，力諫英宗，遂罷採〔註75〕。英宗怕珠池爲百姓盜採，又特派中官一員，看守平江珠池〔註76〕。其後明朝諸帝，本諸英宗作風，不但有採珠內使之設置，而且也有專門監守珠池中官，其勢有增無減。如憲宗成化九年（1473）除命內使看守楊梅等池外，又令其兼管永安池〔註77〕。二十年（1484）又派內使一員，專守雷州府樂民池〔註78〕。二十三年（1487）又添加廣東守池內使一員，且把廠房遷往郡城〔註79〕。武宗正德九年（1514），雷州樂民池無珠，陳實奏革守池太監，委任廉州池監管

〔註67〕《粵大記》卷二十九〈珠池〉，頁11。
〔註68〕見《元史》卷三十九，本紀第三十九〈順帝二〉，頁839；及卷四十，本紀第四十〈順帝三〉，頁854。
〔註69〕參《名臣經濟錄》卷四十三，汪鋐，題爲〈重邊防以蘇民命事〉，頁8～17。
〔註70〕同註65。
〔註71〕同註65。
〔註72〕《明英宗實錄》卷五十五，頁5，正統四年五月辛酉條。
〔註73〕同前註引書，卷六十一，頁6，正統四年十一月庚午條。
〔註74〕宋國用修，《遂溪縣志》（清康熙二十六年刊本，故宮普舊）卷一，頁31～34，珠海：「洪武二十九年詔採珠，未有專官。正統初，始命內官二員，分鎮雷、廉珠池。」
〔註75〕《英宗實錄》卷三二五，頁3，天順五年二月庚寅條。
〔註76〕同註65。
〔註77〕《憲宗實錄》卷一一四，頁上，成化九年三月丁巳條載，派彝兼管永安珠池。
〔註78〕見《大明會典》卷三十七〈戶部二十四〉，頁26。
〔註79〕同上。又見註74。

理〔註80〕。世宗嘉靖初年，池監擾亂地方，激起民變，遂罷採珠，招回池監〔註81〕。嘉靖八年（1529），採納張璁、胡世寧建議，革罷鎮守中官〔註82〕。十年（1531）又納巡撫林富之奏請革市舶司兼管珠池之職，改由海北兵備道兼管〔註83〕。所以嘉靖十年以後，廣東已無守池中官。至穆宗隆慶年間，又委派內臣守池，言官張守約議罷之，其後三十餘年，戍守珠池之職位，全由海北兵備道負責。至萬曆二十七年（1599），神宗又派內使前往採珠〔註84〕。三十七年（1609）神宗下詔罷珠池，招回池監李鳳，此後未再見採珠專使蒞臨廣東。〔註85〕

由上可知，明廷採珠，最初是委任差遣性質，採畢內使即廢，迨至英宗遂成常駐機構，其駐地在廉州府白龍廠。其他守池中官，則依池築廠而居，以便就近監視珠池。此種現象延至嘉靖十年，其職纔由海北兵備道兼任，但朝廷採珠時，仍派中官監視，採罷中官隨即召回，此為採珠機構演化之一般。〔註86〕

二、軍事之戍守

明廷為防止人民盜珠，除委派內使駐守珠池外，又有專門戍守巡視珠池

〔註80〕阮元，《廣東通志》（清道光二年刊本）卷十〈山川略十二〉，雷州府遂溪縣，頁2129。

〔註81〕喻炳榮等，《遂溪縣志》（清道光三十一年刊本，光緒二十一年補本，孫逸仙圖書館藏）卷二〈紀事〉，頁9：「嘉靖元年罷採珠，詔內監還京。因自正德以來，守珠池內使，屢激民變，且獲珠少，而所獲多，故御史陳實奏罷之。」

〔註82〕傅維鱗，《明書》（《百部叢書集成》之九四，《畿輔叢書》三十六函，據清光緒王灝輯刊畿輔叢書本影印，台北：藝文印書館，民國54年至57年）卷八十二，志二十〈食貨志二〉，頁16～18，珠寶。

〔註83〕參《廉州府志》（明崇禎十年刊本）卷七，頁1～3，海北道。又見《廣東通志》（明萬曆三十年刊本），卷六，頁35載：「富言：守池內官，供應歲費千金，十年一採，所得幾何？所費萬計，得不償失，請罷之，令海北兵巡官帶管為便。明年遂革之。」

〔註84〕馮應京，《皇明經世實用編》（明萬曆刊本，台北：成文出版社，民國56年8月一版）卷五，頁289～299，採珠議：「隆慶間，一採守臣任焉，後按臣張守約請罷之，迄今（萬曆十八年）三十餘禩矣。」

〔註85〕《遂溪縣志》（清道光三十一年刊本，光緒二十一年補本）卷二〈紀事〉，頁10，載明神宗萬曆三十七年招回李敬。此後未再見採池專史至廣東。

〔註86〕《續文獻通考》（明萬曆刊本）卷二十七，頁32。及《廉州府志》（明崇禎十年刊本）卷六，頁25。二書所載李敬採珠，於廉州府海濱之白龍墩設廠，後因官私船隻際會，怕人眾生變，遂遷往永安所。然其地距潿州一日之程，又距廉州一八○里，不易監視珠池。後兵備道張經建議，遂遷冠頭嶺，纔能監視六池。

之軍隊。當時由廉州府西而東趨北，共設有十七處海寨，隸屬永安所八處，分別是烏兔、凌祿、英羅、蕭村、井村、對達、豐城、黃泥等八寨，兵額四十名，保護烏泥、豬沙、黃泥等珠池；川江、隴林、調埠、珠場等四寨，駐兵四十名，戍守平江、白江等池；白沙、武刀二寨，軍二十名，監視楊梅池；龍潭、古里、西場三寨，兵額三十三名，看守青嬰池〔註87〕。諸寨之指揮權，嘉靖十年以前，由鎮守內使負責，其後則屬於海北兵備道指揮。雷州府遂溪縣之對樂池，穆宗隆慶三年（1569）設有遂溪哨，由樂民衛所專司防守。內有千戶或百戶一員，船三隻，兵額五十員，駕船巡守珠池。〔註88〕

　　此外沿海又有墩臺之設置。珠場墩，位於廉州府東南七十里，珠場港口內；白龍墩，則為採珠內使衙門，居八寨之中，珠場巡檢司及東西八寨，皆受其指揮。又分左右兩部；左部大小兵船十一隻，包括七隻灰斗船，福船一隻，艚船一隻，哨船二；右部大小兵船十二隻，計有灰斗船五隻，艚船二隻，哨船二隻，烏船二隻〔註89〕。這一支龐大的船隊，負責巡弋保護珠池，而朝廷仍感武力單薄。萬曆六年（1578）先移雷民耕住位於珠母海中之潿州，十八年（1590）遂增設遊擊一員，鎮守其池〔註90〕。亦分左、右、中三部，築保於息安、橫山等地。於樂民有衛所，凌祿、巡檢兩地有專司，軍兵櫓甲，威風八面〔註91〕。導致外寇遠遁，內盜隨擒，遊擊陳震，參將龔錫爵，蒙上賜功。〔註92〕

三、採擷之方法

　　池監監視，軍事戍守，珠蚌得以繁盛，其後便開始採擷。採珠時所用之

〔註87〕　見《廉州府志》（明崇禎十年刊本）卷六，頁29。又見《天下郡國利病書》卷一〇〇〈廣東四〉，頁 26，珠池條條守地巡司；又見一一〇卷〈廣東五〉，頁30～31，海寨，為珠場設也。

〔註88〕　見《遂溪縣志》（清道光三十一年刊本，光緒二十一年補本）卷六，頁9，明設哨堡，遂溪哨。

〔註89〕　見《廉州府志》（明崇禎十年刊本）卷六，頁21～25，墩臺。

〔註90〕　《廉州府志》（明崇禎十年刊本）卷六，頁25。及《廣東通志》（明嘉靖刊本）卷十四〈輿地志二〉，頁52及頁57。二書所載潿州在合浦縣東南八十里，其周圍百里。若由遂溪縣看，則在西南二百里海中，設有陸營，轄有海船，以巡弋珠海，看守珠池。

〔註91〕　見《遂溪縣志》（清道光三十一年刊本，光緒二十一年補本）卷二，頁45，珠海。

〔註92〕　《神宗實錄》卷二三七，頁 1 上，萬曆十九年六月甲午朔條載因潿州外寇遠遁，遂賜遊擊陳震、參將龔錫爵等功。

工具，首要者在船之建造。採珠船之規制，較其他船制更寬而圓，船上載許多稻草，以便在海中行駛遇漩渦，把草拋下，以止波浪，纔能通過〔註93〕。其建造極其複雜，英宗天順年間，委工部移文三司承造〔註94〕。其後則徵調民船〔註95〕。其他工具如細兜、鐵扒、竹簍、篩等，天順時，亦由三司承造〔註96〕。弘治十二年（1499），則委廣州、潮州、惠州、肇慶、瓊州等府出銀製造〔註97〕。其後則徵調自民間〔註98〕。總之，當時採珠工具，早期來自朝廷三司承造，其後派於地方出銀製造，最後則徵自民間。

　　珠戶具備工具後，每年冬春兩季開採，夏秋停採〔註99〕。出港時，首先殺牲畜祭拜海神，以祈神保護，俾便避風浪及怪魚之侵擊〔註100〕。論其採擷之法，則可分為兩類：人工潛水法，及工具拖網法。

　　潛水法，遠在五代劉鋹時已使用，當時劉鋹募能潛水者數百名，號為「媚川都」，以繩索繫石綁在身體，往下沈至五百尺採珠，此法頗不合科學，採者往往溺死〔註101〕。演至明朝永樂初年，乃以珠船環池，將巨石懸綁繩索於船舷，然後以小繩懸在珠戶腰，潛水取珠。珠夫在水中，左執筐，右執杓，以杓潛游水中。珠夫換氣時，則搖繩，繩動，守船者將珠戶即刻拉上。但此法對人命仍無法保障，珠戶常葬身魚腹，或拉上時，已缺手足，如此者比比皆是〔註102〕。至嘉靖年間，平江等池，珠戶採珠，仍然採用以繩繫腰攜籃潛水法，往往拉繩出水面時，祇見一縷血水，人又葬身魚腹〔註103〕。到明

〔註93〕同註60。
〔註94〕《明英宗實錄》卷三七○，頁2，天順三年九月甲申條。
〔註95〕《廣州府志》（明崇禎十年刊本）卷之十一，頁3～14，林富，〈乞罷採珠疏〉。
〔註96〕同註94。
〔註97〕《遂溪縣志》（清康熙二十六年刊本）卷之三〈文勳〉，頁49～50。
〔註98〕同註95。
〔註99〕王臨亨，《粵劍編》卷三〈志物產〉，頁14～15所載因珠池北岸多山，冬春北風多，採舟始無矣。
〔註100〕見註56。及《天下郡國利病書》卷一六○，頁12引徐衷《南方草木狀》：「凡採珠，常三月，用五牲祈禱，若祠祭有失，則風攪海水，或有大漁在蚌左右。」
〔註101〕見倪文璐，《國賦紀略》（《百部叢書集成》之二十四，《學海類編》九函，據清曹溶輯，陶越增訂《學海類編》影印，台北：藝文印書館，民國54年至56年）不分卷，頁6，珠池。
〔註102〕參《天下郡國利病書》卷一六○，頁12。或黃宗羲，《明文海》（《四庫全書珍本》七集，文淵閣本，台北：台灣商務印書館，民國66年）卷一○六〈說六·別說〉，頁1～2。
〔註103〕《名臣經濟錄》卷四十三，頁8～17，汪鋐題為〈重邊防以蘇民命疏〉：「平

末，潛水法大爲改進，珠戶面戴一個由錫作成彎環狀空管，管口罩住鼻口，用軟皮帶包裹在頸間，以便呼吸，而腰繫長繩，帶著籃子下水取珠，最深可潛至四、五百尺。雖然仍有充魚腹之危，但比早期之潛水法，已較有保障。〔註104〕

拖網法，宋太宗雍熙三年（986），由召對宦李重海設計出來，用鐵製鹵把，四周圍以麻繩，兩邊綁石頭作垂子，底部橫放木棍作收口，以繩綁在船的兩旁，乘風揚帆，撈取珠蚌〔註105〕。至明永樂年間，本用人工潛水法，但因珠戶常葬身魚腹，遂採用鐵耙取之法，然因所得珠蚌甚少，而作罷〔註106〕。至英宗天順年間，乃用木柱板口，綁廣東土產麻繩，圍成兜囊狀，綁在船兩旁，乘風揚帆，兜重則蚌滿，撈蚌取珠〔註107〕。到了明末，則以黃藤、絲、加上毛髮，綜合製成纜，長約三、四寸，然後再以鐵作榿，絞之二鐵輪，纜綁在船兩旁，以掛竹筐，筐中放珠媒，以誘珠貝，乘風揚帆，帆張船動，筐亦滿珠貝，則船不能動，乃收纜而上，剖蚌取珠。當時一纜要十餘人操縱，每船有二纜三榿、二輪、帆五、六〔註108〕。可見當時工具之完備，不但對於人命有所保障，而且採珠量也相當可觀。

第四節　採珠所得之分析

一、歷朝採珠之次數

明代珠池，視爲國家財產，全由朝廷經營，從太祖洪武七年（1374）四月開始，至神宗萬曆三十一年（1603）止，共有二十五次採珠，參見下表所列。

江等珠池，在東海之中，蜑人採之極爲辛苦。每以長繩繫腰，攜竹籃入水，拾蚌置籃內。則振繩，令舟人汲取之。不幸猝遇惡魚，一線之血，浮于水面，則已葬魚腹矣。」
〔註104〕同註60。
〔註105〕同註104。
〔註106〕見葉盛，《水東日記》（台北：台灣學生書局，民國54年11月初版）卷五，頁1～8，珠池採珠法。
〔註107〕同註106。
〔註108〕同註56。

表四十一：明代廣東歷次採珠表

帝號	年 代	西元	次數	合計	備　　註	史　料　出　處
洪武	七	1374	1	3	四月開採，迄八月止	《粵大記》卷二十九〈政事類・珠池〉，頁 11 上。
	二十九	1396	1			《粵大記》卷二十九〈政事類・珠池〉，頁 11 上。
	三十五	1402	1			《粵大記》卷二十九〈政事類・珠池〉，頁 11 上。
永樂	三	1405	1	2		《粵大記》卷二十九〈政事類・珠池〉，頁 11 上。
	十 四	1416	1			《粵大記》卷二十九〈政事類・珠池〉，頁 11 上。
天順	三	1459	1	1	三月派御史呂洪同內官往雷、廉採珠	《明英宗實錄》卷一〇〇，頁，二月丁卯條。
成化				2	年代無考	《天下郡國利病書》卷一〇〇，頁 26，〈廣東四〉、廉州府珠池。
弘治	十 二	1499	1	2	十一月開池，訖明年正月	《粵大記》卷二十九，〈政事類・珠池〉，頁 12 上。
	十 五	1502	1			《粵大記》卷二十九，〈政事類・珠池〉，頁 12 上。
正德	九	1514	1	2	十月開池，訖明年六月	《廣東通志》（嘉靖本）卷二十五，頁18。
	十 三	1518	1			《廉州府志》（明崇禎十年刊本）卷一，頁22，〈歷年紀〉。
嘉靖	五	1526	1	8	十一月開池，訖明年三月	《廣東通志》（明嘉靖本）卷二十五，頁18。
	九	1530	1			《廣東通志》（明嘉靖本）卷二十五，頁18。
	十 二	1533				《廣東通志》（明嘉靖本）卷二十五，頁18。
	十 三	1534	1			《廣東通志》（明嘉靖本）卷二十五，頁18。
	二十二	1543	1			《廣東通志》（明嘉靖本）卷二十五，頁18。
	二十四	1545	1			《廣東通志》（明嘉靖本）卷二十五，頁18。
	三十六	1557	1			《廉州府志》（明崇禎十年刊本）卷二，頁 29 上，〈歷年紀〉。
	四十一	1562	1			《廉州府志》（明崇禎十年刊本）卷二，頁 29 上，〈歷年紀〉。
萬曆	二十六	1598	1	5		《廉州府志》（明崇禎十年刊本）卷二，頁 29 上，〈歷年紀〉。

萬曆	二十七	1599	1		《萬曆邸鈔》，萬曆二十七年，己亥卷。
	二十八	1600	1		《明神宗實錄》卷三四六，頁 4 下，萬曆二十八年四月甲戌。
	二十九	1601	1		《明神宗實錄》卷三五六，頁 9 上，二月，庚午。
	三十一	1603	1		《廉州府志》（明崇禎十年刊本）卷一，頁 31 下，〈歷年紀〉。

據上表，其中以世宗一朝八次採珠，次數最多。最後一次在神宗萬曆三十一年，其後因慶賀元孫誕辰，恩詔停採〔註109〕。三十七年（1609）招回珠池太監李鳳，此後明朝未見採珠之舉。〔註110〕

二、孝宗朝所得之分析

洪武年間，開採珠池，動用經費甚少，祇給珠戶口糧而已〔註111〕。迨孝宗一朝，採珠費用，漸趨龐大。弘治十二年採珠之役，徵用東莞縣大艚船二百艘，瓊州府白艚船二百艘，共四百艘，每艘雇用船夫二十名，合計有八千名，每船每月給銀十兩，支付船租及船夫糧食費用，共費四千兩。另外調用雷、廉二府各一百艘小船，每船十名水手，合二千名，每月支付船隻及糧食費五兩，共一千兩。船夫隨身攜帶之爬網、珠刀、木桶、瓦盆、油鐵、木櫃等工具，及雷、廉二府各蓋珠廠一座，諸項費用，由廣州府支付二千兩，潮州府支付六千兩，惠州府四千兩，肇慶府三千兩，瓊州府四千兩，合計一萬九千兩。其後因廣東災旱遍地，人民生活困苦，官方遂替珠戶加薪，大船每月再加五兩，小船每月加二兩五錢，則每月支大船費用六千兩，支小船費用一千五百兩，共費船租及糧食費用七千五百兩。再與工具費用合計，竟達二萬六千五百兩。〔註112〕

然據官方資料顯示，由十二年十一月一日開採，迄十三年正月中旬止，二個月半，共開銷銀一萬七千零四兩一錢，採得珍珠二萬八千四百二十六兩，

〔註109〕《神宗實錄》卷五七〇，頁 7 上，萬曆四十一年六月辛亥條：「廣東珠池，自萬曆三十三年十二月十五日，元孫誕生，恩詔停採。」

〔註110〕《遂溪縣志》（清道光三十一年刊本，光緒二十一年補本）卷二，頁 10，〈紀事〉：「萬曆三十七年，召內監李京還京，罷採珠。」

〔註111〕《元明事類鈔》卷二十六，頁 9～12，珠：「蜑戶採珠，續文獻通考洪武中遣內官於廣東蜑戶採珠，給予口糧。」

〔註112〕《遂溪縣志》（清康熙二十六年刊本）卷三〈文勳〉，頁 49～50 所載弘治十二年採珠花費，頗為詳細。

淨賺一萬一千餘兩〔註113〕。實際上，其所報費用不實，僅僅船費及工具費用，每月就要二萬六千五百兩，二月半下來，已超出六萬多兩。此外再將一些額外開銷，如守池中官，每年分配有門子、弓兵、皀隷等役力，共五十名，由地方供給食衣住行等諸項費用，每年不下於千金。由天順年間至弘治十二年，此批中貴年年防守珠池，其費用合計不下於萬金〔註114〕。採珠時，供事官員之蔬菜費用，參政、參議、副使、僉事等，每員二兩；知府、同知、推官、指揮使、都事員、知府等，每名三兩；知縣、縣丞、主簿、典吏、千百戶，每位支付二兩，其花費亦鉅〔註115〕。而輸京起解費用，由番禺、南海二縣支銀委任舖戶打造樣珠之紅櫃、杠索、漆灰、銀珠、鋼丁、鎖等物之費用。最後由廣州、惠州、潮州、韶州四府僉派官員三十名，起解進京，諸費用，亦數千兩。〔註116〕

　　總之，若把開採費用、池監守池費用、供事官員開銷和起解費用，合併計算，其數額已超數萬兩，則弘治年間所得利潤應呈負反應。

三、世宗朝所得之分析

　　嘉靖年間，採珠八次，其間有五次可以推算出所得利潤。首先是嘉靖五年十一月十八日開池，訖六年（1527）三月七日止，合計三個月零八天，共支船租工食費九千三百一十八兩，得珠八千零八十八兩，賠一千三百兩，若將「解官盤纏」及雇用民眾、紅櫃、杠索等項費用合併計算，其逆差必更遠〔註117〕。九年（1530）採珠，動用費六千七百六十兩，僅得珠五千三百九十兩〔註118〕。十二年花費七千零七兩，收入一萬一千三百二十兩，利潤二千二百二十五兩〔註119〕。二十二年，動用官民銀七千餘兩，不造冊報債者二千餘

〔註113〕《廉州府志》（明崇禎十年刊本）卷之十一，頁3～14，林富，〈乞罷採珠疏〉所載廣東嘉靖十年以前採珠花費，非常詳細。

〔註114〕《廣東通志》（明萬曆三十年刊本）卷五十三，廉土，珠池，頁51～58所載國朝兩廣都御史林富〈奏革珠臣內臣疏〉。又見涂山，《新刻明政統宗》（明萬曆四十三年刊本，國立中央圖書館公藏善本書）卷十七，頁39～40：「珠池率十年一採，守珠池中官，并參隨人員，每歲供應等項費銀一萬餘兩，十年，則費銀十萬餘兩矣。臨採，復費銀萬，有可焉，所得不償所失矣。」

〔註115〕同註112。

〔註116〕同註113。

〔註117〕見《廣東通志》（明嘉靖本）卷二十五，民物志第六，珠池，頁15～21。

〔註118〕同註117。

〔註119〕同註117。

兩，且役使人員，編造籮筐，起蓋廠房等，花費無算，其收入僅二千餘兩，逆差七千餘兩〔註120〕。二十四年，花費九千餘兩，收入碎小不堪用之珠四千兩，虧損五千兩。〔註121〕

　　嘉靖一朝採珠所得，就如同副使汪容所言：「一年所得之珠，曾不足以償一年供費之什一。」〔註122〕

四、神宗朝所得之分析

　　萬曆二十六年，將珠池開放民間私採，採用「四六分債」式，所得以四分作爲珠戶報酬，六分歸官。然而官府協助採珠費用，亦達一萬二千四百九十兩〔註123〕。其所得無史料可尋。然若由後來李敬在民間買珠送京，可推想，其所得亦無幾〔註124〕。二十八年，李鳳採珠雷州府，調民船四百艘，商船四百艘，供役百姓千餘人，押港官兵二千六百餘人，共耗糧四千餘石，費公帑四千餘金，得珠不滿百兩。以四千金易百兩，所得之少，可想而知〔註125〕。二十九年冬，又再度採珠，支用廣州府銀二千兩，惠州府銀一千兩，高州府銀一千二百兩，肇慶府銀一千三百兩，廉州府銀五百兩，合計六千兩。所得起解皇上之珠，僅二千一百兩，餘下偏小不堪用之珠，一千九百七十兩，拍賣解入布政使司〔註126〕。可見萬曆朝採珠所得也呈逆差。

　　由上所述，採珠之舉，支出大於收入。孝宗朝收入誠可觀，若把守池中官、供事人員和起解京師等項費用加入合算，其利潤亦呈負數。嘉靖、萬曆年間，所得呈負，不待贅言。若將雜費合併計算，則虧損之額更鉅。所以有明一代在廣東採珠呈負所得，是可斷定的。

〔註120〕同註114，引廉州知府胡鰲採珠議。
〔註121〕同註120。
〔註122〕同註103。
〔註123〕見《廉州府志》（明崇禎十年刊本）卷之一，頁32。
〔註124〕參《定陵註略》卷四，頁259。
〔註125〕見周碩勛，《廉州府志》（清乾隆二十年刊本，故宮普舊）卷三，頁15上。及鄭俊修，《海康縣志》（清康熙二十六年刊本）卷下，頁55～56。及陳夢雷編，《古今圖書集成》（台北：文星書店，民國53年10月出版），〈食貨典〉第一九五卷，〈貢獻部〉第六九一冊之四十九葉。三書所載明柯時復，雷陽對樂池罷採珠碑記，對萬曆二十八年採珠所費錢糧，記載頗爲詳細。
〔註126〕《廉州府志》（明崇禎十年刊本）卷之一，頁32所載神宗萬曆二十九年冬採珠支出，頗爲詳細。

表四十二：明孝、武、世、神宗等四朝採珠利潤分析表

年號	年　代	西元	支出（兩）	收入（兩）	利潤（兩）	史　料　出　處
弘治	十　二	1499	17,000	28,000	11,000	《國朝典彙》卷五十六，頁 12，〈工部十一〉，附採珠寶。
正德	九	1514	10,200	1,400	12,800	《廣東通志》（嘉靖本）卷二十五〈民物志六〉，頁 18～20。
嘉靖	五	1526	9,300	8,089	902（負）	《廣東通志》（嘉靖本）卷二十五〈民物志六〉，頁 18～20。
	九	1530	6,760	5,390	1,370（負）	《廣東通志》（嘉靖本）卷二十五〈民物志六〉，頁 18～20。
	十　二	1533	7,070	11,320	3,250	《廣東通志》（嘉靖本）卷二十五〈民物志六〉，頁 18～20。
	二十二	1543	7,000	4,000	3,000（負）	《南海縣志》（清乾隆六年刊本）卷十六，頁 31～45。
	二十四	1545	9,000	7,000	2,000（負）	《南海縣志》（清乾隆六年刊本）卷十六，頁 31～45。
萬曆	二十六	1598	12,490			《廉州府志》（崇禎十年刊本）卷一，頁 32 下，〈歷年紀〉。
	二十七	1599	4,000	100	3,900（負）	《海康縣志》（康熙二十六年刊本）下卷，頁 55～56。
	二十九	1601	1,200	4,070	8,930（負）	《廉州府志》（明崇禎十年刊本）卷一，頁 33，〈歷年紀〉。

第五節　盜珠之風行

　　珍珠之物，寒不可衣，饑不能食，至爲無用。卻因皇帝喜愛，竟形成無價之寶。皇帝將此物視爲私有，非但禁止百姓僭戴，且派兵防守，以防盜珠之舉。然而由廣省抵瓊崖、交南、茫洋二、三千里之間，備禦向疏，邊防失修，盜珠巨盜，呼朋引類，略無忌憚〔註 127〕。憲宗成化年間，珠賊更加猖獗，常登陸廉州海岸，劫擄百姓，濫殺無辜，幸賴知府擒殺首惡，餘黨乃散〔註 128〕。孝宗一朝，珠賊盜珠之法，層出不窮，朝廷乃明定盜珠之罪。若攜帶軍器下

〔註 127〕徐孚遠等編，《皇明經世文編》（台北：國風出版社印行，民國 53 年 11 月出版）二十一冊，卷之一，頁 391～397，吳司馬奏議，設沿海水塞。

〔註 128〕《廉州府志》（明崇禎十年刊本）卷之九，頁 20。及陳仁錫，《皇明世法錄》（台北：台灣學生書局，民國 54 年 1 月初版）卷七十五，頁 4，海防條載廣東濱海諸邑珠賊，珠弛，則駕大船以盜珠。珠禁，則駕艇以行劫，官兵防不勝防。

海盜珠者，死罪；駕駛黑白艚船，且用扒網盜珠，人數不拘，而持杖拒捕者，及聚眾二十人以上，盜珠超過二十兩者，不分初犯或再犯，皆發雲南、廣西衛所充軍；人數未及二十，又不拒捕者，再犯發廣西充軍，初犯枷首三月，再發落；沿海居民，用手取珠，免枷首，按常例處罰〔註129〕。法雖嚴酷，但官兵並不嚴格執行，形同虛設，盜風仍盛。尤其在嘉靖三十四年（1555），吳桂芳坐鎮兩廣軍門時，廉州府合浦縣邑民陳履就曾上書指出珠賊鳩集同黨，建造船隻，公然盜珠。官兵明知其行動，又不加禁止。珠賊每次所得頗鉅，官方又少過問，以至百姓效法，盜珠愈濫。〔註130〕

　　官方綏靖，盜珠愈盛，而從世宗嘉靖四十一年（1562）至神宗萬曆二十九年（1601）之間，朝廷未曾採珠，皇上需要珍珠，由戶部發銀買於珠商，珠商有利可圖，盜珠之舉，亦隨利趨盛。有司見盜風愈盛，處罰愈嚴，凡捕到珠賊，皆以強盜連坐之罪杖死。萬曆七年（1579），刑部認為以強盜罪處罰珠賊，刑量過重〔註131〕，乃重訂盜珠者之罪刑，將其分為三等。一等則持杖拒捕者，無論人數多少，珠之輕重，不分初犯或再犯，首從遠戍，若殺傷官兵，為首者斬；二等刑，則不曾拒捕，人數超過二十人，珠值銀二十兩，不分再犯或初犯，帶頭遠戍，從者枷首三月，照罪發落；三等刑，人與珠、具不超過二十人、兩，或珠及數而人不及數者，首領，初犯枷首三月，照罪發落。此外假盜珠之名，在沿海打劫商船民戶者，依強盜罪發問〔註132〕。此三等罪刑，失之於輕，珠賊此起彼落。十年（1582）合浦縣烏兔、那思兩地蛋民，起而盜珠，殺永安千戶所指揮，後賴海北兵備道薛夢雷平之〔註133〕。十四年（1586），無賴子弟，聚集數萬，群起盜珠。幸賴總兵吳文華坐鎮廣州，一面以舟師耀威海上，一面派有司通諭其父兄，令其解散，遂化險為夷。通計前後殺賊一百餘人，沒收巨船三百餘艘〔註134〕。神宗特賜吳文華和總兵劉鳳翔等人，以旌其平珠賊之功〔註135〕。其後珠賊仍熾，尤其是在嘉靖年間，

〔註129〕參《續文獻通考》（明萬曆刊本）卷二十七，頁 31。又見《明會典》卷三十七，頁 27。
〔註130〕參彭人傑等，《東莞縣志》卷四十五，藝文二，頁 55～56，〈與吳軍門書〉。
〔註131〕《天下郡國利病書》卷一〇〇〈廣東四〉，頁 30。
〔註132〕參《神宗實錄》卷八十七，頁 4，萬曆七年五月癸亥條。
〔註133〕《廉州府志》（明崇禎十年刊本）卷之一，頁 32。
〔註134〕參《西園聞見錄》卷八十三，頁 24～25，勘定。
〔註135〕《神宗實錄》卷一八五，頁 6 下，萬曆十五年丁丑條所載神宗賜吳文華、劉文鳳等銀幣有差。

因倭寇入侵，而招撫之流賊李茂、陳德清等黨徒，安置於靠近珠池之海濡舖前地。此批流賊，乃招亡命奸徒，聚集豪俠劍客，製造桐艚、弓矢武器，與官兵相抗衡，公然盜珠，打劫商民，禍害至極。至十七年（1589）四月，纔由總督劉繼文戡平之〔註136〕。十七年七月，又在廣海域內，捕獲侵犯楊梅、斷望一帶珠池之烏料雙桅船一百餘隻，斬首六十餘，生擒珠賊一千一百二十名〔註137〕。總督鑑於大規模盜珠行動，相續發生，爲阻塞盜源，遂明文規定：出賣者，盜珠者，收買者，同科治罪。此實爲矯枉過正，以致奸人興風作浪，指富戶爲盜珠買者，素封大賈，皆罹牢獄之災，鬧得社會不安，人人自危〔註138〕。二十六年起至三十一年止，朝廷五次採珠，竭澤而漁，珠蚌細嫩，珠賊亦消聲匿跡。至崇禎三年（1630），珠蚌又盛，盜珠又起，非但近海居民私採，守海官兵亦競相盜採。乃至指揮劉維烺、百戶楊壽祖，皆坐戍他地。〔註139〕

此外，供事人員，亦常假公濟私，飽入私囊，或者採擷時，珠戶在地上私自藏珠，督哨官員又搜括，參隨人員亦暗藏一把，報上中官時，大半又歸入中官之懷中〔註140〕。起解皇帝之珠，是中使所貪之餘，或宦官由民間搜括而來的。當時皇帝不明諸理，以爲所採珍珠悉解進京，其實不然。此輩中官和供事人員，每利用皇帝求珠心切，勸其開採，以便營一己之私利。〔註141〕

總之，朝廷雖建十七海塞，分軍巡哨，以防盜珠。然法禁稍弛，軍士即玩盜，有所賄賂，則不捕捉〔註142〕。以至上自有財勢者，高檔巨艚，配有武

〔註136〕夏修恕等，《高要縣志》（清道光六年刊本，孫逸仙圖書館藏）卷十四〈金石略四〉，頁21～28，嶺南平寇碑記。

〔註137〕參《神宗實錄》卷二一三，頁9上，萬曆十七年七月甲戌條。

〔註138〕《古今圖書集成》，〈方輿彙編・職方典〉，第一千三百五十卷肇慶府部第一六七冊之二十八葉下所載神宗萬曆三十一年，池監李鳳到處殘害百姓，勾引奸徒，指大戶盜珠，差官捕捉，欲得其財富，而後止。詳情見下節池監之禍害。

〔註139〕見《廉州府志》（明崇禎十年刊本）卷一，頁38。

〔註140〕《皇明經世實用編》卷五，頁289～299。及葉盛，《兩廣奏草》（明崇禎刊本，國立中央圖書館善本書）卷十三，頁16，記載池監阮隨令百戶韋勝等，駕船六艘，逐日偷珠，不計其數。

〔註141〕郭尚賓，《郭給諫疏稿》（《百部叢書集成》之九十三，《嶺南遺書》第三函，據清道光伍崇曜校刊《嶺南遺書》影印，台北：藝文印書館，民國54年至59年）卷二，頁4～8，題爲〈不法邪弁，交結內官夤緣委奏，蔑罷採之恩，恣欺君殃民之大惡，懇乞逮問正法，以安生靈事〉。

〔註142〕見《天下郡國利病書》卷一一〇，頁30。及《肇域志・廣東二》，頁117。

器，與官兵追逐海上；下自窮戶小民，以舶竹筏，招集亡命，借捕魚之名，剝蚌取珠入市。地方文武官兵，多陽禁陰縱，陰與勾結，以至盜珠之風，與明祚相始相終。〔註143〕

第六節　珠敝及其衍生問題

一、池監之禍害

皇帝怕珠池為地方官民所盜，遂派親信家奴監守珠池〔註144〕。此批內監一到廣東，地方政府替他們建衙門〔註145〕，給予舟車、儀隊、仗器等物，供贍薪和牙役。其隨行一、二百人，又給予糧食，開銷頗鉅〔註146〕。然而此輩中官，並不滿足於此，每利用權勢，干擾地方行政。

當其首抵廣東，先要求兼管平安、樂民、青嬰等池之行政，後又陳乞接管督捕盜賊之權〔註147〕。接著便是百計謀求，恣其漁獵，滿其私慾〔註148〕。

〔註143〕《定陵註略》卷五，頁 263：「珠池有三，皆在合浦，特設游擊三把總以守之。每遇冬月，東莞等處奸徒，輒駕巨艘來盜，官軍出禦，互有傷殺。陳瑞為總督，欲獻珠權貴，潛令盜珠。」又見《遂溪縣志》（清道光三十一年刊本，光緒二十一年補本）卷二，珠海，頁 45～47：「諸遠方豪有力者，高檣大艦，來海如鶩，堅器銛刃，與官兵決死生於波濤，即扞綱觸國法，所不顧。沿邊細民，或舶筏，招集亡命，假捕魚而探龍淵者，……至於防守諸弁，多陽禁陰縱，與之為市，人思染黿鼎而嘗焉。文臣中，倘不自愛，一中其餌，未有不敗名辱節者。其自愛者，鞭長復遠，竟亦莫如之何。」可見盜珠賊之囂張，官兵、文武大臣皆有與之互通之疑。

〔註144〕同前註。

〔註145〕見《廉州府志》（明崇禎十年刊本）卷三，頁 7「監察院，在府治前正南。正德間，守珠池內官韓慶建號珠廠。嘉靖十年革，宦官廠遂廢，今為察院。」又見卷六，頁 3 上「永安珠池公館，為內使設。嘉靖十年裁革，知府張岳改為知融書院。」又見《古今圖書集成》，〈方輿彙編・職方典〉第一三六八卷，雷州府部，第一六八冊，五十三葉：「太監廠，在縣西一百五十里，樂民所北。明萬曆二十七年，因採珠故建，久圮。」由上可知，因採珠所建公館頗多，不再枚舉。

〔註146〕同註 69。

〔註147〕這種逮捕盜賊之權，有時是皇上特予的。如《明會典》卷三十七，頁 27 所載孝宗弘治七年，就給池監巡捕廉、瓊二府之權利。有時是池監自乞捕盜，兵部不許，而皇帝特給。如《憲宗實錄》卷二二九，頁 4，成化十八年七月戊寅條所記，池監韋助，乞往雷、廉、高、肇四府備倭，兵部不允，皇上特准。待池監得到捕盜巡守特權，就開始殃民。

〔註148〕《英宗實錄》卷五十五，頁 5，正統四年五月辛酉條，記載珠監張斌擅作威

或招買地方惡棍，四出打探，以盜珠爲名，繫富戶於獄，必得其財富而後止〔註149〕。或恣行剽掠，橫徵暴斂，魚肉百姓，終激起民變。如以正德五年（1510）坐鎮雷州池監趙蘭而言，趙蘭平日氣燄高漲，欺壓百姓。知州王秉良，常與抗衡，蘭遂恨秉良，私逮至京師下獄〔註150〕。蘭勢益囂張，貪瀆更肆，欲奪富戶陳亨家財，逮而鞭之，其子陳應魁代父受刑，炮烙而死〔註151〕。雷民見此，群訟於路，蘭又以民變上報，以至人情洶湧，暴動四出。幸賴御史陳實明察秋毫，遂奏「趙蘭壞法害民，誅求無已，宜極逮治，以懲貪贓」，章下戶部，遂革其職，始平息一場民變〔註152〕。凡此諸惡跡，不勝枚舉〔註153〕。可見此輩中官，非但藐視地方官，甚且魚肉良民，欺壓無辜，無所不爲。皇帝對於池監之亂風紀，雖屢下禁令，禁其干預州縣行政工作〔註154〕，然而時間一久，故態復萌，毫無約束之力量。〔註155〕

　　明代廣東有二監：池監，專司開採珠池；稅監，專司管理貿易收稅事宜。二者皆由皇帝委派，各有其職掌。然稅監之權利遠超池監之上，故每欲利用權勢兼領採珠利源，以故二者之間，勾心鬥角，明爭暗奪，至波及百姓，掠殺無辜，乃至屍隨水流，海水爲之腥紅，慘不忍睹〔註156〕。神宗萬曆二十六年（1598），稅使又欲奪珠使之權，乃招民戶，擅開雷池，一時好利之徒，欣

福，擾害民生之事。及《國朝典彙》卷七十六，頁9載成化十九年七月，因布政使彭韶劾珠池太監黃福，採捕禽鳥，騷動雷廉之事，而被貶於貴州。可見此批內臣擾亂民生之惡跡，連布政使都駕馭不制，其囂張可知。

〔註149〕 請參見註69。及《郭給諫疏稿》卷一，頁4～8上。

〔註150〕 《廣東通志》（明萬曆三十年刊本）卷五十六〈郡縣四十三〉，雷州府名宦，頁21～22；及同卷，頁30，孝友條。

〔註151〕 同上。及《遂溪縣志》（清道光三十一年刊本，光緒二十一年補本）卷二，〈紀事〉，頁9。

〔註152〕 《世宗實錄》卷二，頁26下，正德十六年五月丁丑條。及《國朝典彙》卷三十三〈中官考〉下，頁63。

〔註153〕 《西園聞見錄》卷九十二，坑冶，珠池，頁39「正德年間，逆監用事，毒流海濱，監守漁獵，牙爪助威，誣商賈爲盜珠，脅鄉民爲匪寶，傳奉採取，擾害百端，蠶食不堪，致成激變。」又見《神宗實錄》卷三四六，頁4下～5上，萬曆二十八年四月乙酉條載池監李鳳激變新會。凡此不勝枚舉。

〔註154〕 參《世宗實錄》卷三，頁18上，正德十六年六月丙午條。又見《國朝典彙》卷三十三〈中官考〉，頁66。

〔註155〕 王世貞，《弇山堂別集》（大明萬曆庚寅金陵鐫行本影印，台北：台灣學生書局，民國54年5月）卷九十八，頁1上載剛在嘉靖元年四月下詔內監不能兼管廉、雷、瓊地方行政，然不久又開始夤緣傳俸，兼管地方事。

〔註156〕 見《皇明經世實用編》卷五，頁292，互爭之害。

然從之，採珠逾月，毫無所獲，下令罷採。所招之徒，轉盜廉州珠池，爲官兵所捕。珠使欲以此事傾稅監，妄指爲大盜，橫劫海上，具疏上奏。皇帝下令嚴辦，捕械十餘人，悉判死罪。後賴王臨亨傾力相助，始化爲無事〔註157〕。由此可知，此輩祇知爭權奪利，罔顧蒼生百姓。

　　總之，此輩中官，平日在京本多不學無術之徒，一放地方，大臣又多不以禮儀相待，以之彼此不能妥協合作。唯一能制服內使之皇帝，卻又遠在北京，管轄不到。更使得此輩肆無忌憚，欺上蒙下，恣意貪瀆。而地方官，則又輕視刑餘之徒，每與之抗衡，則身繫囹圄，或自求罷免〔註158〕。遂使地方無行政長官，政令愈亂。百姓痛恨此輩爲非作歹殘無人性，而悍者群起譁變〔註159〕；至弱者，以天文星象之異常，罪歸於池監之蒞臨〔註160〕。可見池監，在地方官及民間之眼中，實在是令人痛恨的分子。

二、滋育寇盜

　　朝廷採珠，動用人手，不下數千，如大珠船，每艘船夫二十名，小船亦有十名。凡此船夫，皆烏合之眾。每假借採珠之名，冒充官差，打劫客商，甚至爲患鄉曲，姦污良家婦女〔註161〕。而此批應募船夫，有些本不習於海事者，無能爲役，每經一地，大張池監旗號，連帆蔽海，官兵不敢阻

〔註157〕《粵劍編》卷二，頁11～13。按盜珠之罪，至神宗七年時，爲首者斬，其餘流徒。此處池監欲生事害稅監，故以江洋偷珠大盜上報。
〔註158〕《英宗實錄》卷三一七，頁6，天順四年七月甲午條載廉州知府李遜，與內使譚記不合，被誣縱部盜珠，逮至錦衣衛。又如《國榷》卷七十九，頁4892，萬曆三十年二月辛卯條載採珠太監趙安，路過臨淮，因知縣林篊不遣役，誣告搶掠，遂逮下獄。可見此輩爲害，不祇廣東一地。又見《廉州府志》（明崇禎十年刊本）卷九，頁26，兵巡方瑞，與監不合，求去。
〔註159〕《明史》卷三五〇，列傳第一九三〈宦官二〉，頁7812：「廣東稅監李鳳劾逮鄉官通判吳應鴻等。……吏部尚書李戴等言鳳釀禍，致潮陽鼓譟，粵中人爭欲殺之。」凡此不再贅敘。
〔註160〕大者如御史郭弘化以珠池之役，激窮民爲盜，攻掠屠殺，逼近省會，歸諸於有戾天和，群星變異，來勸皇上。見《世宗實錄》卷一四三，頁9，嘉靖十一年十月丙申條。而廣東小民亦以星變來警示池監之來臨。如《廉州府志》（明崇禎十年刊本）卷之一，頁32。
〔註161〕見歸有光，《震川先生集》（台北：源流文化出版社，民國72年4月初版）卷之二十二，頁525～526，中奉大夫江西右布政使致仕雍里，《顧公權厝誌》載每次採珠，舟筏兵夫共萬計，往來海中，因以爲盜。海賊黃秀山之亂，就是採珠後遺症。又見《廉州府志》（清乾隆二十年刊本）卷二十下，頁43，〈珠池嘆〉。

擋，乃至肆行欺奪，毒流海上。也有中途搶劫者，有的於撤池之後，不足以果腹，遂群聚沿海，下海爲寇，劫商擾民，爲非作歹，演至沿海一帶永無寧日〔註162〕。徵調之商船，則越界貿易，競相走私挾帶，或探民取貲挑起大禍。〔註163〕

此外，珠池位於海洋中，東連日本，西接安南。嘉靖、萬曆年間，正是倭夷交侵時刻，倭夷每利用朝廷採珠時，移兵威脅。廣東水軍，除需巡守珠池外，又要捕捉海賊，更要盡心對付倭寇，兵力分散，捉襟見肘，沿海愈亂。〔註164〕

由此可見，當時除好利之徒，假藉國利，投靠珠使，橫行劫掠，擾亂沿海外；倭夷更是圍繞外海，相機行事。內外相逼，此起彼落，沿海永不得靖寧。〔註165〕

三、珠戶之凋零

珠池離海有三百里，窮山極海，毒蟲惡魚殆遍，瘴氣繚繞，人所難忍。珠戶採珠時，烈日腥味雙重燻迫下，常染瘟疫。天順三年（1459）採珠時，珠戶感染瘟疫，以至有全家死亡者，亦有中途病逝者。據當時縣官統計，雷州府遂溪縣，病死逃亡者，達二萬零九十八名；徐聞縣珠戶病死者，有四千三百名；海康縣珠戶在廠死亡者四千八百八十二名。〔註166〕

珠戶除飽受瘟疫威脅外，又要供給服侍採珠官吏，經常往返累月，疲困路途。況且他們因長久採珠，不事生產，以至饑寒逼身，衣服襤褸，民情困

〔註162〕 見《皇明經世實用編》卷五，頁292，縱劫之害。又見《郭給諫疏稿》卷一，頁5所載萬曆二十七年，李敬採珠雷州，招奸徒數百人，採珠三日，不滿百兩，無利可圖，奸徒轉而騷擾沿海。至萬曆末年，沿海各郡，海賊充斥，百姓不敢安枕。

〔註163〕 見《海康縣志》（清康熙二十六年刊本），下卷，頁55，柯時復雷陽對樂池罷採碑記。

〔註164〕 《皇明經世實用編》卷五〈採珠議〉，頁295：「洋海一帶，東連日本，西接安南，萬一夷情叵測，猝獝之徒，援引爲奸，乘潮擊槳，瞬息千里，不重爲內地患矣。」

〔註165〕 《廣東通志》（明嘉靖本）卷六十六〈外志三・番夷〉，海寇條載世宗嘉靖年間，正是安南莫登庸稱王，多事之秋時。至嘉靖二十一年，莫登庸卒，安南始入貢。其間明朝與安南，立於戰爭狀態，而世宗卻忙於採珠。又同卷，頁79～84載世宗期間，廣東計有曾阿三、黃秀山、許折桂及倭寇擾亂沿海。此與世宗連年採珠，民生破敝，內外侵擾，不無關係。

〔註166〕 見《兩廣奏草》卷八，頁11～13，〈請停採辦珍珠疏〉。

苦，甚於他地〔註 167〕。每逢開採，在島嶼礁石之濱，珠船狹小，值大風一襲，漂沒者十之八九〔註 168〕。南海一帶，氣候本極不穩定，常有突發性之颶風。有時狂風乍發，船爲之傾覆，溺死珠戶，屍流無數。父母妻女不能索屍骨於魚市，皆招魂魄於海邊，珠戶如此生活，令人毛骨悚然，也令人同情〔註 169〕。欽州知府林兆河親見此事，不勝唏噓，遂作〈採珠行〉：

> 水府鮫人室，漢皋神女遊。上燭玉繩於中夜，下弄日月於橫流。或
> 啣恩而灑涙，或解佩而潛雷。七采胎璣產巨蚌，河宗獻寶朝陽侯。
> 重淵深抱驪龍睡，赤水空驚象罔求。赤水重淵何微茫，投珠抵璧自
> 虞唐。漢家神武威荒服，豈以珍珠問越裳。武皇宵旰垂南頤，節鉞
> 之權寄貂璫。太清明月薄蟾蜍，詔書南下大徵珠。歲發金錢三百
> 萬，渤澥橫天尾舳艫。倏忽狂颺吹浪起，帆摧船折舟欲圮。哀哀呼
> 天天不聞，十萬壯丁半生死。死者長葬魚腹間，生者無語摧心肝。
> 群驅爭赴黿鼉窟，那頤安流與急瀾。蛟龍屬齒驕相向，積血化爲海
> 水舟。恨不遠從遼海戍，縱往死地死猶寬。採得珠光似綺霞，萬死
> 一生報官家。珮環未動後宮色，夜光已照邯鄲車。千村萬落盡高
> 藜，白日無光鬼夜啼。豺狼路嘷燕巢木，天吳海若無安棲。我祖力
> 摧虎豹關，九重天子動龍顏。詔下明光罷採珠，豪妃竇首詣長安。
> 君不見伏波橫海標銅柱，風雲依舊蒼梧山。太守孟嘗空似我，但問
> 明珠還未還。〔註 170〕

當中一句「恨不遠從遼海戍，縱往死地死猶寬」，把珠戶採珠之事，比喻苦於明末之征遼，可想珠戶生活是如何地痛苦。

倘若珠戶幸運沒遇颶風惡魚，安全返港。船一到岸，水哨、里正、保副等強索，債主登門取債，惡棍乘機詐騙，所剩餘無幾。其所分餘貲，則三、五成群，划拳賭博，一擲而光。後無餘財，又群聚爲盜，四處打劫〔註 171〕。可

〔註 167〕靳文謨，《新安縣志》（清康熙二十七年修，故宮普舊）卷十二，頁 52～54。
〔註 168〕見《廣東通志》（萬曆三十年刊本）卷五十三〈郡縣志四十‧廉州府〉，珠池，引廉州知府胡鰲〈採珠議〉。
〔註 169〕見《皇明經世實用編》卷五〈採珠議〉，頁 293～294。
〔註 170〕《廉州府志》（明崇禎十年刊本）卷十三，頁 49～50，林兆河，〈採珠行〉。當時一般士大夫，對珠戶生活，抱著無限同情，常流露於詩詞之間。如石珤，《熊峰集》（《四庫全書珍本》三集，文淵閣本，台北：台灣商務印書館，民國 60 年）卷一，頁 3，〈怨歌行〉。
〔註 171〕見《皇明經世實用編》卷五〈採珠議〉，頁 295～296。

見此輩生活水準本極低，而官方不但不保障其生活，反常加勒索欺壓，導致群起反抗。如萬曆年間，珠戶因不勝官方欺侮，群起暴動，殺害民命及被殺無數。至崇禎十四年（1641），朝廷下詔準備採珠時，珠戶追溯往事，家啼巷哭，悽然不願再見採珠之舉。〔註172〕

四、民生之凋敝

珠池的開採需要龐大的經費、人力和船隻。這批費用全由地方攤派，船隻和力役，則由里甲負責雇募。這些雇募而來的供役人員，在四時皆夏，炎陽高照，蠻煙瘴霧侵擊下；加上日聞破螺腥味，病倒死亡者，更不計其數〔註173〕。且服役逾年，導致人民荒棄本業，民窮財盡〔註174〕。被徵調民船，服務逾時，船戶舉家靠船渡日，船隻被徵調，返回無期，家中無以過活。幸運者，船返航，船隻已破敗不堪，又無力修理。因此每次採珠，申報船戶，里井騷擾，妻啼子嚎，慘不忍睹。〔註175〕

世宗一朝，又大量開採。如嘉靖五年開採時，供役人員在海中奔波三個月十八天。軍壯、舍人、船夫等病死三十名，溺死十七名。風浪打沈艚船四艘；打壞船桅，不能駕駛者有三十艘；漂流不見蹤跡者有六艘，損失消耗極大〔註176〕。此年十二月，降霜酷寒，河水冰凍，樹木皆枯，珠戶凍死不計其數〔註177〕。嘉靖八年（1529），惠州、潮州等府，及碣石、海豐等縣，百姓饑

〔註172〕魏綰修，《南海縣志》（清乾隆六年刊本，故宮普舊）卷十八，頁 31 上～45 上，李待問，〈罷採珠池鹽鐵奧稅疏〉。

〔註173〕見《廣東通志》（明萬曆三十年刊本），〈郡縣志四十〉，廉土，珠池，頁56，廉州府知府胡鰲〈採珠議〉。

〔註174〕彭人傑等，《東莞縣志》（清嘉慶三年刊本，故宮普藏）卷四十四〈藝文一·奏疏〉，頁2～5，重邊方以蘇民命，王希文：「其間催覓夫船，叢累里甲，橫行海島，劫奪客商，服役逾年，荒棄本業，風濤頃刻，呼吸存亡，皆不足論。」

〔註175〕《皇明經世實用編》卷五〈採珠議〉，頁291，擄船之害。及參《廣東通志》（明萬曆三十年刊本）卷五十三〈郡縣志四十·廣州府〉，珠池，引國朝兩廣都御史林富〈奏革採珠疏〉，頁52～53。當時徵船（刷船），所徵之船，皆貧戶之船。富戶皆以賄賂手段，逃避官方之徵。而貧戶因無錢修船，一徵再徵，以至官方所徵之珠船，皆破敝之船。

〔註176〕同前註下引書卷頁。及見《廉州府志》（明崇禎十年刊本）卷十一～十四，林富〈乞罷採珠疏〉。此疏將嘉靖十年以前，採珠遭至生靈塗炭，分析非常透細清楚。

〔註177〕同前註引書，卷之一，頁 27：「五年詔採珠……冬十二月，大雨雪。」池水凍結，樹木皆枯。螺夫凍死，不計其數。又見《廣東通志》（明嘉靖刊本）卷饑

饉，縣令運米接濟；高州府此年稻穀無收，百姓嗷嗷待哺；廣西梧州府，五月以來，大水連縣，民居漂泊，秋收無成。凡此諸費，勢必要廣東撥款接濟，如此何來經費採珠〔註178〕？世宗仍然於次年下詔採珠，結果不但使廣東財經枯竭，而本來就貧瘠之廉土，民生更加凋敝〔註179〕。隨後世宗連縣採珠，以至在二十四年時，廉州府一州二縣，百姓勞困未蘇，逃亡未回；又傳聞朝廷要再度採珠，一時百姓如驚弓之鳥，競相奔竄，四處逃移。加上天雨不時，各鄉乾旱者多，農收者少，人民饑饉，呈現一片蕭條景象。知府一面招恤；一面以旱災，農田登荒，請皇帝罷採珠〔註180〕。然而皇帝不聽勸阻，仍然開採，遂導至「人民膏脂，與之俱竭。」〔註181〕據當時地方官統計，每次採珠，廉府十家有五家逃移。至嘉靖末年，廉州府已十室九空，成爲盜賊淵藪。〔註182〕

雷州一地，亦深受珠役之累。萬曆二十七年，池監李鳳入雷土，親見暴骨蔽野，奸人漁利，遂請罷雷池，然戕害民生已深〔註183〕。可見珠池戕害民生，無分雷、廉，彼此相同。

神宗一朝，屢藉進奉太后，諸皇子、公主冊立，分封、婚禮等名義，請採珠池，花費至鉅。戶部尚書包見捷亦屢以「民生爲重，國計爲急」勸神宗罷採。然而神宗爲滿足一己之私慾，雖明知其朘削民生，亦不知反顧。反而以「採辦勞擾，朕豈不知，但天典重鉅，著遵旨行」爲搪塞〔註184〕。萬曆四十年（1612），金吾右衛指揮倪英，又希迎上旨，請開珠池以充國用，朝臣郭尚賓以每年粵東監稅十九萬兩，羅掘已盡，且欽州流賊騷擾，屠民殆盡，已

七十，雜志下，頁27。

〔註178〕同註176。

〔註179〕見《廉州府志》（清乾隆二十年刊本）卷二十上〈藝文記序〉，頁40，張太守詞記。

〔註180〕同註168。蓋當時不但廉州府有災荒，而廣東西有猺亂，南有黎亂，東有倭寇騷擾，兵餉日增，焉有經費支付採珠所費。

〔註181〕同註168。按此句爲談諿對珠池弊害總評。

〔註182〕同註168。又據《穆宗實錄》卷六十九，頁2下：「嘉靖四十五年，提督兩廣殷正茂言廣東山海之寇益充斥，民疲於奔命，死徙過半。陛下歲命採珠八千兩，計所費三十萬金。今軍興，尚苦不贍，豈復能辦此耶！乞改千爲百，以三年爲十年。上從之。尋上以求珠玉不得，切責戶部尚書高燿，會崩，乃已。」可見世宗、穆宗罔顧廣東生民塗炭，以其私慾爲主，以致百姓逃亡，十室九空。

〔註183〕同註125。

〔註184〕見《明神宗實錄》卷三二三，頁4～5，萬曆二十六年六月丁卯條。

無錢糧開採〔註185〕。可見彼時廣東，財經告罄，無力再負擔龐大的採珠費用。而人民對開採之態度，也抱著「罷採萃，一省之歡聲；復採萃，萬民之怨讟。」〔註186〕

迨至思宗崇禎十二年（1639），戶部招募「新餉」，廉州知府王鑑遂議開珠池，以應急需。此時廣東水旱交作，盜賊無寧，加上遼餉、勦餉、練餉之加派，追徵不已，人民相率逃亡，已十室九空。留下邑民，風聞又要採珠，莫不俯首泣訴，痛陳珠弊，談珠色變。〔註187〕

總之，珠池一開，擾害廣民至極。其後明祚轉入後金之手，清代詩人有鑑於明代諸帝之愛珠，而不知愛養珠源，以實民力，且無端禍及百姓，遂作〈採珠謠〉如下：

> 去年採蚌可劌，今年採岸已枯。去年猶有無珠蚌，今年無珠蚌也無。青泥滑瀸深拍肚，黑風獵獵吹葦蘆。子憐父，妻憐夫，相約欲逋官令，哥哥行不得，忍作沒水長脛兒。驪龍若睡可捋其鬚，鮫人淚可貯一壺。鮫室難入龍難屠，白手出水空嗟呼。海稅猶急催田租，妻子收繫將爲奴。結爾珠簾十二行，誰惜海上帆編蒲。躡爾珠履三千客，誰惜海濱傴僂臨。〔註188〕

以此謠諷誡清君，莫開採池之弊。因此有清一代，未見官方開採珠池，實爲廣民之大幸。〔註189〕

〔註185〕見《郭給諫疏稿》卷一，頁4～8上。

〔註186〕同註185。

〔註187〕《南海縣志》（清乾隆六年刊本），卷之十八，疏，頁 31～45，李待問，〈罷採珠池鹽鐵俱稅疏〉：「今者（崇禎）四方多事，軍需匱乏，取之于庫，而庫如懸罄；搜之于民，而民多菜色，催夫造船萬金之費，出諸何人？此勢必不得行者。即就萬曆年間，民尚含淳守樸，率之採珠，洪濤怒浪之中，所淹沒者幾許？妖蛋肆虐之下，所殺掠者幾許？家啼巷泣，迄今追溯往事，猶令人悽然不忍道者。……」又見《明史》卷八十二，志第五十八〈食貨六〉，頁 1994：「……至於末年，內使雜出，採造益繁。內府告匱，至移濟邊銀以供之。熹宗一聽中官，採造尤夥。莊烈帝立，始務釐別節省，而庫藏之耗竭矣。」又見《明書》卷八十二，志二十〈食貨志二〉，珠寶，頁 18：「天啓、崇禎時，軍興旁午，無暇此矣。」可見珠池非只凋散地方，中央財政亦遭波及。

〔註188〕見遂溪縣志（清道光三十一年本，光緒二十一年補本）卷十二，頁 11，〈採珠謠〉。

〔註189〕同註188。

第七節　小　結

　　欽、廉兩地，依山傍海，土質貧瘠，不適耕種，人民素以採珠爲業，以珠易米爲生〔註190〕。從漢代開始，官方欲得珍珠，皆採購自民間，從無專官開採，與民爭利之情事。若有之，則爲權宜之計。如孫吳，在黃武間，改合浦爲珠官郡，以官員領採珠事。當時是以南方的明珠、翡翠等異物，以弊魏主之英明〔註191〕。晉平吳後，交州刺史陶璜，見民困於珠禁，無以爲生，請革禁令〔註192〕。歷經南北朝至隋末，未見採辦。至唐，雖以珠池爲縣名，亦未見開採。大臣魏鄭公且以西域諸賈愛珠，乃至傾家蕩產爲例，請太宗止奢，勿開珠池〔註193〕。高宗永徽六年（655），停諸州貢珠，且禁止人民採用〔註194〕。懿宗咸通四年（863），纔解除珠禁，予民私採〔註195〕。五代南漢劉銀，於廣州設媚川都，募兵五百人，大肆開採，民不聊生。及宋太祖在位旋廢，且詔百姓不得以採珠爲業，使之務農〔註196〕。朝廷需珠，皆以地方進貢爲主〔註197〕。南宋高宗紹興二十六年（1156），詔罷廉州貢珠，縱蜑丁自取〔註198〕。演至元代，遂有專官採珠，然或採或罷，迄無定制〔註199〕。明祚初

〔註190〕杜臻，《粵閩巡視記略》（《四庫全書珍本》四集，文淵閣本，台北：台灣商務印書館，民國62年）卷一，頁37：「……但言欽廉土不宜穀，民用採珠爲生，自古已然。商賈齎二易珠，官司欲得者，從商市之而已。」
〔註191〕《三國志》卷四十七，〈吳書‧吳主傳第二〉，頁1141：「黃龍四年夏，遣呂岱討桓等。秋七月，有電。魏使以馬求易珠璣、翡翠、瑇瑁，權曰：『此皆孤所不用，而可得焉？何苦不聽其交易。』」
〔註192〕見《晉書》卷五十七，列傳第二十七〈陶璜〉，頁1558～1561。
〔註193〕見王方慶撰，《魏鄭公諫錄》（《四庫全書珍本》五集，文淵閣本，台北：商務印書館，民國63年）卷一，頁8，諫國家愛珠。
〔註194〕《新唐書》卷三，〈本紀第三‧高宗〉，頁57：「永徽六年十一月戊子，停諸州貢珠。」
〔註195〕同前註引書卷九，〈本紀第九‧懿宗〉，頁258：「咸通四年七月，弛廉州珠禁。」
〔註196〕《永樂大典本地方志彙刊》，〈廣州府三〉，頁5，引《澠水燕談》云：「劉銀據嶺南，置兵數千人，專以採珠爲事，目曰媚川都，溺死者相屬。久之，珠璣充積。及王師入城，一火而盡。藝祖詔廢媚川都，乃詔百姓不得以採珠爲業，於是俗知務農矣。」
〔註197〕《粵大記》卷二十九，頁10：「太平興國二年，貢珠百斤。七年，貢珠五十斤，徑寸者三。八年，貢一千六百一十斤，皆珠場所採。」
〔註198〕見同前註引書，同卷，頁10。
〔註199〕據《肇域志‧廣東二》，頁110引張珪傳奏言：「歲貢方物，皆有常制。廣州東莞縣大步海，及惠州珠池，始自大德元年，姦民劉進程連言利，分蜑戶七

建，不深究珠池國營，乃一時權宜之計，而設專官經營開採，遂開亙古未有之惡習。〔註 200〕

　　明初宮廷所需之珍珠，太祖破大都時，擄獲元朝遺下之珠，尚足以分封諸親王嫁娶之用，故不曾大肆開採〔註 201〕。其後宗族繁衍熾盛，珍珠需要量增加，採擷次數亦相對增加。然而朝廷需珠最大來源，仍在於買辦，非在廣東採擷。朝廷每年由西洋進貢，或由順天府、雲南等地買進珍珠，但未聞在雲、順二地，設有採珠專使，卻在廣東設有池監〔註 202〕。而朝廷由各地買進珍珠之價錢，遠較廣東採擷花費來得便宜。捨便宜之道，求昂貴之途，其得失至明。〔註 203〕

　　倘若朝廷採取順天、雲南兩地買辦制度，全權委之戶部買辦珍珠，不但可省採珠專使，及池監等項開銷，且可摒除中官、供事人員等瓜分；戶部又可利用平買，將珠價減半買進，不但皇帝有物美價廉的珍珠可用，而且亦可替朝廷和廣東省下一筆經費，民生更不致於凋敝。〔註 204〕

百餘家，官給之糧，三年一採，僅獲小珠五兩、六兩，入水為蟲魚傷死者眾，遂罷珠戶為民。其後同知廣州路事塔察兒等，又獻利于列門，靭設提舉司監採。廉訪司言其擾民，復罷，歸有司。即而正少卿魏暗都剌啟中旨，馳驛督採，耗廩食，疲民驛，非舊制，請悉罷，遣歸民。」

〔註 200〕據《皇明經世實用編》卷五〈採珠議〉，頁 289～299。及《西園聞見錄》卷九十二，珠池，頁 40～43。兩書所載，明開珠池，計有十害。一則擄船之害，即徵調民船，船戶失生活依靠；朋劫之害，即趁採珠時，沿途搶劫民商；互爭之害，稅監與池監，爭權奪利，百姓遭殃；騙匿之害，即暗藏珍珠，欺上之害；嫁禍之害，即指富戶盜珠，必得其財而止；江渚之害，溺死海濱，不能索屍骨於魚市；奢淫僭踰之害；放辟邪侈，四次起盜之害；藏匿島嶼，四處行劫之害；勾通倭夷之害。凡此十害，皆明代開珠池帶來之後遺症，對廣東近海經濟造成嚴重破壞。

〔註 201〕見《明書》卷八十二，志二十〈食貨志二〉，頁 16。

〔註 202〕同前註引書，同卷，頁 17～18：「嘉靖三十六年召買珠九千四十九萬顆有奇。」及《廣東通志》（明嘉靖本）卷二十五〈民物志六〉，頁 20～21 所載嘉靖二十二年、二十三年、二十四年分別由雲南、順天府、廣東買進大批珍珠。可見在採珠期間，所獲珠量，不夠內廷消耗，仍要大量採購。

〔註 203〕據《遂溪縣志》（清道光三十一年刊本，光緒二十一年補本）卷之二，頁 45～47，珠海，歐陽保論曰：「余讀開採疏，每次費金錢若干緡，所得珠不賞所失。」又據《廣東通志》（明萬曆三十年刊本）卷五十三〈郡縣志四十〉，廉土，珠池，頁 51～58 所載看來，珠池之役，其花費貴于掌上明珠矣。請參見第四節。

〔註 204〕見《郭給諫疏稿》卷一，請禁珠池，頁 8：「當昔罷採之年，用珠固買於商，即在李敬開採之年，用珠亦買於商，採之無濟於用。若是乃上用珍珠價銀，

　　然而明代諸帝，一則不能節制本身之嗜利；二則又不能在廣東採行買辦制度，遂以一己之玩物，徒費數十萬之貲，斵傷國力，耗盡民脂，莫此為甚。〔註205〕

第七章　捕漁事業之發展

第一節　魚類之概述

一、魚類之環境

　　廣東之廣、惠、潮、雷、廉、瓊等六府，半皆濱海。內陸河川縱橫，三江流域廣泛，魚之品種繁多。以致供饌者，惟以魚為主。遠在唐代，韓愈對品嘗廣東鮮魚，已讚不絕口〔註1〕。宋代名儒蘇東坡，謫居嶺南時，食蠔味之佳，寫信轉告叔黨「無令中朝士大夫知，恐爭謀南徙，以爭此味。」〔註2〕雖出戲言，然亦可看出，廣東魚類受士大夫歡迎之一斑。降及明代，粵宦宴客，更常以魚類為主菜〔註3〕。各地百姓，皆以魚類為主食。以肇慶府而言：「男事漁樵，女勤耕績，平日食稻與魚。」〔註4〕番禺縣民，冬天寒冷，常將魚、菜、蜆、蝦等置於鍋中烹煮，闔家共吃。類似今之海產火鍋，時人稱為「邊菜」〔註5〕。凡此可佐證，粵人視魚類為日常生活必需品之一。無論上品或寒

〔註1〕韓愈著，朱熹校，《昌黎先生文集》（《四部叢刊初編》集部，上海，商務印書館編印元刊本，台北：台灣商務印書館，民國64年6月三版）卷六，頁63，初商食貽元十八協律，及答柳州之食蝦蟇等，散見於其文集，不可勝記。

〔註2〕參陶珽著，《續說郛》（清順治丙戌年刻本，台北：新興書局，民國61年3月版）卷四，陸樹聲，《清署筆談》，頁10。

〔註3〕《廣東通志》（明嘉靖本）卷十三〈輿地志一〉，頁41載：湛若水至廣東韶州府曲江縣芙蓉驛，主人熱誠招待，遂吟詩，詩中有：「九魚入饌筵兩溪，俎列樂矣忘主賓。」可見魚為招待客人主食。凡此記載，散見方志及仕宦嶺南筆記中頗多，不再一一贅述。

〔註4〕見陸鏊等，《肇慶府志》（明崇禎十三年刊本），卷九〈地理三〉，頁40，風俗。

〔註5〕見《永樂大典本地方志彙刊》，〈廣州府·風俗形勢〉，頁5。

門，皆以食魚爲樂。考其因所在，實在於漁業環境之優越，魚類容易捕獲所致。

西江之水，淵源流長，易孳生魚利。以肇慶一地而言，每歲夏至後，霪雨暴漲，魚到隨擒。致有「西水漫漫，魚蝦滿盤」之諺語〔註6〕。附近潭泊，更爲魚群所聚。如廣寧縣西四十里之烏龍潭，自宋代以來，就以多魚美味出名〔註7〕。始興縣西十五里之黑毛江，其水黑如墨，養分肥沃，魚蝦成群，魚味之美，甲於始興〔註8〕。又如南雄府，每年三月寒食節，大小鯉、鯇、鯽、青魚之屬，逆流而上，土人作「鯉簰」迎之，順手可擒〔註9〕。可見粵省內河流域，魚類豐富。

濱海一帶，魚類更豐。如廉州府合浦縣大洸港之九江河口赤洋墩一帶，蠔蜆滿地，取之不盡〔註10〕。儋州之新場海灣，三面環山，北邊出口僅三、四里（明里），可通大海，彎內寬百餘里。內有新英、南灘上下二十四垺（村），漁戶環居，漁船四百餘艘停泊，待風靜出海作業。風大浪高時，則在灣內打魚。可見灣內可打魚，海外亦可捕漁。環境之優越，非他地能匹敵〔註11〕。其他如潮州府濱海沙灘，蛤蜊滿地，居民拾以度日〔註12〕。澄海縣，漁埠富饒〔註13〕。陽江則「山麓之盛，漁鹽蜑蛤之利，甲于它邑。」〔註14〕新寧縣之半塘水，多蟹、舉魚、大駮魚、多寧蝦、赤魚、銅鼓魚，海中多龜、苗蝦、紫菜等〔註15〕。遂溪縣西二百里之㴧州，四面皆海，田少人稠，民皆以捕魚

〔註6〕 參《天下郡國利病書》卷一六○〈廣西二〉，頁18～19。

〔註7〕 《肇慶府志》（明崇禎十三年刊本）卷九〈地理志二・山川〉，頁15～16載宋學士李積中，因魚之美味而吟詩：「烏龍潭下鮮魚鮓，白馬山頭苦笋羹。」

〔註8〕 見《廣東通志》（明嘉靖本）卷十三〈輿地志〉，頁63。

〔註9〕 參《廣東新語》卷二十二〈鱗語〉，頁22～23，魚牌。及《南雄府志》（清乾隆二十八年刊本）卷三〈氣候志〉，頁34：「三月寒食至，大水漁上灘。鯉、鮀、鯽、鯇、青之類，沿海逆流而上，設鯉排迎之，一入不得出，大者數十斛。」

〔註10〕 見《天下郡國利病書》卷二六○〈廣西二〉，頁11。

〔註11〕 同註2，頁7。

〔註12〕 見周碩勳等，《潮州府志》（清乾隆二十七年刊本）卷四十七，頁10～11，術業。

〔註13〕 參《肇域志・廣東二》，頁54。

〔註14〕 同前註引書，〈廣東一〉，頁60。

〔註15〕 據《廣東通志》（明嘉靖本）卷十三〈輿地志一〉，頁52～53，新寧縣之半塘水，多蟹、鱟、多張魚。南爲大牌海多寧蝦、曹白、赤漁。又南二百里爲銅鼓海，多鱉魚、苗蝦、紫菜等。

爲生〔註16〕。由此可推知，濱海一帶，魚類之富，更超出於內河湖泊。

　　總之，廣東河海廣泛，漁業環境優越。資生之物，族類複雜。洪纖巨細，千態萬狀，不能盡其網羅，亦不能極其形狀。今依方志所載有關魚類（水族類）資料，分海域、廻游、江河湖泊、養殖、介類等，大略述之。

二、海域之魚類

　　魚之奇大者，有鯨、海鰍、海鰌、番車魚，此皆海洋魚類。其中之鯨魚，遠望如噴泉，近看如小島。吹浪成風雨，額骨有數斛〔註17〕。海鰍亦是水族中極大而變易莫測者，每年二月，至梧州海灣生產。來時每有隱隱輕雲，覆蓋其上。土人觀此景，便知海鰍已到〔註18〕。其身軀之龐大，早在唐代劉恂已有深刻的描繪，譽爲海上最遠大者，能呼風喚雨〔註19〕。肇慶府老水手，曾看見其出水，百里間噴沫如雨，天空冥晦，晝夜不辨。波濤中，隱見其翼如紅旗飄飄，經時不絕〔註20〕。此外又有番車魚，每年至瓊州府昌化縣外海交配生子。出時海洋烟水沸騰，成雙成對，頭上尾下，激起烟波，長達數丈，跳躍聲震千里〔註21〕。此或爲誇張之辭，然由其魚骨如杵臼，常懸藥市以賣，也可知其身軀之龐大〔註22〕。以上三者，乃海洋鯨類，其在文人筆下，巨大恐怖無比。實因時人對於魚類知識之貧乏，未能深入了解，以致有此驚人之筆。

　　其他之海魚，有鯆魚。《本草》作鯧鯸，又叫鯧鼠。形狀似鯿，頭縮尾狹，鱗細肉厚，身止一臼，骨嫩可咀，味極佳，爲海魚中第一〔註23〕。赤魚，生

〔註16〕　《廣東通志》（明嘉靖本）卷十四〈輿地志三〉，頁57。
〔註17〕　《肇域志‧廣東二》，頁113。
〔註18〕　同註2，頁5。
〔註19〕　《嶺表錄異》下卷，頁4：「海鰌，即海上最偉者，其小者亦千餘尺，吞舟之說，固非謬也。每歲廣州常發銅船過安南貿易，路經調黎深潤處，或見十餘山，或出或說，篙士曰：『非山島，鰌魚背也』……舟子曰：『此鰌魚噴氣，水散於空，風勢吹來，若雨耳……』交阯迴，乃捨舟取雷州緣岸而歸，蓋避海鰌之難也。」
〔註20〕　見《肇慶府志》（明崇禎十三年刊本）卷十〈地理三‧土產〉，頁58。又據《廣東通志》（明萬曆三十年刊本）卷七一一，頁24所載：明世宗嘉靖四十五年，順德縣漁民捕到一隻海鰌，剜肉數船，眼徑三尺，頰骨高並梁。可見其身軀之龐大。
〔註21〕　同註2，頁5。
〔註22〕　《廣東通志》（明萬曆三十年刊本）卷七十二，頁38。
〔註23〕　見《肇慶府志》（明崇禎十三年刊本）卷十〈地理三‧土產〉，頁58～61。

於大海，每年三月，南風一吹，漂泊至恩平、陽江海岸。頭大而扁，兩腮有鬚，腹寬，背色青黑無鱗，味稍佳〔註24〕。海鯊，本稱鮫，亦稱鯌，其背有鬚，腹十丈大翅。鼻前有骨鋸，叫「鋸鯊」，亦稱為「鋸魚」。萬石海舟，橫截斷之。背有虎紋者，則為「虎鯊」。有珠紋如鹿者，稱為「鹿健鯊」，性喜食蠣，群至蠣塘，一夕可吃盡十畝，故又名「鯊蠣」。諸鯊之皮，可飾刀鞘。其肉則淡而無味，惟取其魚翅，以作「金絲菜」〔註25〕。此外又有泡魚、黃雀魚、章魚、銷骨魚、水母等海域魚類，不勝枚舉。〔註26〕

三、廻游之魚類

從海洋廻游於廣東河川之魚類，計有盤魚、鱘魚、鰣魚、黃魚、馬鱭、銀魚、白鱔、鱸魚、江魚及河豚等〔註27〕。今擇要敘述如下。

鰣魚，每年三月，由海洋泝流至端江，又名「三來魚」。其形秀而扁，鱗白如銀，肉甚美，但多刺〔註28〕。黃魚，與吳楚之黃魚不同，形體氣味類似鰣魚，但體積較小，如三指大，亦在三月泝流至肇慶府〔註29〕。鱘魚，俗稱為「蒲魚」；形狀似盤，又叫「盤魚」，產於陽江、恩平沿海一帶，時常沿江泝流至高明、高要境內。其身圍大七、八尺，體內多骨，節節相連，脆嫩可口〔註30〕。江魚產於文昌縣松江之海淡水交會處。肉極細嫩，廣為士人所喜好。味非但絕勝文昌，甚至連江左之鱘、鱸、鯽之味，都無法及之〔註31〕。河豚在海中呼為「海豚」，身軀較大；廻游至江中者，稱為「江豚」，長不盈寸。兩者實為一物，顏色有黑白兩種。〔註32〕

〔註24〕同註23。

〔註25〕同註23。又見《廣東通志》（明萬曆三十年刊本）卷七十二，頁42所載合浦一帶之鮫魚，長三尺，背有甲珠，蓋鹿健鯊之類，其皮強靭，魚民常據以飾刀口，且用來鑢物。

〔註26〕同註23。廣東海魚，不勝枚舉，若有遺漏，請參閱《廣東通志》（明嘉靖本）卷第二十四〈民物志五・土產下・鱗品〉，頁1～5。

〔註27〕請參閱李象元，〈屈大均《廣東新語》魚類考釋〉（《珠海學報》第七期，香港，珠海書院出版委員會編印，民國63年4月）頁111～182。是篇文章將《廣東新語》之鱗語內所提魚類，全部作考釋研究，可作為本章之佐考。

〔註28〕同註23。又見《永樂大典本地方志彙刊・廣州府三》，頁76，引《南海志》云：「鰣魚，甘脵可愛，肉中多生橫刺。」

〔註29〕同註23。

〔註30〕同註29。

〔註31〕同註2。

〔註32〕同註23。又見《廣東通志》（明萬曆三十年刊本）卷七十三，頁46。

四、河泊之魚類

江河湖泊之魚，首推鱅魚。分布於高要小湘峽以上，至德慶一帶。性潔，不泝濁流。居石潭中，以青苔爲食。俟多天，水清乃出，其肉甚美〔註33〕。次者白眼魚，眼白，長寸許，游戲湖中之野魚，烹煮皆不佳。再次者臘魚，形似鯽而色白，亦有紅色者。白色柔嫩鮮美，可匹敵鱅魚；紅者，骨較粗，性喜溫暖。多天，人立水中，魚即附足，順手可捕。又有牛尾魚，大如牛尾，長尺餘，甘美少骨。〔註34〕

此外，江魚有異名實同者，如「師婆鯽」亦即「歸」，廣人叫爲「牛皮鯽」，又叫「婢妾魚」。銀魚，即「麵條魚」，俗稱「白飯魚」。黃光魚，即「石首魚」，乾者名「鯗」。石黃首魚，即「回魚」，江東人稱之爲「回昂」。跳魚，性喜跳水，肇人呼爲「彈流」。鵝毛魚，即「鱠魚」，俗稱「紙錢花」，曬乾後叫「脡」〔註35〕。凡此類者甚夥，不一一列舉。

五、養殖之魚類

明代廣東養殖漁業，是一種混合經營方式。漁民常在負郭之田傍，種植荔枝、柑橙、龍眼等果樹，作爲基圍，再鑿田爲池以蓄魚。歲暮收穫，來春魚池乾涸，又種以水稻。其經營面積，小可達十畝，大的築城堡爲池，以頃計〔註36〕。而養殖之魚苗，則來自江湖交會之處。每歲三月上旬，以布網撈魚苗。其細如髮，養於舟中，漸次成長，才賣予人養〔註37〕。而養殖之魚種，又隨地而異。以惠州府而言，其魚塘有三種：一則可潤水之塘，取水以灌田，又可以蓄魚。二爲魚塘，春夏買鯤魚而蓄之，秋冬收其利。三爲大水塘，不

〔註33〕同註23。
〔註34〕見《肇慶府志》（明崇禎十三年刊本）卷十〈地理志三〉，土產，鱗品，頁54～57所載是屬江河湖泊魚類。
〔註35〕同註34。及見《廣東通志》（明嘉靖三十年刊本）卷二十四〈民物志五〉，頁1～9。及《大明一統志》卷七十九至八十二，頁4847～5057。
〔註36〕見葉春及纂修，《順德縣志》（明萬曆十三年刊本，國立中央圖書館公藏善本書）卷十〈俗產〉，頁6～7。
〔註37〕《古今圖書集成》，〈博物彙編‧禽獸典〉，第一三七卷，魚都，第五二六冊，頁5引《豫章漫抄》：「今人家池塘所蓄魚，其種皆出九河，謂之魚苗或曰魚秧。南至閩廣，北越淮泗，東至於海，無別種也。蓋江湖交會之間，氣候所鍾，每歲於三月初旬把取於水，其細如髮，養之舟中，漸次長成，亦有贏縮，其利頗廣。九江設廠以課之，洪武十四年欽差總旗王道兒等至府編僉，漁人謂之撈戶。」又見《通雅》卷四十七，頁43，潦戶謂魚秧也。

蓄鯤、鱺、巨，得春夏水漲，俟其平落，築梁以截魚。每一漲，可獲一利，屬於自然養殖法〔註 38〕。肇慶府德慶、高明、春新等地，在田荒處挖潴池，俟來春雨水注滿，買鯇苗散布池中。俟一、二年草根食盡，坐收漁利，又可墾為良田。肇民最喜蓄養鱅，又名鱮，狀似鱺而色黑，其頭最大，又叫大頭鱮。再次為「玉魚」，形似水晶透體，映徹腸胃。又可細分為玉鯇、玉鯉、玉鯿等。〔註 39〕

明代廣東一般農戶，皆有池塘蓄魚，以作副業〔註 40〕。魚池中，普遍蓄養鯇、鱺、鱅、鯇、鯉等魚類。〔註 41〕

六、介　類

介品有龜、鼈、蟛蜞、蝦、蟳、蚌、螺、蜆及蠔等諸色名目。〔註 42〕

龜有數種，春夏出蟄，秋冬導引，背有八卦，紋似——者，謂之「靈龜」，乃為不世出之物，最為人喜愛。鼈亦屬龜類，大凡鼈多龜少，廣人呼為圓魚，水居陸生，產卵於岸邊淺沙中，卵生〔註 43〕。蝦亦有數種，諸如海蝦、塘蝦、龍蝦、青蝦、白蝦等。其中龍蝦出大海，長數十丈，形似龍，廣人常將其曬乾，作為饋贈貴客之用；潮州人更常洗滌其殼，引作燈籠〔註 44〕。青蝦即嫩蝦，長五寸餘，色青，出水漸紅。曬乾後，兩蝦對盤，為下酒之物，又名「對

〔註38〕《惠州府志》（明嘉靖二十一年刊本）卷第五〈田賦志〉，頁 4。

〔註39〕《肇慶府志》（明崇禎十三年刊本）卷十〈地理三・土產〉，頁 54 引《嶺表錄異》所記，而強調高明、春新、德等三地，仍然行之，可見此法自唐代延襲至明代而不衰。

〔註40〕據《龐氏家訓》（《百部叢書集成》之九十三，《嶺南遺書》第五函，據清道光伍崇曜校刊《嶺南遺書》本影印，台北：藝文印書館，民國 54 年至 59 年）頁 2：「池塘養魚須要供糞草，築塘牆桃李荔枝，培泥鏟草，人無遺力，則地無遺利，各派定某處開列日期，不時查驗，毋令失業。」阮以臨修，《普寧縣志》（明萬曆間修，國立中央圖書館公藏善本書），卷八〈物產〉，頁 1～3 所記全縣人民池塘春冬皆蓄魚。

〔註41〕《廣東新語》卷二十二〈鱗魚〉，頁 8～16，對明代廣州之養殖魚類及撈魚苗等有詳細敘說。

〔註42〕見《廣東通志》（明嘉靖本）卷第二十四〈民物志五・土產下〉，頁 5，介六十五，介品。

〔註43〕見《肇慶府志》（明崇禎十三年刊本）卷十〈地理三・土產〉，頁 61～5，介品。

〔註44〕同註 43。及見吳震方，《嶺南雜志》（《百部叢書集成》之三十二，《龍威秘書》第七函，據清乾隆馬俊良輯刊《龍威秘書》本影印，台北：藝文印書館，民國 54 年至 59 年）下卷，頁 83。

蝦」。白蝦出於陽江一帶，白殼軟味，其品最佳。〔註45〕

　　此外又蜆、蛤蜃之利，隨海水漂流至岸，漁人撈至塘而蓄之。俟歲後，肥大甘美，撈之而賣，可得一筆意外之財。此外，廣人更將蜆殼用來砌牆，高可二、三丈，鱗鱗可愛〔註46〕。蠔產於濱海一帶，生鹹水中，附石而生，礧礧相連如房，又名「蠔房」。初生海畔，如拳石，漸長至一、二丈者。一房蠔肉一塊，海潮來，諸房皆開，蟲入，則合以充腹，漸次成長。土人多嗜此物，以廣州府泮塘海、南石頭海所產最佳，名「金錢口」。五代劉銀取以自奉，禁民不得食。〔註47〕

　　總而言之，嶺南東臨大海，境內河流湖泊縱橫，水產豐。記載其水產異物很多，不能一一枚舉。〔註48〕

第二節　捕魚之工具及其方法

一、捕魚之工具

　　明代海禁甚嚴，寸板不得下海，然濱海居民，仍以採捕魚蝦為生。朝廷徵課，不得禁止，乃從而限制其船制，規定漁船以平底單桅為主，而尖底雙桅之貿易船，非漁民所能奢望〔註49〕。以潮州府澄海縣而言，當時漁民只能利用罾船、罟船、艚運船等較小的船隻，下海作業，其他較大型海船，則未見〔註50〕。而這些漁船之建造規制，因史籍之缺漏，不能詳述。

　　至於漁戶其他的捕魚工具，依其地方性質，可分為罾門、竹箔、簍、箔、灘箔、大箔、小箔、大河箔、小河箔、北風箔、方網、轇網、旋網、布罟、竹、漁籃、蟹籃、大罟、竹籃等十九數〔註51〕。而從新會東三瀝，西從硯岡

〔註45〕同註43。
〔註46〕同註43。又見《廣東新語》卷二十三〈介語〉，頁9～14。及見《游嶺南記》，頁198。
〔註47〕見《廣東通志》（明萬曆三十年刊本）卷七十一，頁150。及《永樂大典本地方志彙刊・廣州府三》，頁17。
〔註48〕若想全部瞭解明代廣東魚類，請參閱《廣東通志》（明嘉靖本）卷第二十四〈民物志五・土產下〉，頁19之鱗品、介品。及《肇慶府志》（明崇禎十三年刊本）卷十〈地理三・土產〉，頁55～66，鱗品、介品。又見《惠州府志》（明嘉靖二十一年刊本）卷第五，頁18～19，鱗品、甲品。
〔註49〕《籌海圖編》卷四，頁27。
〔註50〕《潮州府志》（清乾隆二十七年刊本）卷十二〈風俗・術業〉，頁10。
〔註51〕見《香山縣志》（明嘉靖二十七年刊本）卷三〈漁鹽〉，頁19。

至崖門一帶漁夫，每以網、罟、笭、菁、棘、鏃、罛、藥等漁具，在薄暮中，擊梆驚魚，聲響四方，魚兒驚恐入網。更大者，植木波間，置罟截流，更無漏網之魚〔註52〕。可見因取魚之種類、地域、水之深淺、季節等各有區別，其應用之工具，也巧妙各有不同。茲分海域、江河湖泊、其他等三項，大略敘述明代廣東漁戶捕魚工具及方法。

二、海域之捕魚法

海中巨鯨、海鰍，每年三月至梧州海灣生產。逢風和日麗，小海鰍浮出水面，隨波蕩漾。瓊州土人，每用舴艋（小船）裝載如臂大之藤絲繀，綁著逆鬚槍頭二、三支，每三人守一把，逆流而行。遇上小海鰍，則併舉槍，中魚身，縱纜任去。待海鰍稍定，又射一、二次。魚稍困，則掉船至岸，徐徐收索。海鰍隨波至岸，落潮擱道沙灘，不能動彈。土人舉家共分其肉，取其油賣，錢可數萬〔註53〕。陽江一帶漁戶，則以「巨木利刃，繫以長索，作鏢投射，任其奮逸，俟其水緩，割其肉可得數船。」〔註54〕

諸上所述，是較特殊之捕鯨法。一般而言，海上捕魚工具，可分梁罛和繀罛等二大類。在海水淺處用深罛。其深六、七丈，長三十餘丈，每船一罛，七、八人操縱〔註55〕。漁夫常十餘艇，或七、八艇，連成一罛，同罛捕魚，稱為「朋罛」。每朋有料船一隻，隨之腌魚，且帶米水以補給各船糧糈。各船以魚歸之，兩相得宜，互不相欺〔註56〕。朋罛作業時，發出巨大聲響。詩人李玘云：「忽聞罛罝罷，知是捕漁歸」〔註57〕，可見其必為相當龐大之網具。在海水深處捕魚，則用繀罛。其規制如下：

其深八、九丈，其長五、六十丈。以一大綹為上網，一為下網。間

〔註52〕 參黃淳等，《新會縣志》（明萬曆三十七年刊本，國立中央圖書館公藏善本書）卷二〈食貨略〉，頁25～29。

〔註53〕 見《廣東通志》（明嘉靖本）卷七十〈雜志下〉，頁47。及《廣東通志》（明萬曆三十年刊本）卷七十二，頁42，又見《瓊州府志》（明萬曆刊本）卷三，頁102，水族。

〔註54〕 見《肇慶府志》（明崇禎十三年刊本）卷十〈地理三〉，頁58。

〔註55〕 見《廣東新語》卷二十二〈鱗語〉，頁17～21，魚具。

〔註56〕 見《廣東通志》（清道光二年刊本）卷一二三，頁2362，引崇禎十三年任新安縣知縣周希耀條議。

〔註57〕 《惠州府志》（明嘉靖二十一年刊本）卷四，頁11～12載李玘詩：「路出鹹土上，牛羊下夕暉，鹿州三水隔，平海一山微，風定潮聲靜，霜清木葉稀，忽聞罛罝罷，知是捕魚歸。」

五寸一藤圈，下網，間五寸一鐵圈。爲圈甚眾，貫以綀以爲放收。

而以一大船爲罛公，一小船爲罛姥，二船相合，以罛連綴之。〔註58〕漁夫操縱深罛，登桅望魚群。魚群四集，則以石擊礁。魚驚急竄入罛，二船收綀以合罛口，慢慢拉上，漁獲量驚人〔註59〕。其名目之多，計有「板罛」、「圍罛」、「檔罛」等。一般而論，綀罛捕大魚用，春取鱘鮊，冬捉黃花，一年兩用；圍罛則取雜魚，終年可用。〔註60〕

三、河泊之捕魚法

內陸河泊捕魚工具，依大小可分爲綕罾、沈罾、知州罾、車罾、絞罾等。其中知州罾最巨大，廣丈餘，水中樹兩木立之，使常浮不沈。車罾較小，以罾竿鈎之。絞罾有五丈餘，四角繫柱，船夫在岸，俟魚入罾，則轉轆轤以起之，較具機動性〔註61〕。罛罾兩具，漁夫常用，當時漁夫施罾處，廣人皆呼爲「罾步」〔註62〕。而肇慶府漁夫，每年四、五月時，用罾來捕蝦子，一次可撈得千餘尾。又據漁夫所述，其漁獲量，仍不及罛。可想那時捕魚工具之進步，及漁獲量之鉅。〔註63〕

此外，又有小型捕魚工具。如箔，以堅竹編製而成，高五丈，長丈餘，一方依水，隨水漲伸縮，以取魚蝦〔註64〕。而較爲普遍性者爲「鈎竿法」，首先「敲針作鈎絲」，再「作綸結繩」，再「作網綱目」，最後陳長竿，便可垂釣〔註65〕。鈎竿法是個人行動，兼帶有娛樂性質。當時惠州府歸善縣之北邊，已有專供垂釣之魚潭，可見此法之普遍〔註66〕。另外較爲奇特之捕魚法，有「櫨桿法」和「鸕鷀法」。前者，使人張罾，數人下水引魚入罾，魚入，則撼

〔註58〕同註55。

〔註59〕同註55。

〔註60〕同註55。

〔註61〕同註55。

〔註62〕《廣東通志》（明嘉靖本）卷二十〈民物志一・風俗〉，頁14：「水津曰步，言步之所及也。罾步，即漁者施處。船步，即眾人渡船處。江旁曰江步。溪旁曰溪步。」

〔註63〕見《肇慶府志》（明崇禎十三年刊本）卷十〈地理三・土產〉，頁57。

〔註64〕同註55。

〔註65〕石珤，《熊峰集》（《四庫全書珍本》三集，文淵閣本，台北：台灣商務印書館，民國61年）卷二，頁3～4，東溪漁樂。

〔註66〕《廣東通志》（明嘉靖本）卷十四〈輿地志二〉，頁1所載惠州府歸善縣北有鈎潭，可以垂釣。

繩示之，連人帶網一舉拉上。此法甚險，漁夫常為大魚所噬〔註67〕。後者，廣泛使用肇慶府一帶，此鳥鸕鳥，嘴曲黑如鈎，食魚入喉則爛。漁戶首先橫籥其頸，使其不能吞魚，導之捕魚，魚滿頸，則解籥取魚，肇人呼為「水老鴉捕魚法」。〔註68〕

以上所舉例，尚不足以道盡河海捕魚法。他如魚筍，或築梁以堵魚等工具眾多〔註69〕，茲不一一列舉。可見捕魚工具相當繁多，而明代廣東漁戶，依諸方法取得生活保障。

四、其 他

漁戶捕魚除工具和技術應用外，對於魚汛及魚性之瞭解體驗，多能在長期捕魚中，累積前人之經驗，使漁獲量大增。諸如廣人呼潮漲為水頭，潮退為水尾。潮漲魚多，反之魚少。逐流傳諺語云：「水頭魚多，水尾魚少」。漁戶每於十月初，取海水衡之輕重，以占來歲潮汐之大小，以測漁獲量之多寡〔註70〕。雷州漁夫也以「潮遠大，則大魚集焉。潮小者，小水魚集焉。」作為取魚之憑據〔註71〕。香山縣之漁戶，在夏寅、冬食、春秋、卯時、雙夏、申冬、戌春、秋酉等些日子，正是潮水消乏，魚蝦散退之時，罟網不施〔註72〕。可見漁戶在長期生活經驗累積下，所得之捕魚經驗，皆有學理根據，以致每次下海捕魚，皆滿載而歸。

第三節 漁課之課徵

一、課徵之機構

明代漁戶以捕魚為生，按規定需向河泊所繳納錢鈔、米若干〔註73〕。河

〔註67〕 見《肇域志·廣東二》，頁180。
〔註68〕 見《肇慶府志》（明崇禎十三年刊本）卷十，地理三，明品，頁47。
〔註69〕 同註38。及《香山縣志》（明嘉靖二十七年刊本）卷一，頁19：「疊石海，在縣西五十里，旁有巨巖，鄉人置蟹魚筍，採捕鮮，邑人利之。」
〔註70〕 《廣東通志》（清道光二年刊本）卷一一二〈山川略〉，頁2148。
〔註71〕 見《天下郡國利病書》卷一一○〈廣東五·雷州府〉，頁1～2。
〔註72〕 見香山縣志（明嘉靖二十七年刊本）卷一，頁20，潮汐。
〔註73〕 《大明會典》卷三十六〈漁課〉，頁1：「凡漁課，每歲南京戶科編印勘合。通計四川等布政司，并直隸河間等府州縣，河泊所等衙門，該勘合六百八十九道，皆以河字為號。南京戶部領回，發該衙門收掌，各記所收漁課米鈔若干，年終遞繳。其勘合底簿，仍送戶部。如各衙門繳到勘合，務必對硃墨字號相

泊所之組織及其職權，《明史‧職官志》未曾記載；今由方志所記，可明瞭其大概。

河泊所內設河泊所官一員、吏一名，曰「攢典」。專管境內漁戶之稅課〔註74〕。在地方建有官署。以新會縣而言，河泊所公署，深十六丈，正堂三間，東西廊三間，門樓一間，建置規模頗大〔註75〕。河泊所官督漁課之餘，亦幫助縣丞督修水利〔註76〕。而瓊州河泊所又兼督收地商稅、門攤等十四項雜稅〔註77〕。可見其職務之複雜。然論其本職，則以督收漁課為主。

其職位，三年一考，六年一滿。須赴部考察，是否盡忠職守〔註78〕。若不用心督課，乃致稅收虧空，處罰分成十分，缺一分，笞五十；每多一分，加一等罪；止杖一百。而虧空之稅，悉數追繳。若私自隱瞞侵占，則以監守自盜之罪論〔註79〕。平時刷衙門印信文卷，遲一宗，笞五；三宗至五宗，笞十五；止笞二十五。〔註80〕

由上可知河泊所之職權，既紛雜且低微，所以朝廷每以貪淫罪宦或貶官污吏任之〔註81〕，再以威嚇刑罰，逼其督徵漁課。

二、漁課之項目

漁課徵收項目，最普遍的是米。依漁戶使用工具又可分為繒米、箔米、樐米及魚販之興販米等〔註82〕。也有計值納錢者，如：萬州外澳每船課四、

同，於上明白填寫，以憑查考。」
〔註74〕盧祥，《重刻盧中丞東莞舊誌》（明天順八年修，國立中央圖書館公藏善本書）卷二，頁6～8，河泊所。
〔註75〕《新會縣志》（萬曆三十七年刊本）卷二，頁14。
〔註76〕《潮州府志》（清乾隆二十七年刊本）卷四，頁56～57，明兵部尚書翁萬達與姚巡按書中所載河泊大使董潮督修鮀濟河之開濬工程。
〔註77〕李文烜修，《瓊山縣志》（清咸豐七年刊本，台北：成文出版社，民國57年）卷八〈經政志九‧権稅〉，明「洪武初，設本府稅課司……至嘉靖乙丑，司亦裁革，併入本縣河泊所。商賈所徵，與河泊所。及各州縣地土所產，物力所出者，皆差定額，折徵銅錢，歲解府庫，備官員俸鈔，凡一十四項。」
〔註78〕見《明英宗實錄》卷二十五，頁9，正統元年十二月丙戌條。
〔註79〕見《皇明世法錄》卷四十六，頁64，人戶虧稅課程。
〔註80〕同前註引書，同卷，頁18，照刷文卷。
〔註81〕薛應旂，《憲章錄》（明萬曆二年湖陸光宅刊本，國立中央圖書館公藏善本書）卷三十三，頁3下所載兵部侍郎鄧通，以貪淫謫居廣東任河泊所官。凡此散見方志官宦傳中頗多，不再一一列舉。
〔註82〕《順德縣志》（明萬曆十三年刊本）卷三〈賦役志第三〉，頁17所載順德縣年末收「岸圖繒米十石，箔米十五石七斗，樐米一石三斗五升，又有興敗米一

五錢，內港每船二、三錢等〔註 83〕。另有派料之徵，如：翎毛、魚鰾、生漆等。有時翎毛改折熟鐵，魚鰾折魚腺，魚腺又折黃麻。總之，以漁業環境內土產爲主〔註 84〕。若依地方性質來劃分漁課，則肇慶府封川縣文德鄉，至高明都海口一帶水埠，徵撈魚苗船戶之魚苗稅〔註 85〕；瓊州府之漁課，則分爲三：課以船者、課以礶者、課以戶者，其徵收項目又有比附鈔、海荸鈔、魚膠、翎毛等〔註 86〕；廉州府之漁課，除了米、魚油、翎毛等外，又有魚鰾雜皮〔註 87〕；潮州府潮陽縣，每年必需進貢水獺皮〔註 88〕。可見明代廣東漁課，除了米、翎等固定課徵項目外，又隨著地方特產，作適當之課徵。

三、漁課之歲額

漁課的稅率，因各地區漁戶人數及其魚獲量之多寡而定，大抵是三十取一。由於史料殘缺，很難窺其全貌。現僅將世宗嘉靖年間廣東各府徵收之漁課歲額，以及惠州府龍川縣和雷州府遂溪縣與海康縣等爲例，說明廣東徵收漁課之演變。茲列表如下：

表四十三：明世宗嘉靖年間廣東各府漁課歲額統計表

時間	嘉靖十一年至二十一年（1532～1542）							
府	漁課米（石）	比例	魚膠、銅、鐵、翎毛等派料折銀	比例	漁課米（石）	比例	魚膠、銅、鐵、翎毛等派料折銀	比例
廣州	11043.6055	32.28%	107.49725	21.18%	9492.2719	28.75%	107.49725	18.38%
韶州	2406.3083	7.03%	78.8399	13.82%	2406.3083	7.29%	78.839957	13.48%
南雄	206.4589	0.6%	8.2089	1.44%	190.1962	0.58%	8.2089	1.5%
惠州	2880.93944	8.42%	30.6389	5.37%	2880.93942	8.73%	30.6389	5.24%
潮州	5522.337	16.14%	99.5	17.44%	562.137	17%	99.52683	17.01%
肇慶	3972.194	11.61%	124.8779	21.89%	4344.194	13.16%	124.877912	24.35%

石三斗。」

〔註83〕李琰，《萬州志》（清康熙十八年刊本，故宮普藏）卷四，頁 449～450。
〔註84〕《順德縣志》（明萬曆十三年刊本）卷三，頁 21，漁課，翎鰾料。
〔註85〕應檟修，劉堯誨重修，《蒼梧總督軍門志》（明萬曆九年廣東布政司刊本，台北：台灣學生書局，民國 59 年 12 月）卷十三〈兵防十〉，頁 16。
〔註86〕見《瓊州府志》（明萬曆刊本）卷五〈賦役志〉，頁 29，漁課；及頁 36，課鈔。
〔註87〕《廉州府志》（明崇禎十年刊本）卷四〈漁課米〉，頁 16。
〔註88〕《潮州府志》（明嘉靖二十六年刊本）卷之三，頁 6。

高州	2414.7685	7.06%						
雷州	1321.32128	3.86%	43.1317	7.56%	1303.29248	3.94%	43.131735	7.37%
瓊州	4443.5198	12.99%	77.8518	13.65%	5980.574	18.11%	77.851875	13.31%
廉州					807.5935	2.64%	14.375785	2.46%
合計	34211.449		570.54635		33016.35		584.94898	

備註：1.《嶺海輿圖》（明刊本）與《廣東通志》（明嘉靖本）卷二十一〈民物志〉，頁26～27。
　　　2.派料之折銀以兩爲單位。

表四十四：明代廣東惠州府龍川縣歷年漁課歲額統計表

年　　　代	西　元	漁課米（石）	魚鰾（斤）	翎毛（根）	銅錢（貫）
洪武二十四年	1391	400.64	42.45	5,085	1743.40
永樂十年	1412	280.22875	53.02	1,488	6
嘉靖元年	1522	249.5957	88.33	6,772	420
嘉靖十一年	1532	249.5957	88.33	6,772	420
嘉靖二十一年	1542	249.5957	88.33	6,772	420
嘉靖三十一年	1552	249.5957	88.33	6,772	420
嘉靖四十一年	1562	270.3953	88.33	6,772	420
隆慶六年	1572	270.3953	88.33	6,772	420
萬曆八年	1580	149.55	88.33	6,772	420

備註：1.《龍川縣志》（清乾隆二十七年刊本）卷三，頁3～27，田賦。
　　　2.魚鰾，自嘉靖以後折收黃蔴。

表四十五：明代廣東雷州府海康縣歷年漁課歲額統計表

年　　　代	西　　元	漁課米（石）	魚油（斤）	魚鰾（斤）	漁課鈔（貫）	銅　錢
洪武二十四	1391	551.5688	827.566	17.379	9875.103	4870.383
永樂十六～天順六	1418～1462	5.8688				
弘治十五	1502		325	4.72		
萬曆四十一	1613	71.5264（兩）	32.318（兩）			

備註：1.《海康縣志》（清康熙二十六年刊本）上卷，頁62～69，田賦。
　　　2.萬曆四十一年，魚課米及派料改折銀。

表四十六：明代廣東雷州府遂溪縣歷年漁課歲額統計表

年　　　代	西　　　元	漁課米（石）	魚　油（斛）	魚　鰾（斛）	漁課鈔（貫）	銅　錢
洪武二十四年	1391	1081.35	1,512	31	3031.86	1743.40
永樂十年～天順六年	1412～1462	6.075				
弘治十五年	1502		569	12		
萬曆四十二年	1614	413.082				

備註：1.《遂溪縣志》（清康熙二十六年刊本）卷二，頁21～29，田賦。
　　　2.萬曆四十一年，魚油改派銀65.72394（兩）。

　　由以上四表所載，廣東漁課之徵收，可分為府、縣二方面來討論。以府而言，漁課以廣州府最高，潮州次，瓊州、肇慶、高州、韶州、惠州、雷州，而南雄府最少。可見廣、潮二府，非但在商稅、鹽稅佔重要地位，而且在漁課上也執廣東牛耳，因此在廣東財經上，自有其特殊地位。此外由嘉靖十一年至三十一年之間（1532～1552），除了廣州、雷州、南雄等三府外，其他各府之漁課，皆有顯著的增加——尤其是瓊州府增加一千五百三十七石最多，可見官方對開發漁課，不遺餘力。

　　以遂溪、海康、龍川等三縣而言，漁戶在洪武年間所繳漁課，呈現最高額。永樂、成化年間，徵課稍降，其因有三：一則明廷連續幾次藉蛋戶為水軍，漁戶減少，漁課逐減〔註89〕；二則永樂朝大規模的削減漁課〔註90〕；三則沿海盜寇的騷擾，漁戶不能下海捕魚，對漁課之減少，也有相當程度的影響〔註91〕。至嘉靖、萬曆年間，明廷因財經困敝，漁課歲額又回升。其漲額雖然不能跟洪武年間漁課相比，但此時漁戶稍減，故平均負擔漁課，反較洪武年間之漁戶為重〔註92〕。所以若由魚課數額之減少，來推定明末漁課較明

〔註89〕《廣東通志》（明嘉靖本）卷七，事紀五，頁7～8所載洪武十五年三月，南雄侯趙庸籍廣州蛋戶萬餘人為水軍。二十四年夏五月，指揮同知花茂又收集廣州等地蛋戶為民兵。凡此對朝廷漁課頓減，有相當大的影響。
〔註90〕參考以上四表，很明顯的看出，永樂年間，大規模的削減漁課。
〔註91〕《廣東通志》（明嘉靖本）卷七〈事紀五〉，頁14～30所載由永樂八年十二月倭寇侵廉州起，至英宗天順年間止，廣東沿海備受倭寇海賊之擾亂。尤其是正統十四年之黃肅養之亂，聚集沿海居民萬餘人，對沿海漁課之收入，自然有相當程度的破壞。
〔註92〕《海康縣志》（清康熙二十六年刊本）上卷〈食貨志〉，頁60～61所記英宗天順年間蛋戶有二百九十一戶，至萬曆四十一年祇剩一百八十八戶，減少一百

初爲輕，則失之輕率。

此外肇慶府一帶，又有魚苗稅之徵。在水勢平穩，魚苗四聚之地，每船納銀五錢；水勢湍急，魚苗少聚之處，每船納銀二錢五分。漁戶每年三月初旬至府治納銀，每船發執照一張，照往原報溪埠撈魚，六月散罷，一年可收稅四百餘兩。〔註93〕

最後附帶一提的是漁課之變質。以封川縣而言，洪武年間，除了徵收漁課米外，其他魚料，皆課以實物。至成化年間，魚油改折黃麻，魚鰾也折魚腺膠，翎毛折熟鐵。大致上雖與魚料無關，然而漁戶或可自己在沿海種植黃麻，以充漁課，仍不失方便之法。到了嘉靖十七年（1538），魚料皆以銀爲徵收單位，黃麻一斤折收銀一分三釐，熟鐵二斤折收銀二兩。此實爲漁課稅收制度之簡化，不失爲良好方法〔註94〕。然而，漁戶必須以活魚兌換現銀，時遭奸人相機漁利，遂使生活陷入困境〔註95〕。由此可見明代政府，只顧財稅之收入，失之於爲民置產之本意，乃致漁課隨著漁戶生活之困苦、逃移、流失而消失。詳見第四節所述。

四、漁課之價值應用

漁課之價值應用，大部份仍用於軍餉及官員俸祿。如瓊州府之漁課，除儋、昌、崖三縣存縣治外，其餘皆解府充軍餉〔註96〕。其餉額如下表所載：

表四十七：明神宗萬曆年間瓊州府漁課充軍餉統計表

州或縣	充餉銀（兩）	百分比	州或縣	充餉銀（兩）	百分比
瓊　州	190.327725	10.13%	昌　化	18.522	0.99%
澄　邁	200.052975	10.65%	陵　水	99.27974	5.28%
臨　高	399.478375	21.26%	崖　州	133.751948	7.12%
臨　高	243.1296	12.94%	感　恩	51.414	2.74%
會　同	57.41333	3.06%	萬　州	144.934996	7.71%

零一戶：而其漁課稅額，反較天順年間增加（見表四六），所以漁戶負擔較明初爲重。詳細情形請參閱第四節〈漁課之消失〉。

〔註93〕參《廣東通志》（明嘉靖本）卷三十三〈政事志六・軍餉〉，頁16。
〔註94〕見方尚祖，《封川縣志》（明天啓二年修，清康熙二十四年刊本）卷八，頁5。
〔註95〕姚虞，《嶺海輿圖》（《史料三編》，台北：廣文書局，民國58年7月初版）頁19，〈惠州府圖序〉。
〔註96〕參《瓊州府志》（明萬曆刊本）卷五，頁28〜29，漁課。

| 樂　會 | 60.8013 | 3.24% | | | |
| 儋　州 | 279.748650 | 14.89% | 合　計 | 1878.8543 | |

備註：1.《瓊州府志》（明萬曆刊本）卷七，頁 30～31，軍餉。
　　　2. 不含閏月在內。
　　　3. 感恩、昌化二縣漁課存縣備用。

　　每年瓊州府漁課總收入是一千八百七十兩七分七釐九毫一絲，而用在軍費上，竟達一千八百一十一兩八錢七分九釐八毫一絲。可見瓊州府漁課米，全部用來支官兵俸祿。而順德縣漁課，也解司充餉用〔註97〕。惠州府之漁課，則貯存於府治及各邑庫，作為官軍俸鈔及軍餉用〔註98〕。肇慶府之魚苗稅，除抽一分來抵封川、高要、德慶之無徵漁課米外，其餘悉數給德慶、瀧水等處哨堡打手之工食〔註99〕。當時輪調梧州之廣東目兵，每月配給魚二斤，折銀二分；每季又犒賞目兵、打手魚各一斤，一年四季共八斤〔註100〕。每逢朔望及歲首，因公出差，或剿撫猺獞，赴軍門任務者，百里以外，每人賞魚五斤；百里之內，賞魚二斤〔註101〕。可見漁課既可充為軍餉，而活魚又可犒賞軍士，其應用價值發揮至極點。而當時廣東各府、縣，每年支用在梧州總督軍門軍餉之漁課，數額如下表所載：

表四十八：明代廣東各府漁課米支軍餉統計表

府	州　縣	漁課米（石）	比　例	漁課折銀（兩）	比　例
廣　州	香　山	1242.143	17.48%	391.27545	17.08%
	三　水	53.7	0.76%	16.9155	0.76%
惠　州	歸　善	192.6653	2.75%	60.68957	2.75%
	河　源	236.425	3.33%	74.473875	3.33%
肇　慶	封　川	192.112	2.70%	60.51528	2.70%
	開　建	21.6	0.30%	6.804	0.30%
	陽　春	15.6	0.22%	4.914	0.22%
雷　州	海　康	224.82	3.16%	70.8182	3.16%
	遂溪	413.08	5.81%	130.1202	5.81%

〔註97〕見《順德縣志》（明萬曆十三年刊本）卷三，頁 16 下，漁課。
〔註98〕《惠州府志》（明嘉靖二十一年刊本）卷五〈田賦志〉，頁 12。及《惠州府志》（清康熙二十七年刊本）卷十，頁 32，漁課米。二書所載，惠州府漁課米，解布政使司充軍餉或貯存府治及各邑庫，支官軍更役俸鈔。
〔註99〕見《蒼梧總督軍門志》卷十三〈兵防十〉，頁 17。
〔註100〕同前註引書，卷十四〈經費一〉，頁 1～2。
〔註101〕同前，頁 4。

瓊　州	儋　州	1033.3225	14.54%	325.496588	14.54%
	萬　州	460.012	6.47%	144.903496	6.41%
	崖　州	568.8	8.00%	179.172	8.00%
	文　昌	771.84	10.86%	243.1296	10.86%
	臨　高	950.725	13.38%	299.47837	13.38%
	樂　會	193.02	2.72%	60.8013	2.72%
	昌　化	58.8	0.83%	18.522	0.83%
	感　恩	163.22	2.30%	51.4143	2.30%
	陵　水	315.1738	4.43%	99.279747	4.43%
	合　計	7107.0577		2238.72312	

備註：資料取自《廣東通志》（明嘉靖本）卷三十二〈政事六・兵防三〉，頁5，軍餉。

　　由上表得知，每年廣東撥充梧州府軍餉之漁課米，竟達七千一百七十石五升七合七勺，若每石折銀三錢一分五釐，共二千二百三十八兩七錢三分三釐一毫七絲六忽，占全年漁課之四分之一弱〔註102〕。可證漁課和鹽課一樣，乃爲廣東軍餉重要來源之一。

　　此外，魚課仍有其他用途。如世宗嘉靖二十九年（1550）曾經挪用十分之四之廣東漁課，以濟邊用〔註103〕。肇慶府之漁利，每年抽出三百錢，以供守土中官揮霍〔註104〕。潮州府澄海縣鮰鮀之沙洋海敖蚶蠣場，租稅收入，悉入學官，以佐學賦〔註105〕。高明縣之魚埠收入，又可以作爲修滕蛟港之基金〔註106〕。可見漁課之價值，應用相當廣泛。

第四節　漁課之消失

一、河泊所之裁革

　　廣東之河泊所，幾乎全部草創於洪武時代，至景泰年間，戶部給事中白

〔註102〕按表三十七所記，嘉靖年間廣東之漁課達三五・一八餘石，與此相比，是四分之一強。
〔註103〕見《明世宗實錄》卷三六四，頁1～2，嘉靖二十九年八月壬戌條。
〔註104〕見《廣東通志》（明嘉靖本）卷五十，多宦士，本朝下，頁20～21，黃琥。
〔註105〕金廷烈纂，《澄海縣志》（清乾隆二十九年刊本，故宮普藏）卷二十一〈藝文〉，頁12，明布政劉子興，〈儒學海殼蚶蠣場租碑記〉。
〔註106〕《廣東通志》（清道光二年刊本）卷一八○〈山川略九〉，頁2086所載高明縣范州水，因慶有水患，萬曆辛巳，郡守王泮，因民之請，通港設寶，多日騰蛟港，且以港口漁埠十一，梧州渡二，寶坦市，永給修港之費。

瑩上奏請：「減官員以省糧儲」，遂首裁革漁課不及三百石之樂昌縣河泊所官員〔註107〕。至嘉靖、萬曆年間，朝廷大量徵調漁蛋戶採珠，漁戶死逃絕不計其數，以致漁課缺谿，乃大量裁革河泊所〔註108〕。在此兩朝，其裁革二十幾所。

裁革之後河泊所之職權，由縣官代理，漁戶改向縣官繳納漁課〔註109〕。而河泊所官署，也隨著河泊所被裁革而消失，或被廢為蜑廟〔註110〕；或被拍賣充軍餉〔註111〕；或廢為民居。〔註112〕

河泊所裁革後，並不意味著漁課之減輕。其職權由縣官代理，漁戶仍繳原額漁課，只是無統籌徵收漁課之獨立機構，此乃漁課式微之徵兆。

表四十九：明代廣東河泊所分布數額及其裁革統計表

府	州	縣	省數	洪武	永樂	洪熙	宣德	正統	景泰	天順	成化	弘志	正德	嘉靖	隆慶	萬曆	泰昌	天啓	崇禎	不詳	分計	合計
廣州		南海	1																		3	15
		番禺	1																			
		順德	1																			
		東莞	1													1						
		增城	1																	1		
		香山	1													1						
		新會	1													1						
		清遠	1													1						
韶州		曲江	1													1					11	
		樂昌	1																			
惠州		歸善	1												1							
		博羅	1																	1		
		海豐	1																	1		

〔註107〕《英宗實錄》卷二一七，頁3，景泰三年六月庚午條。
〔註108〕請參閱第六章〈採珠事業之發展〉。
〔註109〕見《惠州府志》（清康熙二十七年刊本）卷十九〈雜志〉，頁8。
〔註110〕《古今圖書集成，高州府部，彙考五》，高州府古蹟考，化州，第一六八冊，頁12，所載高州河泊所，後廢為蜑廟。
〔註111〕馬日炳，《文昌縣志》（清康熙五十七年刊本）卷二〈建置分署〉，頁6所載文昌河泊所公署，崇禎年間被拍賣充作軍餉。
〔註112〕《古今圖書集成，惠州府部，彙考一》，惠州府公署考，本府，第一六五冊，頁33所載惠州府河泊所公署，在嘉靖十年廢為民居。

府	州	縣													
惠州		河源	1											1	
		龍川	1												
		興寧	1			1				1					
潮州		潮陽	1												
		陽	1												
		程鄉	1												
		澄海	2												
		饒平	1												
肇慶		高要	1								1				
		四會	1										1		
		陽江	1									1			
	德慶		1								1				
		封川	1										1		
高州			2						1	1					1
		茂名	1												
	化州		1										1		
		吳川	1								1				
甯州			1										1		
	欽州		1										1		
雷州		海康	1										1		
		遂溪	1										1		
		徐聞	1								1				
瓊州		瓊山	1										10		
		澄邁	1												
		文昌	1									1			
		會同	1												
		臨高	1												
	儋州		1												
		昌化	1												
	萬州		1												
		陵水	1												
	崖州		1												
		感恩	1						1						
合計			48												

備註：1.《大明會典》卷三十六，頁719。

　　　2.《大明諸司衙門》。

　　　3.《古今圖書集成·經濟彙編·食貨典》第二百二十雜稅部第六九三冊，頁53～54。

　　　4.《文昌縣志》（清康熙五十七年刊本）卷二，頁6上。

二、朝廷之苛徵

明代廣東漁課之苛徵，可以嘉靖年間來作說明。當時順德縣水中之漁蛋戶，每戶需納米一點零二六石，靠岸之漁戶，每戶納米零點五石，派料之徵，九兩八錢五分，遇閏、解司、解京又要加銀，累積漁課繁苛〔註113〕。歸善縣之漁戶，最先每人納賦二兩，十年後增爲五兩，十年之間，漁課增一倍多〔註114〕。而有司在各地徵收魚料時，又要加徵解司銀和解司水腳銀，其又以距離官司遠近，而有輕重不同之負擔，此無異稅外加稅〔註115〕。神宗萬曆年間，張居正推行一條鞭法之後，廣東有幾縣漁戶除要納條鞭銀外，又要繳漁課，雙稅齊下，至爲煩苛。〔註116〕

此外對魚苗稅之徵，於廣、肇二府有正餉；在龍川、南雄、羅定等地有定額；始興、開建、永安、香山、桂林、平樂、潯賀又有例徵，稅課之煩重，導致漁戶和魚商，兩相困罷，開逃移之路〔註117〕。而漁戶逃移之後，遺留下來的漁課，要由見在的漁戶代繳，乃致開建一縣，漁戶每人平均要繳三十一石米；而陽春一戶，需納十五石米之現象〔註118〕。久之，見在漁戶，亦以逃移來躲避煩苛之漁課。

三、豪強之淹沒

漁戶之漁業，可分成浮、實二種。泛舟乘潮捕魚，所得無幾，名爲浮業；罾門、禾蟲埠等固定捕魚，收獲豐富，則爲實業。而實業盡入豪門之家

〔註113〕據《順德縣志》（明萬曆十三年刊本）卷三，頁16，泊課米：「水圖一百七十二戶，水圖蛋人米一百七十六石六斗一升九合七勺奇：岸圖二千二百奇七戶，岸圖課里甲米一千一百八十八石九斗三升七勺奇，或成化所定也。……」及見頁21，翎鰾料。

〔註114〕參《天下郡國利病書》卷一○○〈廣東四〉，頁15。

〔註115〕《廣東通志》（明萬曆三十年刊本）卷二十八〈韶賦〉，頁7～13所記魚油料有閏拜解部水腳銀共一百二十二餘兩，其中曲江六十八兩，樂昌一十二兩：仁化二兩；乳源六兩；翁源五兩；英德十七兩，可證其依距離遠近和物料多寡而收的。

〔註116〕《遂溪縣志》（清康熙二十六年刊本）上卷〈田賦〉，頁62～69：「明神宗萬曆四十一年，漁課并比附米無閏銀七十一兩五錢二分六厘四毫八絲三忽，以漁課無閏米每石派銀三錢一分五厘，係課戶派辦，不入通縣條鞭銀內。魚油料無閏拜水腳共銀三十二兩三錢一分八厘，以漁課無閏米拜比附派每石折銀一錢二分九厘五毫五忽零，係課戶徵辦，不入通縣糧米銀內。」

〔註117〕見《廣東新語》卷二十二〈鱗語〉，頁24，魚餉。

〔註118〕《肇慶府志》（明崇禎十三年刊本）卷二十四〈外志〉，頁38～40，蛋。

〔註 119〕。如香山縣西北沿海一帶，東南谷子、黃深等都圖之罾門，皆爲豪強所據。蛋戶只好承佃豪強之罾門，出海捕魚，船艇連雲；與官兵船相接，又假豪威，動輒以毒弩射官船。此舉無異告訴官兵，他們受縉紳之意，請勿干擾捕魚作業。官軍見此，一則畏毒弩之傷身，再則懼縉紳之豪強，身家尚不可自保，更何況敢徵漁課。〔註 120〕

此外，如肇慶府魚苗之利，也爲南海豪右所壟斷〔註 121〕。恩平縣雷海灣一帶，本爲漁蛋捕蟹之所，其後也爲土豪把持，以致蛋民利無所出〔註 122〕。而沿海之蜆田、蠔塘，此皆貧民賴以維生者，亦盡入豪門〔註 123〕。尤其是蜆田，本是漁民最大利源，而豪右占據海中深澳，漁民只好佃其澳以取蜆，漁利盡爲豪門所操縱。〔註 124〕

可見此批土豪劣紳，在地方上擁有一股勢力，依法或憑其惡勢力，可以免稅或逃稅，漁利盡爲此輩所盤據。公家之賦無出，而歲又有定額，遂加派於漁戶，乃致漁稅只利役貧民，不佐公家之賦。〔註 125〕

四、禁海之影響

海爲天生利源，無界域可言。明代禁海時期，規定漁戶下海作業，朝往暮返，不准在海上逗留〔註 126〕，不但對魚類之供應，造成失調；而且漁戶因無法下海捕魚，以致繳不出漁課，遂群集逃亡，漁課更加虧空〔註 127〕。朝廷又常假抗倭之名，將漁船編立成甲。如番禺、沙灣、東莞、新會、金星門至

〔註 119〕見《順德縣志》（明萬曆十三年刊本）卷三，漁課米，頁 16。

〔註 120〕參《香山縣志》（明嘉靖二十七年刊本）卷之三，〈政事志第三・漁鹽〉，頁 19～20。

〔註 121〕《廣東通志》（明嘉靖刊本）卷二十，〈民物志一・風俗〉，肇慶府，頁 35：「習尚簡朴，器用無華，渦塘多養魚苗，南海豪右，相與擅利。」

〔註 122〕參《肇慶府志》（明崇禎十三年刊本）卷九〈地理志二・山川〉，頁 12。

〔註 123〕《廣東通志》（清道光二年刊本）卷二四六〈宦績錄十六〉，頁 4300：「張國維，……天啓壬戌進士，授番禺令。蠔塘、蜆田，產息不貲，貧者藉以謀食，而豪右據之。國維窮其初，皆管地也，使食者稅而司其利，遠近悅服。」

〔註 124〕見《廣東新語》卷二十三〈介語〉，頁 9～10，白蜆。

〔註 125〕見註 119。及《新會縣志》（明萬曆三十七年刊本）卷二〈食貨略〉，頁 25～29：「……至如業食罾門，蛋民之利，豪猾擄斂，額課不完，負海爲盜，固其勢，河泊所亦幾毀矣，此謂海利而亦有害焉。」

〔註 126〕見《天下郡國利病書》卷一二○〈廣東六〉，頁 23～24，海朗塞所圖說。

〔註 127〕據《明文海》卷二九五，頁 7～10，〈送大中丞秋崔朱公序〉：「……有請禁止片船隻艇，不許下海，如此則海濱無寸土之民，衣食靡出，將晏然就斃乎？」

奇獨澳一帶之蜑船，每一大艘及九小艘編爲一甲，責令守土〔註128〕。又敕令沿海居民，於其都圖依船多寡編成十字門。船上懸掛字號、鑼鼓等戰具，倭至則擊鼓鳴鑼示警，且限制漁船出海捕魚，若出洋者，以通倭罪論〔註129〕。當時廣東沿海一帶，倭警不絕，漁戶除捕魚外，又要負責打探倭情。軍事危急時，又不得出洋捕魚，以致隻魚未獲，而官方又火急催徵漁課，租稅繳納不出後，乃競相逃亡。

　　基於以上四種因素，漁課逐漸消失。然而漁課是國課，國課有常額，課不足，地方官應負全責，於是縣官爲收足全額漁課，只好將缺豁之漁課，攤派給民戶〔註130〕，或由田賦代納〔註131〕，或由商稅代繳，形成陋稅〔註132〕。可見明代政府不追根溯源，釐革諸弊端，追出被淹沒之漁課，而一味以攤派求漁課之全額，這種只注重財經收入的作風，已失爲民置產之意義。

第五節　漁戶之生活

　　廣東之漁戶，約可分成兩類：在內河海灣，千百成群捕魚者，名爲蜑

〔註128〕見《天下郡國利病書》卷一四〇〈廣東八〉，頁67～68。及《重修虔台志》（明天啓三年）卷之六，頁22，〈條陳防倭事宜〉：「……一禁接濟。沿海漁蛋戶，遠至大洋，多聽賊使令，潛爲引導，或送酒米油蓏，或探事情透漏。〇請〇嚴行海衛有司，通查各戶，令其十船爲甲，十甲爲總，無事則出海而漁，有事則團聚而守。如探報賊情的實，及擒獲有功者，從重給賞，俾漁蛋俱爲我用，賊船不敢停泊。」

〔註129〕見《天下郡國利病書》卷一四〇〈廣東八〉，頁89～92，及《廉州府志》（明崇禎十年刊本）卷六，頁27，備倭：「沿海居民，令其起蓋居民，互相防守，遇有警，前後策應。其捕魚小舟，各在本港，不許駕出外洋，如出，地方不回報官，治以接濟之罪。」

〔註130〕《遂溪縣志》（清康熙二十六年刊本）七卷〈田賦〉，頁62：「河泊所以榷漁利，歲有常額，其後逃絕過半，亦派其課於民戶。」

〔註131〕見《天下郡國利病書》卷一〇〇〈廣東四〉，頁15。

〔註132〕《惠州府志》（清康熙二十七年刊本）卷十九〈雜志〉，頁7～9，所載明人楊載鳴請效法肇慶府以商稅、漁苗稅代替逃移之魚稅。《封川縣志》（明天啓二年修，清康熙二十四年刊本）卷八〈田賦〉，頁6～7：「漁課，舊有河泊所，今革。蛋戶逃絕過半，豁除。役有逃絕，乃分有徵、無徵米，有徵米一石，折銀三錢一分五釐；無徵米折銀二錢五分五釐，或攤於它稅，或融於民戶。儘縣有徵米，船戶、漁戶、漁埠及貲江口船首幫納。無徵米，則本府魚苗銀補之。」又見同書卷二十二，頁13上，蛋：「論曰：『封蛋戶之絕與逃，較舊額寧但損過半哉！……虛課不豁，而又取盈，斯所以速其絕且逃也。又不豁而攤於條鞭，使民添一差乎？』」可證封川漁稅變成累民包納之陋稅。

民；在外海浩瀚無際捕魚者，則爲櫨桯戶〔註133〕。後者類似原始民族，往往在海島中，捕拾蠔蜊爲業，漂泊不定，朝廷無法課徵其稅〔註134〕。前者，傍海依水而居，生活較爲固定，又可細分成三大類：一、漁蛋，入海捕漁者；二、蠔蛋，專取蠔者；三、木蛋，伐木取材者。其中之漁、蠔二者，相傳能潛游水中二、三日，即俗稱之龍戶〔註135〕。彼等以舟楫爲家，或在水邊編蓬而居，沿著東莞、新會、香山，以至惠、潮、雷、廉、瓊等地，呈海岸形狀分布〔註136〕。此地段皆海灣、沙灘、澳嶼之地，土壤貧瘠，不適農耕〔註137〕。故其男子不事農桑，惟緝麻編罟，捕魚爲生，子孫世守其業〔註138〕。婚娶，則同姓配婚。因血緣過近，阻礙智育發展，以致無年月觀念，亦不知文字。至明末，生活始較有改善。以歸善蛋戶而言，服飾與漢族相同，且與下戶通婚，較近廣州者，漸知詩書，陸居而附民籍，亦有參與科舉，中第達七品者。然此爲少數特例，一般而言，他們的生活，至爲清苦。〔註139〕

蛋戶平日衣不蔽體；一葉扁舟，難安其身；得魚貨米，難博其飽，流徙失業者過半〔註140〕。歲遇河泊所徵課，每戶需出米四石餘及魚料等，有時需折銀繳納，又需代繳逃移在外蛋戶之漁課〔註141〕。重稅累積下，家無所出，轉向蛋長或悍客（江西人）借貸。此輩常趁機放高利貸，一錢日息百倍，導至貸款蛋戶，易舟換食，鬻妻賣子，家常無存〔註142〕。若魚獲稍豐時，前往

〔註133〕見《永樂大典本地方志彙刊‧廣州府三》，頁6。
〔註134〕同前註引書，同卷，頁15。
〔註135〕見方以智，《通雅》（《四庫全書珍本》三集，文淵閣本，台北：台灣商務印書館，民國61年）卷十四，頁29。及《廣東通志》（清道光三年刊本）卷三三〇，列傳六十三，頁5633。
〔註136〕請參《廣東通志》（明嘉靖本）卷六十八〈外志五〉，頁48。及《天下郡國利病書》卷一〇〇〈廣東八〉，頁66～68。
〔註137〕見《肇域志‧廣東二》，頁120。
〔註138〕見《瓊州府志》（明萬曆刊本）卷三〈地理志〉，俗禮，蛋俗，頁91。
〔註139〕同註136。
〔註140〕《肇慶府志》（明崇禎十三年刊本）卷二十四〈外志〉，頁39所記載蛋戶僅在春末夏初，西潦泛溢之時，稍可一飽；而平常「一葉之蓬，不蔽其身，百結之衣，難掩其骭。」岸上富豪，又常相欺陵。又據《瓊州府志》（明萬曆刊本）卷三，頁81所記崔州保平、番坊、望樓、所三亞等田里番蛋採漁納課外，又要佃農民田。
〔註141〕見《惠州府志》（明嘉靖二十一年刊本）卷第十二〈外傳〉，頁2，蛋。
〔註142〕《惠州府志》（清康熙二十七年刊本）卷十九〈雜志〉，頁9，明人楊載鳴曰：「……蛋尤艱窘，衣不蔽膚，狹河隻艇，得魚不易一飽，故流徙失業者過半。而課米取盈，見在蛋長，復通悍客，舉貸即一錢，計日累日，自鬻不已，質

市場販賣，常爲官府壟斷，利入官方〔註143〕。加上負責徵稅之河泊所官員，又常利用其職權，腑胺剝奪，漁蛋生活更加艱苦。〔註144〕

至於漁婦，一方面沿江蕩舟賣魚，一方面又需張羅竿首，捕中流漁蝦，時而一手把舵，一手烹魚；時而板罾施櫓，批竹縱繩，孩提乳啼而不哺乳，終日所得，僅得一飽。〔註145〕

此外沿海漁戶，因熟知海流，周旋海中而不驚，官方每利用其專長，收而爲兵，或編而爲甲，備禦倭寇，有事出征，無事捕魚〔註146〕。但每逢寇盜侵擊後，賴以維生之漁船，不是破敝不堪，就是爲敗寇劫掠出海，生計日艱〔註147〕。而官兵爲捕盜，常掠漁舟以邀功〔註148〕。可見漁戶生活，非但飽受寇盜搶掠之威脅，又要遭官兵欺壓，終日所得又不得一飽，以致生活常陷於饑餓與惶恐之中。

第六節　小　結

明代廣東魚類環境優越，河海群魚并集，漁民捕獲容易。因此，在沿海及河域一帶，形成一專靠捕捉魚蝦爲生之特殊經濟發展區。明廷在此區域內，設有河泊所官員，以督徵稅課。每逢魚賤課重之時，漁戶生計頓感困難與痛苦；加之官員百端逼取，其受囹楚之困，甚堪同情。漁戶賴以維生之船艘與漁具，傳統色彩頗濃厚，所承受之古老經驗，由今之科學眼光視之，至爲縝密精巧，且頗合科學根據。以漁蛋之船艇而言，至今香港蛋家舟，尚保持若

辱妻孥。河泊官，又時胺腑之，欲不激而亡且盜，難矣。」又據《嶺海輿圖》，頁 19，〈惠州府圖序〉，所記「悍客」即江西人。

〔註143〕見《天下郡國利病書》卷一一〇〈廣東五〉，頁 12。

〔註144〕同註142。

〔註145〕《肇域志·廣東二》，頁 120。

〔註146〕見《天下郡國利病書》卷一二〇〈廣東六〉，頁 25～27，又蓮頭塞港圖說。

〔註147〕《明紀》卷三十六，頁 10，嘉靖四十三年閏三月：「海豐倭悉奔崎沙、甲子諸澳，奪漁舟入海，舟多沒於風，脫者二千餘人，還保海豐金錫都，大獻圍之。」朱國禎，《皇明大事紀》（明刊本，國立中央圖書館公藏善本書）卷四十一，頁 10，所記載林鳳在潮州爲官兵擊敗，祇剩二十餘舟，復採拓林、靖海、碣石之間漁舟、民船，遂至一百五十餘艘。可見沿海漁舟，常爲海賊所洗劫搶掠。

〔註148〕《西園聞見錄》卷之十三〈廉潔〉，頁38，載：「周啓祥，浙江南寧人，進士。萬曆六年，知廣州府，性廉介，……掠蛋民徼功，繫累相屬，啓祥多讞出之，或不能自存者，發居民收恤，毋令獄死，以俟心白，所活以百餘計。」

干明代延續下來的船樣〔註149〕。至於魚網，其分類之細，令人讚歎！各種魚網，皆有其特殊性能，分門別類的網羅各種魚類，足證明代廣東漁戶之捕魚技術與經驗，確實已合乎科學方法。

　　養殖事業，在廣州、肇慶府一帶，已形成風氣。上至縉紳、土豪，下及漁戶、農舍，甚至文士，家有餘地，莫不築池蓄魚以牟利。每屆三月至六月間，魚苗湧出之時，魚苗船往來西江水域，有如過江之鯽，撈取魚苗成爲漁村、農家之副業，帶來一筆相當可觀的財富〔註150〕。而由魚苗之利市，可以推斷出明代廣東養殖事業至爲發達，養殖漁業已達綜合之程度。〔註151〕

　　明代廣東漁業相當發達，朝廷在此所徵之漁課，應用在軍事上以及佑助官員之俸祿，也發揮至極點。然而朝廷只知徵漁課，而未盡保護漁民之責，乃至生活常遭土豪劣紳欺侮，生活非常艱困。而浮蕩四居之漁民，不似四民，所受知識不高，社會地位低微，一遇有不平，本身又無法向上申訴，甚且無人助其申冤。演至明末，其生活仍未見改善，漁戶本身爲突破生活困境，常不惜與不法商人勾結，造船盜珠，以圖一時之利〔註152〕；或在官兵欺壓之餘，群起造反，攻城掠地，劫殺百姓，以宣洩一時之恨〔註153〕；或則私濟盜賊，以獲巨利〔註154〕；有時利用朋罟下海作業時，打劫落單之商、民船，殺人越貨，無所不爲〔註155〕。朝廷一味的只顧漁課之收入，而不照料漁

〔註149〕請參閱可兒弘明著，《香港艇家的研究》（香港：香港中文大學新亞書院研究所，東南研究室刊，1967 年 12 月出版）是書在提要內有提及罟棚艇，類似明代蛋戶之朋罟艇。而其 chapter III, housing or the boat, pp. 22~23，對蜑船構造講得極爲精細，可作爲參考。

〔註150〕阮以臨修，《普寧縣志》（明萬曆間修，國立中央圖書館公藏善本書）卷八〈物產〉，頁 1~3 所記全縣池塘春冬皆蓄魚，而由《廣東通志》（明嘉靖本）卷三十三〈政事志六〉，頁 16 所載，每年肇慶府民所納撈魚苗達四百餘兩，可證魚苗必給農村及漁民帶來一筆相當可觀的財富。

〔註151〕同註 41。

〔註152〕見《廉州府志》（明崇禎十年刊本）卷一，頁 31。又據《古今圖書集成・方輿彙編・職方典》第一三六〇卷，高州府部，第一六八冊之十七葉，載萬曆九年：「石城縣珠賊殺永安所田千戶，詔斬之。本縣原於附海地方設烏兔、名浪、龐村三埠，蜑民居之，採魚辦課，後爲流商所煽，造船盜珠，是年敵殺官兵，奏上擒拿爲首者斬，餘發各都散住。」又據《大明會典》卷一三五，頁 14：「漁戶竊珠者爲蜑賊，縱橫殺掠，地方騷然。」

〔註153〕參林大春修，《重修潮陽縣志》（明隆慶六年刊本）卷二，頁 13。

〔註154〕見《天下郡國利病書》卷一二〇〈廣東六〉，頁 25~27；又蓮頭寨港圖說。又見《順德縣志》（明萬曆十三年刊本）卷十〈雜志第九〉，頁 6。

〔註155〕見《廣東通志》（清道光二年刊本），〈海防略一〉，頁 2362~236，明新安縣

戶之生活，乃至明末濱海漁戶，群起爲盜，擾亂沿海，造成東南半壁不靖的
局面。〔註156〕

知縣周希耀條議。

〔註156〕《皇明大事紀》卷十五，頁33，記載廣東東莞縣蛋戶萍，有罪逃至安南海陽
路宜陽縣古齋社，其後生子登庸，二人皆以漁爲業，有勇力，在嘉靖年間，
奪交阯王位，稱號安興王，與明朝分廷抗禮，爲禍一時。又據同書，卷四十
一，蛋戶，頁6～10所載蛋戶之亂，其酋有蘇觀陞、周才雄、羅漢卿、曾國
賓等擾亂於萬曆初年；梁本豪更是聯絡東倭西番，擾亂沿海，其後被擒；接
著又是許俊美、林道乾、諸良寶、林鳳等人擾亂廣東海域。此批海賊，或爲
蛋民，或爲漁民，或爲撫民，然其爲亂之本錢，皆是衣不蔽體，食不能飽之
漁蛋戶所支持的。可見明末粵東海疆不靖，其出自有因。

第八章　經濟發展之阻礙

第一節　天然之災害

　　廣東位居南海，氣候極不穩定，天旱濛雨，常帶來本區之災害，阻礙經濟之正常發展。以西江而言，每逢雨季，江水泛濫，諸山傾墜，房屋崩潰，早稼不登，晚秧失種，災禍頻仍。尤其是位在上游之肇慶府，每年夏秋之間，霪雨連旬，江漲水瀑，漂屋沖人，盡淹農稼，饑饉流莩，滿山遍野，慘不忍睹〔註1〕。而沿海一帶，海濱斥滷，土田常爲海泥所淤，一月不雨，鹹氣上昇，禾苗立槁。腹內之田，雖有水道，然逢天旱，海水倒灌，溝洫盈鹹，鹹氣所蒸，寸草不生〔註2〕。若再遇著突發性之颶風吹得「村落、林木數百里如洗，舟楫漂蕩，盡成虀粉。」〔註3〕凡此天然災害對廣東經濟發展，造成一股不可忽視的破壞力。當時每逢天災之後，百物凋弊，白骨遍野，六畜皆死，慘不忍睹〔註4〕。此外更造成米價騰昂，斗米難求，導致一府之內，餓死積屍無斂

〔註1〕　《肇慶府志》（明崇禎十三年刊本）卷三十五〈雜志〉，頁33。這種天災對濱海各府之破壞達到極點。以萬曆十四年，高要、高明、四會、恩平等四縣而言，由春至夏，淫雨不絕，西潦泛濫，決堤九十餘處，壞高要民居二萬一千七百九十五區，田禾八千六百五十二頃。壞四會縣民居二千五百四十四區，田禾三千七百一十一頃。壞高明縣民居，四千一百二十八區，田禾一千三百六十二頃。壞德慶州民居二百四十三區，田禾四百三十八頃。見同書，卷二〈事紀二〉，頁39。凡此記載，散見方志中，不再贅述。

〔註2〕　《潮州府志》（清乾隆二十七年刊本）卷十一，頁48，澄海縣，災祥。

〔註3〕　《五雜組》卷一〈天部一〉，頁23。

〔註4〕　《瓊州府志》（明萬曆年間刊本）卷十二〈災祥志〉，頁2。及《肇慶府志》（明崇禎十三年刊本）卷四十二〈藝文十七〉，頁10～13，區大倫，〈答方伯洪崖

者，比比皆是〔註5〕。及「隻鵝只換三升穀，斗米能求八歲兒」之窘態〔註6〕。
其間之米價高昂情形，可參下表所記載：

表五十：明代廣東天災時期每石米價統計表

帝號	年　代	西元	價　格（兩）	府州縣所在地	資　料　來　源
成化	五	1469	15.00	儋　州	《瓊州府志》（明萬曆刊本）卷十二，頁4。
	十　九	1483	50.00	肇慶府	《肇慶府志》（明崇禎十三年刊本）卷二，頁11。
嘉靖	七	1528	8.00	肇慶府	《肇慶府志》（明崇禎十三年刊本）卷二，頁18。
	八	1529	15.00	興寧歸善	《廣東通志》（明嘉靖本）卷六十九，頁37。
	八	1529	10.00	揭　陽	《揭陽縣志》（乾隆四十九年刊本）卷七，頁3。
	十　四	1535	10.00	肇　慶	《廣東通志》（明萬曆刊本）卷六，頁41。
	十　四	1535	10.00	陽　春	《陽春縣志》（清乾隆二十三年刊本）卷十四，頁5。
	十　四	1535	10.00	南　海	《南海縣志》（明萬曆三十七年刊本）卷三，頁24。
	十　四	1535	10.00	封　川	《封川縣志》（明天啟二十四年刊本）卷四，頁5。
	十　四	1535	10.00	廣、韶、南及肇等府	《三水縣志》（清康熙四九年刊本）卷一，頁4。
	十　五	1536	10.00	肇慶	《肇慶府志》（明崇禎十三年刊本）卷二，頁20。
	二十四	1545	15.00	肇　慶	《肇慶府志》（明崇禎十三年刊本）卷二，頁22。
	三十一	1552	14.00	肇　慶	《肇慶府志》（明崇禎十三年刊本）卷二，頁24。
	三十二	1553	0.70	封　川	《封川縣志》（明天啟二年修）卷四，頁7～14。
	三十二	1553	14.00	高　明	《高明縣志》（清嘉慶五年刊本）卷十七，頁6。
	三十二	1553	10.00	順　德	《順德縣志》（明萬曆十三年刊本）卷十，頁3。
隆慶	一	1567	10.00	恩平、封川	《肇慶府志》（明崇禎十三年刊本）卷二，頁32。
	五	1571	20.00	順　德	《順德縣志》（明萬曆十三年刊本）卷五，頁11。
	六	1572	20.00	瓊　州	《瓊州府志》（明萬曆刊本）卷十二，頁7。
	六	1572	10.00	定　安	《定安縣志》（清康熙二十九年刊本）卷一，頁15。
	六	1572	8.00	陽　春	《陽春縣志》（清乾隆二十三年刊本）卷十四，頁11。

王公書〉。
〔註5〕《廉州府志》（明崇禎十年刊本）卷一，頁32。
〔註6〕《吳川縣志》（清光緒十四年刊本）卷十，頁10。

隆慶	六	1572	10.00	高　明	《高明縣志》（清嘉慶五年刊本）卷十七，頁1～6。
萬曆	十　四	1586	10.00	新　會	《新會縣志》（清乾隆六年刊本）卷二，頁24。
	十　四	1586	10.00	東　莞	《東莞縣志》（清嘉慶三年刊本）卷四，頁12。
	二十四	1595	17.00	肇　慶	《肇慶府志》（明崇禎十三年刊本）卷二，頁40。
	二十四	1595	10.00	南　雄	《廣東通志》（明萬曆刊本）卷七十一，頁34。
	二十四	1595	10.00	新　會	《新會縣志》（清乾隆六年刊本）卷二，頁24。
	二十四	1595	15.00	三　水	《三水縣志》（清康熙四九年刊本）卷一，頁10。
	二十四	1595	10.00	從　化	《從化縣志》（清康熙）卷上，頁70～73。
	四十七	1619	0.90	封　川	《封川縣志》（明天啟二年修）卷四，頁4。
崇禎	二	1629	15.00	新　會	《新會縣志》（清乾隆六年刊本）卷二十七，頁27。
	四	1631	10.00	高　明	《高明縣志》（清嘉慶五年刊本）卷十六，頁3～6。
	四	1631	10.00	肇　慶	《肇慶府志》（明崇禎十三年刊本）卷二，頁48。
	九	1636	10.00	廉　州	《廉州府志》（明崇禎十年刊本）卷一，頁39。

備註：天災是指水災、旱災、天寒等災害，傷及禾稼，導致五穀不熟，米價高昂。

表五十一：明代廣東大有年每石米價統計表

帝號	年　代	西元	價格（兩）	府州縣所在地	資　料　來　源
弘治	八	1495	0.30	恩　平	《肇慶府志》（明崇禎十三年刊本）卷二，頁11。
	十　三	1500	0.40	靈　山	《廣東通志》（明萬曆刊本）卷六，頁30。
正德	一	1506	0.30	高　要	《肇慶府志》（明崇禎十三年刊本）卷二，頁3。
嘉靖	八	1529	0.20	德慶州	《光緒德慶州志》卷十二，頁20～30。
萬曆	二十四	1545	1.50	陽　江	《肇慶府志》（明崇禎十三年刊本）卷二，頁40。
	三十八	1610	0.03	廉　州	《廉州府志》（明崇禎七年刊本）卷一，頁36。
泰昌	一	1620	1.00	肇　慶	《肇慶府志》（明崇禎十三年刊本）卷二，頁44。
	一	1620	1.00	德慶州	《光緒德慶州志》卷十五，頁21。

備註：大有年是指五穀豐收之時。

　　由表五十及五十一中可看出，在大有之年，每斗米價低至銀三分或三錢之間，最貴也不超過三兩。然而一遇天災期間，斗米竟高達百兩，最低價格也要十餘兩。人民因付不起昂貴的米錢，弱者祗好食草根樹皮，或者以耕牛

易粟，聊渡荒年〔註7〕。強者或聯合外海游民，行劫沿海〔註8〕，或群起鼓噪，肆行搶掠〔註9〕。或者嘯聚山林，流劫鄉村，打劫官商，為禍一時〔註10〕。凡此皆因天然災害所帶來之後遺症，而阻礙廣東沿海經濟之正常發展。

第二節　官宦之貪瀆

宋代名臣蘇洵曾言：「遠方之民，雖使盜跖為之郡守，檮杌為之縣令，群嘲而聚罵者，雖百千萬輩，朝廷不知也。故其民常多怨而易動。」〔註11〕明太祖深知民隱，對選派遠離京師千餘里之廣東守臣至表重視，有可託負的地方官，庶可輯寧百姓，以安邊方〔註12〕。且對貪贓枉法之官吏，時予重懲，是故國家始建，吏治大清，廣民深受其惠〔註13〕。這種慎選官吏，愛撫百姓之循良政風，至成、仁、宣三帝時尚存。如永樂十九年（1421）三月，成祖命大理寺丞郭瑄、給事中艾廣前往廣東按撫軍民，訪察所苦，釐革諸弊，興端百業，旌善懲惡，以撫百姓〔註14〕。宣宗宣德年間，內官袁琦、內使阮臣隊往廣東採辦物料，假公濟私，凌虐官吏軍民，逼取金銀等物，動累萬計。事發，宣宗凌遲袁琦，斬臣隊等十人，且下令內使外出，敢仍前犯，令所在官司，治以重罪。〔註15〕

可惜如此慎選官吏，嚴懲內宦，按撫百姓之作風，至英宗年間，已不復見。當時官吏競相貪淫，導致良民造反，肇、高、雷、廉等四府，數百里之間，渺無人煙。天順二年（1458）二月，皇帝下詔禁廣東有司貪恣，以輯盜風，以撫百姓〔註16〕。同年六月十九日，巡撫兩廣都御史葉盛，更明確的指

〔註7〕　莊大中纂修，《陽江縣志》（清乾隆十一年刊本，故宮普舊）卷八，頁3〜4。
〔註8〕　《新會縣志》（清乾隆六年刊本）卷二，頁18。
〔註9〕　同註8。
〔註10〕　《廣東通志》（明萬曆三十年刊本）卷六，頁31。及見楊文駿修，朱一新等纂，《光緒德慶州志》（清光緒二十五年刊本，國立中央研究院歷史語言研究所公藏）卷十五，頁13。
〔註11〕　《潘司空奏疏》卷一，頁46〜49，上廣東均平里申議。
〔註12〕　《皇明世法錄》卷一，頁18〜19，〈寶訓〉，及《憲章錄》卷四，頁14。
〔註13〕　《廣東通志》（明萬曆三十年刊本）卷六，頁6。
〔註14〕　同前註引書，同卷，頁13。
〔註15〕　《皇明資治通鑑》卷十五，頁49，宣德六年十二月，及《典故紀聞》卷十，頁176〜177。
〔註16〕　《廣東通志》（明萬曆三十年刊本）卷六，頁20。

出當時貪官污吏，每年必裝載大批廣貨回里，乃致廣東雖外負富庶之名，實已累受誅求之禍，軍民日困，地方不寧〔註17〕。可見貪風不因帝詔而止，仍然普存於廣東境內，至天順八年（1464），帝再令有司採辦物料時，守令不得其人，逼民為盜者，悉予解豁，以弭盜風〔註18〕。可見當時皇帝雖已注意及有司之貪恣以故引起民亂，所以常寬解亂民，以安寧地方。然而此消極政策卻不能對當時貪官污吏，收到重罰之效果，乃致貪風依然存在。

這些貪官污吏，每憑藉其所搜自民間之膏脂，逢迎巴結上司，旋即陞調他職。以成化五年（1469），布政使司張瑄而言，任內假公濟私，誅求珠寶，其後以賄賂管道而高陞〔註19〕。又如十九年（1483），廣州知府高橙，在廣州問訟不以公理為斷，縱吏為奸，搜括民脂，平日烹茗甌不再用，日易紗衣一襲，夜燃蠟如杠，其後以貪贓治罪，朝廷也僅予告老還鄉而已〔註20〕。孝宗弘治年間，劉大夏任廣東右布政使後陞兵部尚書，至京時，曾面奏皇上，在廣東親睹市舶太監，一年所斂民膏民脂，與全省官員薪俸齊等，稍縱之，又倍之。此事為小太監竊聽到，後孝宗駕崩，卒貶大夏於甘州〔註21〕。足見朝廷對貪官污吏治罪之輕，及宦官神通廣大，可以把諫奏者，貶之邊方，乃致屬下有恃無恐，貪風日熾。

嶺南位居蠻地，瘴癘蠱毒，尤為高品官員所不願仕者，乃致仕宦嶺南皆罪戾遷客騷人之流。即入嶺南，地產珍奇，掌握之，足富數世。乃搜括於民，捆載以歸〔註22〕。以世宗嘉靖二十一年（1543），被御史參劾貪酷罪之韶州知府符錫而言，因年已老，自以陞遷無望，乃大肆貪殘，賄賂公行，視公帑為私藏，暴行遍殆六邑，富民一入其手，百般需求，非亡身破家，則須賣妻鬻子，且私設稅關抽分，商民恨之入骨。偽增戶口，虛報稅糧，六邑百姓，巧索殆盡〔註23〕。三十八年（1559），潘季馴巡按廣東時，更明白指出當時廣

〔註17〕《兩廣奏草》卷一，頁4～5，〈薦舉大將疏〉。

〔註18〕《廣東通志》（明萬曆三十年刊本）卷六，頁23。

〔註19〕同前註引書，同卷，頁25。

〔註20〕同註16引書，同卷，頁27，及卷六十六〈外志三‧貪酷〉，頁28～32。

〔註21〕焦竑著，《玉堂叢語》（台北：木鐸出版社，民國71年2月初版）卷四，頁110，及《皇明世法錄》卷八十九，頁10～17，太子保劉忠宣公傳，及《皇明書》卷十三，頁11。

〔註22〕《國朝典彙》卷三十，頁34，及《粵劍編》卷二，頁13，〈志時事〉，及《五雜俎》卷四，頁95。

〔註23〕明吏部考功司撰，《吏部考功司題稿》（台北：偉文出版有限公司影印，中央

東府佐與州縣官員，一年調動者，計有三十八人，較他省多出大半。推其原因，在於嶺南土產，珍奇百出，載之出境，利可百倍，因此廣東府佐正官，年度調動，自然較他省為頻繁。而且仕宦嶺南者，皆日暮途窮之人，自然不能責其清廉，且去京又遠，皇令管轄不及，是故為所欲為，而人民也無處可投訴，成為貪官污吏之任意求奪強取的邊區〔註 24〕。三十九年（1560）時，潘季馴更以潮州府潮陽知縣蔡明復貪贓枉法為例，說明蔡知縣在潮陽時，贓私數以萬計外，更私設刑堂，淫刑逞威，不惟孤人子，寡人妻，而且有戶滅絕嗣者。其貪贓，不僅破人家產，而且十室九空，十村半竄，積害盈庭，流毒遍邑。更足以印證廣東實為貪官污吏之溫床〔註 25〕。當時朝官，因見嶺南富饒，一反前態，競相營求，雖卑至縣尉，亦不惜重金以求，得肆漁獵，民膏日竭。〔註 26〕

可見廣東地區，越是在嶺海，地廣人稀，土饒稼碩，兼有市舶之利，奇貨可居，民間生理，富饒四處。然因州縣不能撫摩，司府無法表正，甚至貪饕墨瀆，吮削民膏，上下橫征暴斂，執縛捶楚，控訴無門。乃致激民為盜，縱橫四掠，殺民剽劫，民不寧居，社會不靖，民窮多盜之局面〔註 27〕。穆宗隆慶四年（1570），大學士高拱，針對時弊，再度提出廣東有司貪恣成風之原因，一則廣東為濱海之區，瘴氣瀰漫，朝廷用人，由甲科出身者，十之一、二，雜行出身者，十之八、九，銓除者，十之四、五，謫遷者，十之五、六。此輩自知其才本不堪大任，又素知無前途可言，競相以貪瀆為能事；二則嶺南僻在一隅，聲不聞四方，更難以動天聽，官吏任意貪瀆，有恃無恐。加之又有番貨之利，全省官吏皆瀆貨，尚有一、二清廉者，日久亦深染其風，可見以「自棄之人，處僻遠之地，民之悴日甚，而皆驅之於盜賊也。」〔註 28〕

　　　圖書館善本書，民國 66 年 9 月）中，頁 1041～1048，覆巡按廣東監察御史姚
　　　虞劾官疏為糾劾極貪極酷郡守乞賜罷黜究治以安地方以飭吏治事。
〔註 24〕《潘司空奏疏》卷一，頁 1～5，〈慎選民牧疏〉。
〔註 25〕同前註引書，同卷，頁 17～21，〈貪酷有司纏訟未結疏〉。
〔註 26〕《明世宗實錄》卷五一四，頁 10～11，嘉靖四十一年十月丁丑條，及《國榷》，
　　　卷六十三，頁 3983，嘉靖四十一年丁丑條。
〔註 27〕《兩粵疏草》卷二，頁 1～7，〈乞賜懲地方貪殘顯著方面官員以清盜源以稗考
　　　察疏〉。
〔註 28〕《明穆宗實錄》卷四十六，頁 5～6，隆慶四年六月丙午條，及《皇明經世文
　　　編》，十八冊，頁 749～754，《高文襄集》卷之一，僻遠郡縣，頁 23～25，及
　　　龍文彬，《明會要》（台北：世界書局，民國 52 年 4 月二版）卷四十一〈職官
　　　十三〉，頁 733～734。

然朝廷對廣東本無良好之控馭政策，馴至神宗年間，連高品官員，亦競相貪瀆，不以無恥。如萬曆十年（1582），平古田蠻亂之名將殷正茂，就曾利用其任兩廣總督時，以犒賞軍士爲名，編取鄉邑官民銀兩，不下百萬，據爲己用，每逢屬下官吏部將到任或陞遷，俱令謁見，各送折乾銀百兩，廣紗綢緞之類十疋，始予上等考績，計年可收數千萬兩，此賄金皆各府縣吏目搜自民間之膏脂。殷正茂把這些賄銀，打造成黃金六盆，中植珊瑚樹各一枚，高約三丈，周圍鑲嵌黃金，賄賂內閣首輔張居正〔註29〕。可見此種由府縣至總督，以迄首輔之層層賄賂，以求取陞遷之管道，實爲明代中晚期官場一般習見之現象。

萬曆二十八年（1600），稅監李鳳蒞臨廣東，專以徵取市舶、店舖、開採諸稅，在廣州，凡姦民納賄如數，則給指揮千戶之名，夤緣爲爪牙，水陸數千里，即樹旗建廠，視商賈弱者，則恣肆攘奪，沒其資而後止。又巧立名目，大凡雞犬米鹽，皆列徵稅之目，乃激起民變，然稅監依舊庇護不問。這些搜括而來之節省銀、罰贖、額引餘贏，或假孝順之名，進奉神宗，帝遂以爲能，不以糾正，更加助長其氣焰〔註30〕。當時李鳳在肇慶府之開建、高明、廣寧三縣督開銀礦，遠近富戶祖塋，皆被發掘，重賄始得求免，郡邑姦徒，乘機蠭起，指以匿藏珠寶夷貨，委官四出詐索，鄉圖之間，民不聊生〔註31〕。其後稅監仍留廣東，乃致關市之間，重徵累稅，十餘年來，無商不苦，無地不成蕭條景象。〔註32〕

總之，廣東金山珠海，素有天子南庫之稱，自漢唐以來，無人不豔羨至此爲官。計天下所有之食貨，東粵大半皆俱，而廣東有的貨品，天下未必盡有，所以爲官粵東者，官職無論大小，皆以朘民膏脂爲能。明末官吏，更視廣東爲貨府，官無大小，一捧粵符，靡不雀躍，過訪京城好友，舉手相慶，

〔註29〕不著撰者，《萬曆邸鈔》（台北：台灣學生出版社出版，民國57年9月景印初版）萬曆十年，頁149～150，這類高品官員貪污事情頗多，散見實錄中，不再贅述。

〔註30〕《瓊山縣志》（清咸豐七年刊本）卷九，頁44～45，明，榷稅。

〔註31〕《肇慶府志》（明崇禎十三年刊本）卷二〈事紀二〉，頁41。

〔註32〕《郭給諫疏稿》卷一，頁34～37，題爲〈稅監可撤不可移懇乞聖明憐粵東信詔旨急止稅監營求移住以安子遺以彰公平之治事〉，及卷二，頁8～11，題爲〈蒙赦舉人被錮聖世貪吏之誣陷未自修士之沉抑堪憐乞特賜矜察准復會試以彰仁治事〉。此二疏對中官之留粵東所作之惡事，皆以條理分析，可以作爲上文之補證。

以爲十境擅境，可以飽充其囊，競相投資，以母錢貸之，厚求其利。其人至官，未及視事，即以撈金爲能，稍良者，惟恣意掠奪；巧黠者，遂與胥吏表裏爲奸，廣設牙行，四處搜括，欲窮民膏而後止〔註33〕。當時十金之家，有事於官司，則十金不保。百金之家，有事於官司，亦復如此。平民於常賦之外，又要供應酷吏之需求，其值恒什百千萬，遂競相逋逃〔註34〕。乃致山海諸寇，聯綜嘯聚，師旅繁興，民力殘疲更甚。〔註35〕

第三節　盜賊之騷擾

嶺南郡縣延袤，僻在海隅，土田雖沃，農不力耕，游惰者眾，變亂易生。仕宦又貪瀆成風，難責其撫摩安輯百姓。若再逢天災，苦旱交征，收獲無期，官方又火急催租，民因避苛租，競相入山爲賊，或落水爲寇，爲患一時，遂有天下盜賊之多，莫過於廣東之諺語。當時嶺南之盜，計有倭、黎、猺、獞、山、海、浪、撫等十餘種，四處出沒，擾亂民居，蹂躪田土，搶劫客商，禍害一方。〔註36〕

明初廣東治安，尚稱平靖，間有土賊，隨起隨滅，不爲大害〔註37〕。至英宗正統十四年（1449），黃蕭養倡亂，蟻附者多至數十萬人，少時亦不下數千人，僭號稱王，擄殺人民，地方擾亂不靖長達十年之久〔註38〕。且在平亂之時，因調用廣西土兵征勦，猺獞始習廣東山川險易，地理遠近，又見武備廢弛，官兵脆弱無能，由是竊犯邊境，沿村搜索，縱橫自如，導致高、雷、廉三府居民，十去七、八。驛路蕪塞，無復人行，數百里之間，渺無煙火。

〔註33〕《廣東新語》卷二〈地語〉，頁20～21，四市，及卷九〈事語〉，頁26～28，貪吏。

〔註34〕《潮州府志》（清乾隆二十七年刊本）卷四十一，頁8～10，明提學林大春，〈嚴貪酷疏〉。

〔註35〕《圖書編》卷四十一，頁8。

〔註36〕《蒼梧總督軍門志》卷二十五〈奏議三〉，頁12～20，李遷，〈請專敕憲臣練士兵以弭盜安民疏〉，及《粵劍編》卷二〈志風土〉，頁14，粵東民性喜爲盜。

〔註37〕見《廣東通志》（明嘉靖本）卷七〈事紀五〉，頁1～19，所記載明初大盜無數，然皆馬上勦滅，如洪武六年五月平海北諸盜，十九年平東莞賊曹眞，二十四年平河源黃七柯之亂，皆未釀成大禍。

〔註38〕《梁端肅公奏議》卷五，頁15，〈添巡撫以保地方事〉，及《皇明大事記》卷十七，頁29～32，〈黃蕭養〉。

雞犬鳴吠之聲殆絕，農夫不得力耕者，殆近十年。而城門盡閉，食用不給，積氣成疾，死亡相繼，慘不忍睹〔註39〕。德慶州一帶，明初原編里有六十，英宗天順以來，猺賊猖亂，流毒百姓，占據田土，糧稅荒至六千石，里數減去二十里。至世宗嘉靖年間，更肆猖獗，據地稱王，屠戮民命數千餘人，糧稅里數，名存實亡。三十年（1551），糾合浪賊，無時攻劫，奪擄耕牛，大肆其毒，有整戶屠戮者，有整村殄滅者，乃致村場化爲廢墟，屍骸塗地，凋敝非常。〔註40〕

　　濱海一帶百姓，平日無事，繳稅納糧，派遣差役，養兵奉吏。一遇外寇入侵，廬舍俱焚，欲入城避難，縣官因懼賊人入城，不敢開城，乃致村廓騷擾，生民奔竄，身家生命全在賊手。寇退後，官兵又少加撫恤，納稅差役仍然如故，民力愈艱困，競相投入賊巢，賊勢更熾。〔註41〕

　　惠、潮二府，延袤數十年，鞠爲盜區，「擊之山，則入海，擊之海，則入山。在山立營，入海連艘，根深蒂固，牢不可破，其田稅不額，大半非朝廷所能徵也。」〔註42〕廣寧一帶，嘉靖時，遭馮天恩等賊亂，聚至萬數，依山固海，劫掠無常，所過村寨，牛、畜、布、帛、菽、粟，蕩然一空，屠戮之苦，無月無之〔註43〕。三水一縣，盜賊時常竊發，劫掠公行，客商屢被劫害，村民多不聊生，緝捕雖嚴，遍歷不及，顧此失彼，莫可誰何〔註44〕。和平縣境，盜賊縱橫，人民逃絕，導致有田莫耕，桑麻菽麥，付之飄零。〔註45〕

　　可見嶺南一地，內困猺峒之殘，外受倭夷海寇之侵，論兵養士，日費千金，烽警桴傳，殆無虛日。惟將領多紈袴弟子，謀勇無聞，平日無事，則科

〔註39〕《皇明書》卷三十二，頁 11～13，毛吉。及《皇明大事紀》卷二十，頁 8～19，改斷藤峽。又見《重編瓊臺藁》卷二十一，頁 49～55，〈廣東備禦猺寇事宜〉。

〔註40〕《肇慶府志》（明崇禎十三年刊本）卷四十二〈藝文十七〉，頁 45～49，陸舜臣，〈征勦立縣議〉。

〔註41〕《典故紀聞》卷十四，頁 250～254。又見《廣東通志》（明萬曆三十年刊本）卷七十〈外志四〉，猺獞，頁 9。

〔註42〕《兩粵議稿》卷一，頁 1，南海知縣蕭滕鳳〈爲議撫處惠潮地方事〉。

〔註43〕李潔，梁喬埠纂修，《廣寧縣志》（清乾隆十四年刊本，故宮普舊）卷一，頁 1～2，〈總論〉。

〔註44〕《三水縣志》（清康熙四十九年誠來堂刊本）卷首，頁 8～10，〈三水立縣條議〉。

〔註45〕曹鵬翊，徐廷芳纂修，《和平縣志》（清乾隆二十八年補修，故宮普藏）卷八，頁 15～16，明惠州府通判俞敬，〈建和平縣治告文〉。

擾剝削，遇有賊寇，又不能驅除，乃致民失其所，從賊日眾〔註46〕。甚且將領縱容部下，軍人如虎添翼，全無駕馭之權，遂廣開貪污之路，至有收洗銜、蓋頭錢等名目。或者起造私第，科取峒木，役用軍夫以爲工匠者。有縱放賊寇首，妄殺良猺，昌濫功賞者，或劫掠民村，如入無人之境，百姓肝腦塗地者。如此胡作非爲，比比皆是。〔註47〕

迄至明末，廣東之盜，逐漸形成三大集團，一則爲山寇，村里惡少，嘯聚巖谷，負險爲盜者，其巢以村計，其人以千計；一則爲倭寇，大抵漳、泉流賊挾殘倭以爲酋首，鼓舞徒眾者，其人數以萬計；一則爲海寇，群聚沿海，人數無可計算。三者採聯合作戰策略，倭寇入侵，海寇爲嚮導，山寇策應，爲禍一時。其中又以海寇最猖獗，蓋其黨羽蔓延已久，枝幹日繁，沿海之鄉，無一非海寇所據。徒黨日眾，分布益廣，自州郡至監司，一有舉動，必先知之。商民往來，皆給票抽分，或奪官糧以濟貧，貧民莫不樂集而擁護。且招四方亡命，稍習文藝者，聘爲參軍，彼等深居大艦，坐陣指揮，儼然爲王公貴族，而沿海收稅大權，漸入海賊之手中，自然阻礙朝廷財稅之正常收入〔註48〕。此外當時朝廷爲應付日益坐大之山海賊亂，遂募集民壯、狼兵、目兵、打手、浙兵、福兵、提兵、營兵，以資勦賊，其糧餉均由各府派徵，計惠、潮每年所費不下十萬兩。肇慶一府，南北僅千里，因督府駐紮，年費募兵銀達七萬三千八百六十三兩，加上水患頻仍，地方益困，以致有「搜海剝山，餉虞不給」之窘態出現。凡此皆取民膏脂以供軍需，而其中不才之將官，下自哨隊長，上自總兵官，虛冒糧餉，以千百計，乃致軍餉常有不敷所用，斂愈急，而民益窮，盜愈熾的情形。〔註49〕

第四節　其他之秕政

政府之苛徵——以瓊州府而言，在明初，未曾課徵軍餉，降及嘉靖年間，因征勦黎亂，開始抽收軍餉，年達四千兩。當時民尚富庶，雜給雖煩，民尚不稱屬。迨至隆慶以來，盜勢愈熾，增設水陸官兵營寨愈多，糧餉消耗

〔註46〕《兩粵疏稿》卷二，頁43～46，〈舉兩廣武職官員以振飭武備疏〉。
〔註47〕同註46。
〔註48〕《潮州府志》（清乾隆二七年刊本）卷三十八，征撫，頁23～27。
〔註49〕同註36，又見《譚襄敏公奏議》卷三，頁4～6，〈議處添設將官便督導以安地方疏〉。又見《肇慶府志》（明崇禎十三年刊本）卷十六，頁46，募兵。

驟增，遂大增軍餉，每年超過十萬兩以上，乃致搜括閭里，民之命脈，盡爲凋敝〔註 50〕。廣州府，在憲宗成化以前，郡中猶有富戶，自後因里甲稅重，庫子解戶，多至傾家蕩產，鄉村日益蕭條，百姓侈爲美談豐登之樂，競相入山爲盜〔註 51〕。肇慶一府，本稱富庶，然也因頻年患兵，山海盜賊嘯聚，遂在橫江等廠，抽以稅餉，以充軍需，上下交徵利，導致民苦於商人之抬高物價，日趨凋零，商人又苦關稅之重皆罹其害，未蒙其利〔註 52〕。而潮府之海陽縣，在朝廷苛徵下，閭里也呈蕭條現象。〔註 53〕

　　就整體而論，至萬曆末年，據廣東巡按王以寧所言，粵東在十八年之間，解礦餉、助大工、協黔木價、辦龍涎香、協東西征、征黎夷等諸項費用，共計三百六十七萬兩，二十年之間，粵東物力幾何，何能堪此重徵〔註 54〕。以正餉外之加派而言，萬曆三十九年（1611），僅十七萬兩，其後增至二十三萬一千二百七十八兩。至崇禎四年（1631），又增至三十萬八千二百三十八兩。二十年之間，粵東百姓除需應付朝廷正供外，又要負擔額外之加派，民脈日凋，乃是必然之理。〔註 55〕

　　至於徭役之不均——以大埔縣而言，因縣北接汀、贛，南通惠、潮，水陸要衝，官員經過，應付不絕，役夫、馬船之供給，歲無虛日，加上官吏胥徒，供應浩繁，科派侵擾，尤難計算。乃至富者，傾家蕩產，貧者，鬻妻賣子，僅能勉強支持〔註 56〕。凡此徭役不均，導致民窮財困，競相逃絕之現象，普存於廣東各府縣之間，對政府財政收入和經濟成長，造成相當程度之戕傷，在此不擬一一贅述。〔註 57〕

〔註 50〕　《瓊州府志》（明萬曆刊本）卷七，頁 50，兵餉。
〔註 51〕　《廣東通志》（明嘉靖本）卷二十五〈民物志六〉，頁 6，市。
〔註 52〕　《肇慶府志》（明崇禎十三年刊本）卷三十九〈藝文十四〉，頁 49～52，陳子壯，〈郡大夫陸公奏績轉嶺南參藩序〉。
〔註 53〕　《明穆宗實錄》卷二十四，頁 1，隆慶二年九月庚戌條。
〔註 54〕　《明神宗實錄》卷四九九，頁 3，萬曆四十年九月戊戌條。
〔註 55〕　同前註引書，卷四八六，頁 4，萬曆三十九年八月己丑條，又見《崇禎長編》卷三十八，頁 14～16，崇禎三年庚子條。又見明新餉司撰，《度支奏議》（明崇禎間刊本，中央圖書館公藏善本書）卷一，頁 14，新餉入數。
〔註 56〕　藺璀纂修，《大埔縣志》（清乾隆九年刊本）卷十一，頁 1～4，〈奏疏·奏撥大埔縣都圖疏〉。
〔註 57〕　又見惠來縣之均丁便民記，《惠來縣志》（清雍正九年刊本）卷十七，頁 37。此徭役不均之改革，早在英宗天順年間，葉盛就有〈均平徭役疏〉，見《兩廣奏草》卷七，頁 2～5，至嘉靖年間潘季馴，又再度上疏均平里甲之議，見《涂山編》，《新刻明正統宗》（明萬曆四十三年原刊本，中央圖書館公藏善本書）

此外如寺田之集中、逃稅〔註 58〕。驛遞折乾科索之害〔註 59〕。走私貿易之盛行〔註 60〕。於公於私,均對廣東經濟發展造成不可彌補之傷害,因篇幅繁重,問題牽涉過廣,已超出本文討論之範圍,在此期待來日,另以專文研探。

第五節 小 結

廣東一地,因天災、官吏貪瀆、政府酷徵、徭役不均等天然、人為諸多因素激盪下,驅使百姓入山為賊,落水為寇,為禍一方。官方為戡平賊亂,兵力日漸增加,非但百姓納稅負擔加重,而且官兵素質本已良莠不齊,競相貪瀆,欺詐良民,遂使賊外加一強賊,百姓生活更趨艱苦。這種情形迄至明末,更加猖獗,彼時廣東沿海一帶,經濟武備大權,全操之於官軍、海賊、私商三者手中。官軍常又庇護海商走私,甚至於本身也公然走私貿易營利,而海賊更是在官兵勦撫政策不定之下,日漸坐大。三者因利益相同,相輔相成,乃致在沿海地區形成一畸形的利益集團。此一集團所作所為,非但阻礙明代政府財稅之正常收入,而且也使得南明爾後在廣東之國祚,斷送在此三角關係集團手中,論其罪孽,已超乎阻礙經濟成長之上云。〔註 61〕

　　　　　卷二十七,頁 49。可見徭役里甲之不均,亦為廣民大患之一。

〔註 58〕《典故紀聞》卷十,頁 200。又見《皇明經世文編》十一冊,《林次崖集》卷之一,頁 36,荒政。凡此類記載散布在文集方志中頗多,不再一一詳述。

〔註 59〕《崇禎長編》卷十,頁 19,崇禎元年六月丁未條。

〔註 60〕走私貿易之盛行,來日將另闢專文研究,蓋此方面學者專家都未注意,而方志中記載史料頗多,很可深入研究。

〔註 61〕請參閱 Jonathan D. Spence and John E, Wills, Jr. Edited, *From Ming to Ching Conquest, Region, and Continuity in Seventeenth Century China* (New Haren and London, Yale University Press, 1979) Chapter 6, Maritine China from Wang Chih to Shin Lang, Themes in Peripheral History,頁 167～201,作者認為至明末,沿海大權操在三種人手中,一則武裝商人,一則海賊,一則官兵,三者之間常聯絡維繫海中利益。而南明在廣東立國,因得不到此三者之支持,因而祇有往西南奔竄之地步。

第九章 結 論

（一）

　　總括上文，我們可以瞭解明代廣東濱海各府經濟開發層次上，以廣州府最爲富饒，其非但是政治、文化、交通之中心，在經濟上，如商稅、鹽課、漁稅等諸項課徵，也執廣東之牛耳。而其市民之富庶，也爲他郡所不能匹敵，以每年廟會之設醮祭神而言，當時市民流行用素馨裝飾神明，此花卉一至迎神賽會時，甚爲難求，廣民每以數十金纔購得素馨一束，然而市民仍趨之若鶩，足見其生活上必定相當安適與富有，方能有如此奢侈之舉〔註1〕。次者爲潮州府，潮州位在東粵，與福建之汀、漳接壤，番舶所集，殷富甲於東粵，閭門富庶，市民繁華，商稅、鹽課等項收入，數量之鉅，僅次於廣州。而其經濟發展之迅速，更促成郡縣之蓬勃發展，導致由明初之轄領四縣，至明末增加到六縣，此一現象實爲它郡所無〔註2〕。再次者爲肇慶府，據西江之上游，地當兩粵孔道，商稅收入雖鉅，然因軍旅煩興，財經頗受軍累，因此在財稅收入上，始終未能與廣、潮二府相比擬。惠州一府，商、鹽等諸稅收入，雖少於廣、潮、肇三府，然而因戶少地廣，百姓生計不難，家家富饒。以平素宴客而言，日費二、三十金，是常有之事。孩提之童，街頭巷尾，燃放鞭炮，炮大五、六丈，每放一枚，便值一金，足證其民之富庶〔註3〕。而瓊州一府，土產貨品販賣之興盛，市墟之蓬勃發展，也是經濟發展迅速之區。然因地遠

〔註1〕《粵劍編》卷二，頁19。
〔註2〕《肇域志・廣東二》，頁115。
〔註3〕《粵劍編》卷二，頁20。

海阻，又礙於黎亂和民變，軍費頗重，民膏日竭，是故始終未能與廣、潮、肇、惠四府相匹比。〔註4〕

　　高州、雷州二地，因土地貧瘠，商旅不通，人民依賴漁鹽爲生，在經濟開發上，是屬於較落伍地帶。至於廉州一地，本就極爲荒蕪，土瘠民貧，加上賦役煩苛，珠池梗屬，至武宗正德年間，百姓傾頹，公私玩愒，民生更加凋敝。演至明末，每年府佐官員之薪俸，甚且向瓊州借調，至崇禎年間，屢遭夷黎交侵，百姓競相遷徙，田土荒蕪，賦減口絕，一片淒涼景象，是爲濱海諸府最落伍貧瘠之區。〔註5〕

（二）

　　廣東境內經濟雖有開發之先後，以及富饒與貧瘠之區別，然而就整個經濟發展體系而言，已非如唐、宋二代，祇囿於局部點、線之發展，而是呈現均衡性的擴散。每一府縣各有其經濟上之特色，且各府縣也極力經營本身特有資源，其經營所得，除解部充餉外，尚可供應地方官之薪俸，及軍餉等項支出。此外每年營業所得，還可接濟廣西，而糧食又可銷往福建，江西也依賴徵收廣東之鹽利商稅，以解府需。可見廣東在經濟上，不但能自給，而且扮演著援助鄰省財經之重要角色，此種現象在明代地方經濟發展史上，除江南地區外，極爲罕見。

　　可惜朝廷並未能繼續掌握此項經濟利益，甚至也無全盤整建廣東之經建計畫，祇一昧在奢侈品上求發展，連年開採珠池，導致民生凋敝，府庫日竭，卻不願積極經營鹽務，振興商業、漁業，以拯救日漸困竭之財賦收入，於公於私，均未蒙其利，反受其害。

　　此外朝廷在廣東無專門負責經建計劃之官員，在明初或有之，以商稅機構而言，有稅課司局；鹽務機構，有鹽課提舉司；漁課機構，有河泊所。然而這些機構官員品位極低，平日祇供各府道官員使喚，焉能處理繁雜財經政策。朝廷又常以貶官污吏，或貲郎爲之，導致賄賂公行，財稅收入日竭。演至明中葉，此批財稅人員，漸由縣官代理，縣官身爲地方之父母，平日處理民事，已極繁雜，以致無法再去處理蕪雜之稅賦，導致解京銀額日絀，京城逼銀愈急，遂廣開斂財之路，民生日困，加上大旱洪災，飢饉相隨，白骨遍

〔註4〕　《涇林續記》，不分卷，頁50。
〔註5〕　李樂，《見聞雜記》（台北：偉文圖書出版，民國66年9月）卷七，頁14～15。
　　　　又見《小山類稿》卷十五，頁3～4，〈告山川文〉。

野，經濟凋謝，乃必然之理。

　　當時朝廷雖已注意到此一通病，然因積病已深，一時難以改正，加上仕宦粵省之官僚，皆視廣東爲貨府，競相貪瀆，經濟日壞，民生凋敝，演至明末，廣東已外負富饒之名，內實貧困難支，凡此皆係廣東沿海經濟發展的情形。對其所具有獨特優越的天然條件〔註6〕，明代政府在政策上、經濟上，不但未能把握此有利之資源，任其發展下去，以豐裕庫帑，接濟鄰省；又從中壟斷市利，一昧苛取強求，明代廣東財經也就隨著政治的日漸不良，步入萬劫不復的境地。坐使南明小朝廷爾後在抗清作戰中，未能依恃廣東優厚的經濟基礎，而祇有侷限於西南邊區以至於亡國。凡此莫不由於明代中葉以後，歷朝皇帝及主政者之缺失所造成的結果使然。

〔註6〕　《讀史方輿紀要》卷一〇〇〈廣東一〉，頁4145～4147，〈廣東方輿紀要敘〉：「廣東在南服，最爲完固。地皆沃衍，耕耨以時，漁鹽之饒，市舶之利，資用易足也。」

徵引書目

壹、重要史料

1. 卜世昌、屠衡（明）校訂，《皇明通紀述遺》，十三卷（台北：廣文書局，民國 61 年 8 月初版）。

2. 方以智（明），《通雅》，五十二卷，《四庫全書珍本》三集，文淵閣本（台北：台灣商務印書館景印，民國 60 年）。

3. 方以智（明），《物理小識》，十二卷，《四庫全書珍本》十一集，文淵閣本（台北：台灣商務印書館景印，民國 69 年）。

4. 文秉（明），《定陵註略》，九卷（台北：偉文圖書出版社有限公司，民國 65 年 9 月）。

5. 文秉（明），《先撥志始》，二卷，《百部叢書集成》之四十八，《借月山房彙鈔》第四函，據《借月山房彙鈔》景印（台北：藝文印書館，民國 56 年）。

6. 尹守衡（明），《明史竊》，一五〇卷（台北：華世出版社，民國 67 年 4 月）。

7. 王方慶（唐），《魏鄭公諫錄》，五卷，《四庫全書珍本》五集，文淵閣本（台北：台灣商務印書館景印，民國 63 年）。

8. 王世貞（明），《弇山堂別集》，一〇〇卷，明萬曆庚寅孟冬穀旦金陵鐫行（台北：台灣學生書局，民國 54 年 5 月初版）。

9. 王世貞（明），《弇山堂別集》，一〇〇卷（台北：台灣學生書局，民國 54 年 5 月初版）。

10. 王世貞（明），《弇州史料前集》，三十三卷，明萬曆楊鶴雲間刊本，國立中央圖書館公藏善本書。

11. 王世貞（明），《弇州史料後集》，七十卷，明萬曆間刊本，國立中央圖書

館公藏善本書。

12. 王世懋（明），《閩部疏》，不分卷，《百部叢書集成》之十八，《寶顏堂秘笈》第十函（台北：藝文印書館，民國 54 年）。

13. 王守仁（明），《王文成公全書》，三十八卷，《四部叢刊初編》集部縮本（台北：台灣商務印書館景印，民國 64 年 6 月台三版）。

14. 王守基（清），《鹽法議略》，不分卷，《百部叢書集成》之六十八，《滂喜齋業書》第二函，據清光緒潘祖蔭輯刊《滂喜齋叢書》本景印（台北：藝文印書館，民國 56 年）。

15. 王昭元（明），《白厓奏議》，四卷，明嘉靖三八序刊本，漢學研究資料中心七十一年度蒐集流佚海外古籍景照本。

16. 王臨亨（明），《粵劍編》，四卷（台北：廣文書局出版，民國 58 年 9 月初版）。

17. 王圻（明），《三才圖會》，六冊，明萬曆三十五年刊本景印（台北：成文出版社，民國 59 年台一版）。

18. 王圻（明），《續文獻通考》，二五四卷，明萬曆刊本景印（日本京都：中文出版社，1979 年 10 月出版）。

19. 王真（明），《抑庵文集》，十三卷，《後集》三十七卷，《四庫全書珍本》八集，文淵閣本（台北：台灣商務印書館景印，民國 66 年）。

20. 王恕（明），《王端毅公奏議》，十五卷，《四庫全書珍本》五集，文淵閣本（台北：台灣商務印書館景印，民國 62 年）。

21. 毛亨（漢），《毛詩》，二十卷，宋刊巾箱本，《四部叢刊初編》（台北：台灣商務印書館景印，民國 54 年 8 月）。

22. 司馬遷（漢），《新校本史記》，一三〇卷（台北：鼎文書局，民國 68 年 2 月二版）。

23. 石珤（明），《熊峰集》，十卷，《四庫全書珍本》三集，文淵閣本（台北：台灣商務印書館景印，民國 60 年）。

24. 史鑑（明），《西村集》，八卷，《四庫全書珍本》三集，文淵閣本（台北：台灣商務印書館景印，民國 60 年）。

25. 艾南英（清），《禹貢圖註》，一卷，《百部業書集成》之二十四，《學海類編》第一函（台北：藝文印書館，民國 56 年）。

26. 吏部考功司（明），《吏部考功司題稿（上中下）》，三冊（台北：偉文圖書出版有限公司，民國 66 年 9 月）。

27. 朱長文（宋），《吳郡圖經續記》，三卷，《宋元地方志叢書》四，中國地方志研究會印行，民國 67 年 8 月。

28. 朱國禎（明），《皇明大事記》，五十卷，明刊本，國立中央圖書館公藏善本書。

29. 朱國禎（明），《皇明史概》，一二○卷，明崇禎間原刊本，國立中央圖書館公藏善本書。

30. 朱彧（宋），《萍州可談》，四十三卷，《四庫全書珍本》別集，文淵閣本（台北：台灣商務印書館景印，民國64年）。

31. 朱湘（明），《天馬山房遺稿》，八卷，《四庫全書珍本》四集，文淵閣本（台北：台灣商務印書館景印，民國61年）。

32. 朱健（明），《古今治平略》，三十三卷，明崇禎十二年原刊本墨批，國立中央圖書館公藏善本書。

33. 宋應星（明），鍾廣言注釋，《天工開物》，十八卷，明崇禎十年刊本（香港：中華書局，1978年5月港一版）。

34. 宋濂（明）等，《新校本元史》，二一○卷（台北：鼎文書局，民國68年3月再版）。

35. 沈朝陽（明），《皇明嘉隆兩朝聞見紀》，十二卷，明萬曆原刊本景印平裝三冊（台北：台灣學生書局，民國58年12月初版）。

36. 沈德符（明），《野獲編（附補遺）》，三十卷，《百部叢書集成》之二十四，《學海類編》第十七函（台北：藝文印書館印行，民國56年）。

37. 沈頤仙（清），《遺事瑣談》，一冊（台北：偉文圖書出版社有限公司印行，民國65年9月）。

38. 沈佳（清），《明儒言行錄》，十卷，續錄二卷，《四庫全書珍本》三集，文淵閣本（台北：台灣商務印書館景印，民國60年）。

39. 沈約（梁），《新校本宋書》，一○○卷（台北：鼎文書局，民國68年2月二版）。

40. 杜佑（唐），《通典》，二○○卷（台北：新興書局，民國52年11月新一版）。

41. 杜臻（清），《粵閩巡視紀略》，六卷，《四庫全書珍本》四集，文淵閣本（台北：台灣商務印書館景印，民國61年）。

42. 杜臻（清），《海防述略》，一卷，《百部叢書集成》之二十四，《學海類編》第九函，據清曹溶輯、陶越增訂，《學海類編》景印（台北：藝文印書館，民國56年）。

43. 李長春（明），《明熹宗七年郡察院實錄》，四冊，據國立北平圖書館紅格鈔本微捲景印（台北：國立中央研究院歷史語言研究所校勘印行，民國55年4月印行）。

44. 李長春（明），《明熹宗實錄》，八十七卷，據國立北平圖書館紅格鈔本微卷景印（台北：國立中央研究院歷史語言研究所校勘印行，民國55年4月刊行）。

45. 李東陽、申時行（明）等，《大明會典》，二二八卷（台北：文海出版社，

民國 53 年 3 月再版）。

46. 李夢陽（明），《空同集》，六十六卷，《四庫全書珍本》八集，文淵閣本（台北：台灣商務印書館景印，民國 66 年）。

47. 李調元（清），《然犀志》，二卷，《百部叢書集成》之三十七，《函海》第十三函，據乾隆李調元輯刊《函海》本景印。

48. 李調元（清），《粵風》，四卷，《百部叢書集成》之三十七，《函海》第十四函，據清乾隆李調元輯刊函海本景印。

49. 李昉（宋），《太平廣記》，五〇〇卷（台北：新興書局，據乾隆乙亥年刻本景印，民國 58 年 12 月新一版）。

50. 李肇（唐），《唐國史補》，三卷（台北：世界書局，民國 50 年 2 月初版）。

51. 李樂（明），《見聞雜誌》，十一卷（台北：偉文圖書出版社有限公司，民國 66 年 9 月）。

52. 吳任臣（清），《十國春秋》，一一四卷，《四庫全書珍本》三集，文淵閣本（台北：台灣商務印書館景印，民國 60 年）。

53. 吳光義（明），《皇明象胥錄》，十卷，《四部叢刊續編》，據明崇禎刻本景印（台北：台灣商務印書館景印，民國 65 年 6 月台二版）。

54. 吳震方（明），《嶺南雜記》，《百部叢書集成》之三十二，《龍威秘書》第七函，據清乾隆馬俊良輯刊《龍威秘書》本景印（台北：藝文印書館印行，民國 57 年）。

55. 吳甡（明），《淮南吳柴菴先生疏集》，二十卷（台北：偉文圖書出版社有限公司，民國 65 年 9 月）。

56. 吳綺（清），《嶺南風物記》，一卷，《四庫全書珍本》四集，大淵閣本（台北：台灣商務印書館景印，民國 61 年）。

57. 吳儼（明），《吳文肅摘稿》，四卷，《四庫全書珍本》三集，文淵閣本（台北：台灣商務印書館景印，民國 60 年）。

58. 谷應泰（清），《明史紀事本末》，八十卷（台北：三民書局，民國 58 年 7 月初版）。

59. 谷應泰（清），《博物要覽》，十六卷，《百部叢書集成》之三七《函海》十函，據清乾隆李調元輯刊《函海》本影印（台北：藝文印書館，民國 57 年）。

60. 何喬新（明），《椒邱文集》，三十四卷，《四庫全書珍本》五集，文淵閣本（台北：台灣商務印書館景印，民國 62 年）。

61. 何喬遠（明），《名山藏》，全二十冊，明崇禎十三年刊本景印（台北：成文出版社有限公司，民國 61 年 1 月台一版）。

62. 法顯（晉），《佛國記》，一卷，《萬有文庫》（湖南長沙，民國 28 年 9 月，

簡編印行）。

63. 房玄齡（唐），《新校本晉書》，一三〇卷（台北：鼎文書局，民國 68 年 2 月二版）。

64. 林文俊（明），《方齋存稿》，十卷，《四庫全書珍本》四集，文淵閣本（台北：台灣商務印書館景印，民國 61 年）。

65. 林希元（明），《林次崖先生集》，十八卷，明萬曆四十年李春開刊本，國立中央圖書館公藏善本書。

66. 芷沅都波微臣（明），《治世餘聞錄》，四卷（台北：民智出版社，民國 54 年 10 月台一版），景印本，《紀錄彙編》卷之八十三～八十五。

67. 明代邸報上中下，《萬曆邸鈔》（台北：台灣學生出版社出版，民國 57 年 9 月景印初版）。

68. 周元暐（明），《涇林續記》，不分卷，《百部叢書集成》之六十九，《功順堂叢書》第二函，據清光緒潘祖蔭輯刊《功順堂叢書》本景印（台北：藝文印書館，民國 56 年）。

69. 周去非（宋），《嶺外代答》，十卷，《四庫全書珍本》別集，文淵閣本（台北：台灣商務印書館景印，民國 64 年）。

70. 周禮鄭注，《四部備要經部》，四十二卷，中華書局據永懷堂本校刊（台北：台灣商務印書館，民國 55 年 3 月台一版）。

71. 岳正（明），《類博稿》，十卷，《四庫全書珍本》三集，文淵閣本（台北：台灣商務印書館景印，民國 60 年）。

72. 邱濬（明），《大學衍義補》，一六〇卷（日本京都：中文出版社，1979 年 1 月出版）。

73. 邱濬（明），《重編瓊台藁》，二十四卷，《四庫全書珍本》四集，文淵閣本（台北：台灣商務印書館景印，民國 61 年）。

74. 涂山（明），《新刻明政統宗》，三十卷《附錄》一卷，明萬曆乙卯（四十三年）原刊本，國立中央圖書館公藏善本書。

75. 姜宸英（清），《海防總論》，一卷，《百部叢書集成》之二四，《學海類編》十一函，據清曹溶輯、陶越增訂《學海類編》景印，民國 56 年。

76. 范守己（明），《皇明肅皇外史存》，三十九卷，舊鈔本，缺四十至四十六，凡七卷。

77. 范曄（南朝、宋），《新校本後漢書》，九十卷（台北：鼎文書局，民國 67 年 11 月三版）。

78. 胡宗憲（明），《海防圖論》，不分卷，《百部叢書集成》之七一，《後知不足齋叢書》第四函，據清光緒鮑廷爵校刊《後知不足齋叢書》本景印（台北：藝文印書館，民國 57 年）。

79. 胡宗憲（明），《籌海圖編》，十三卷，《四庫全書珍本》五集，文淵閣本

（台北：台灣商務印書館景印，民國 62 年）。

80. 胡直（明），《衡廬精舍藏稿》，三十卷，《四庫全書珍本》四集，文淵閣本（台北：台灣商務印書館景印，民國 61 年）。

81. 段公路（唐），《北戶錄》，三卷，《百部叢書集成》之七六，《十萬卷叢書》第六函（台北：藝文印書館景印，民國 57 年）。

82. 姚之駰（清），《元明事類鈔》，四十卷，《四庫全書珍本》初集，文淵閣本（台北：台灣商務印書館景印，民國 58 年）。

83. 姚虞（明），《嶺海輿圖》，不分卷，《史料三編》（台北：廣文書局，民國 58 年 7 月出版），頁 106。

84. 倪岳（明），《青谿漫稿》，二十四卷，《四庫全書珍本》十集，文淵閣本（台北：台灣商務印書館景印，民國 68 年）。

85. 俞汝（明），《禮部志稿》，一○○卷，《四庫全書珍本》初集，文淵閣本（台北：台灣商務書館景印，民國 58 年）。

86. 海瑞（明），《海剛峰先生集》，上下二卷，《百部叢書集成》之二十六，《正誼堂全書》第二十函，據清康熙張伯行輯編，同治左宗堂增刊《正誼堂全書》景印，民國 57 年。

87. 唐順之（明），《武編》，十卷，《四庫全書珍本》四集，文淵閣本（台北：台灣商務印書館景印，民國 61 年）。

88. 凌揚藻（清），《蠡勺編》，四十卷，《百部叢書集成》之九十三，《嶺南遺書》第一函，清道光伍崇曜校刊《嶺南遺書》本影印，藝文印書館印行（台北：藝文印書館，民國 57 年）。

89. 馬文升（明），《端肅奏議》，十二卷，《四庫全書珍本》五集，文淵閣本（台北：台灣商務印書館景印，民國 62 年）。

90. 馬從聘（明），《蘭臺奏疏》，三卷，《百部叢書集成》之九十四，《畿輔叢書》第十八函，清王灝輯光緒定州王民謙德堂刊（台北：藝文印書館，民國 55 年）。

91. 馬端臨（元），《文獻通考》，三四八卷（台北：新興書局，民國 52 年 10 月新一版）。

92. 馬歡（明），馮肅鈞校著，《瀛涯勝覽校注》，四卷（台北：台灣商務印書館，民國 59 年 6 月台一版）。

93. 秦觀（宋），《淮海集》，四十卷，《四部叢刊初編》（台北：台灣商務印書館，民國 54 年 8 月）。

94. 夏良勝（明），《東洲初稿》，十四卷，《四庫全書珍本》三集，文淵閣本（台北：台灣商務印書館景印，民國 60 年）。

95. 夏原吉（明）等，《明太宗實錄》，三七四卷，據國立北平圖書館紅格鈔本微捲景印（台北：國立中央研究院歷史語言研究所校勘印行，民國 57

年 6 月二版）。

96. 夏燮（清），《明通鑑》，九十卷（台北：世界書局，民國 51 年 11 月初版）。

97. 班固（漢），《新校本漢書》，一○○卷（台北：鼎文書局，民國 68 年 2 月三版）。

98. 烏斯道（明），《春草齋集》，十卷，四庫全書珍本十集，文淵閣本（台北：台灣商務印書館景印，民國 68 年）。

99. 倪文璐（明），《國賦紀略》，一卷，《百部叢書集成》之二十四，《學海類編》九函，據清曹溶輯、陶越增訂《學海類編》景印（台北：藝文印書館，民國 56 年）。

100. 徐孚遠、陳子龍、宋徵璧（明）等編，《皇明經世文編》，三十卷，明崇禎間手露堂刊本景印（台北：國光出版社出版，民國 53 年 11 月出版）。

101. 徐昌治（明），《昭代芳摹》，三十五卷，明崇禎九序刊本，漢學研究資料中心七十一年度蒐集流佚海外古籍景照本。

102. 徐復祚（明），《花當閣叢談》，十一卷，《百部叢書集成》之四十八，《借月山房彙鈔》第十一函，據清嘉慶張海鵬輯刊《借月山房彙鈔》景印（台北：藝文印書館，民國 56 年）。

103. 徐學聚（明），《國朝典彙》，二○○卷（台北：台灣學生書局，民國 54 年 1 月初版）。

104. 徐學謨（明），《世廟識餘錄》，二十六卷，本書據國立中央圖書館珍藏明萬曆徐氏家刊本景印（台北：國風出版社，民國 54 年 9 月 10 日出版）。

105. 徐應秋（明），《玉芝堂談薈》，三十六卷，《四庫全書珍本》十集（台北：台灣商務印書館景印，民國 68 年）。

106. 徐松（清）輯，《宋會要輯稿》，全十六冊（台北：世界書局景印，民國 66 年 5 月再版）。

107. 徐咸（明），《徐襄陽西園雜記》，《百部叢書集成》之九十七，《鹽邑志林》一，據明天啓樊維城輯刊《鹽邑志林》本景印（台北：藝文印書館，民國 56 年）。

108. 徐紘（明），《明名臣琬琰錄》，二十四卷，續錄二十卷，《四庫全書珍本》六集，文淵閣本（台北：台灣商務印書館景印，民國 64 年）。

109. 徐鑾（明），《職方疏草》，十三卷，明刊本，漢學研究資料中心七十一年度蒐集流佚海外古籍景照本。

110. 高汝栻（明）輯，《兩朝法傳錄》，六卷，明崇禎間崇文堂刊本，國立中央圖書館公藏善本書。

111. 高汝栻（明）輯，《三朝法傳錄》，十六卷，明崇禎間崇文堂刊本，國立中央圖書館公藏善本書。

112. 郭尚賓（明），《郭給諫疏稿》，二卷，清道光伍崇曜校刊《嶺南遺書》景

印本,《百部叢書集成》之九三第三函（台北：藝文印書館印行,民國 57年）。

113. 郭璞注,《爾雅》,三卷,《四部叢刊初編》經部,上海商務印書館縮印常熟瞿氏藏宋本（台北：台灣商務印書館,民國 64年）。

114. 鹿善繼（明）,《認眞草》,十六卷,《百部叢書集成》之九四,《畿輔叢書》第十七函,清王灝輯光緒定州王氏謙德堂刊（台北：藝文印書館,民國 55年）。

115. 清高宗,《續文獻通考》,二五〇卷（台北：新興書局,民國 52年 11月新一版）。

116. 梁材（明）,《梁端肅公奏議》,十四卷,明萬曆三七序刊本,漢學研究資料中心七十一年度蒐集流佚海外古籍景照本。

117. 梁潛（明）,《泊菴集》,十六卷,《四庫全書珍本》六集,文淵閣本（台北：台灣商務印書館景印,民國 64年）。

118. 梁儲（明）,《鬱洲遺藁》,八卷,《四庫全書珍本》四集,文淵閣本（台北：台灣商務印書館景印,民國 61年）。

119. 章潢（明）,《圖書編》,一二七卷,據明萬曆四十年刊本景印,民國 60年 1月台一版。

120. 章懋（明）,《楓山樟先生集》,九卷,《百部叢書集成》之九十五,《金華叢書》第三十函,據清同治胡鳳冊輯刊《金華叢書》本景印（台北：藝文印書館,民國 57年）。

121. 許重熙（明）,《憲章外史續編》,十四卷,明崇禎六年刊本（台北：偉文圖書出版社,民國 66年 11月）。

122. 許重熙（明）,《嘉靖以來注略》,十四卷,明崇禎六序刊本,漢學研究資料中心七十一年度蒐集流佚海外古籍景照本。

123. 陶珽（明）,《續說郛》,四十六卷,清順治丙戌年（1646）刻本（台北：新興書局,民國 61年 3月版）。

124. 屠本畯（明）,《閩中海錯疏》,三卷,《百部叢書集成》之四十六,《學津討原》十一函,清嘉慶張海鵬輯刊（台北：藝文印書館,民國 54年）。

125. 屠隆（明）,《考槃餘事》,四卷,《百部叢書集成》之三十二,《龍威秘書》六函,清乾隆馬俊良輯刊（台北：藝文印書館景印,民國 57年）。

126. 陳子壯（明）,《昭代經濟言》,十四卷,《百部叢書集成》之九十三,《嶺南遺書》第六函,據清道光伍崇曜校刊《嶺南遺書》景印（台北：藝文印書館,民國 57年）。

127. 陳仁錫（明）,《皇明世法錄》,九十二卷,國立中央圖書館公藏善本書（台北：台灣學生書局,民國 54年 1月初版）。

128. 陳夢雷（清）,《古今圖書集成・方輿彙編・職方典》,一五四四卷（台北：

文星書店，民國 53 年 10 月 1 日出版）。

129. 陳懋仁（明），《泉南雜誌》，二卷，《百部叢書集成》之十八，《寶顏堂秘笈》十函，據明萬曆繡水，沈氏尚白齋刻《寶顏堂秘笈》本景印（台北：藝文印書館，民國 54 年）。

130. 陳文（明）等，《明英宗實錄》，三六一卷，據國立北平圖書館紅格鈔本微卷景印（台北：國立中央研究院歷史語言研究所校勘印行，民國 57 年 2 月二版）。

131. 陳建（明），《皇明法傳錄》，二十八卷，明崇禎間崇文堂刊本，國立中央圖書館公藏善本書。

132. 陳建（明）、岳元聲重編，《皇明資治通紀》，三十卷，明萬曆間刊本，國立中央圖書館公藏善本書。

133. 陳建（明）、沈國元訂補，《皇明從信錄》，四十卷，明崇禎間刊本墨批，國立中央圖書館公藏善本書。

134. 陳壽（晉），《新校本三國志》，六十五卷（台北：鼎文書局，民國 67 年 11 月三版）。

135. 陳鶴（明），《明紀》，六十卷，《四部備要》，中華書局，據江蘇書局重刻本校勘（台北：台灣商務印書館，民國 55 年三月台一版）。

136. 張九齡（唐），《曲江張先生文集》，二十卷，《四部叢刊初編》集部，上海商務印書館印南海潘氏藏明成化本（台北：台灣商務印書館景印，民國 64 年 6 月台三版）。

137. 張廷玉（清），《新校本明史》，三三二卷（台北：鼎文書局，民國 67 年 10 月再版）。

138. 張居正（明），《明世宗實錄》，五六六卷，據國立北平圖書館紅格鈔微捲景印（台北：國立中央研究院歷史語言研究所校勘印行，民國 54 年 1 月刊行）。

139. 張居正（明）等，《明穆宗實錄》，七十卷，據國立北平圖書館紅格鈔本微捲景印（台北：國立中央研究院歷史語言研究所校勘印行，民國 54 年 11 月）。

140. 張維賢（明）等，《明光宗實錄》，八卷，據國立北平圖書館紅格鈔本微卷景印（台北：國立中央研究院歷史語言研究所校勘印行，民國 55 年 4 月刊行）。

141. 張吉（明），《古城集》，六卷《補遺》一卷，《四庫全書珍本》三集，文淵閣本（台北：台灣商務印書館景印，民國 60 年）。

142. 張岳（明），《小山類稿》，二十卷，《四庫全書珍本》五集，文淵閣本（台北：台灣商務印書館景印，民國 62 年）。

143. 張萱（明），《西園聞見錄》，一七〇卷，哈佛燕京學社印，民國 29 年。

144. 張萱（明），《疑耀》，七卷，清道光伍崇曜校刊《嶺南遺書景》印本，《百部叢書集成》之九十三，第三函（台北：藝文印書館印行，民國 57 年）。

145. 張寧（明），《方洲集》，二十六卷，附《讀史錄》六卷，《四庫全書珍本》三集，文淵閣本（台北：台灣商務印書館景印，民國 60 年）。

146. 張燮（明），《東西洋考》，十二卷（台北：台灣商務印書館，民國 60 年 10 月）。

147. 張瀚（明），《松窗夢語》，八卷，《百部叢書集成》三編之十八，《武林往哲遺書》第五函（台北：藝文印書館景印，民國 60 年 10 月）。

148. 陸世儀（清），《陸桴亭思辨錄輯要》，三十五卷，《百部叢書集成》之二十六，《正誼堂全書》十一函，據清康熙張伯行輯編同治左宗堂增刊《正誼堂全書》本景印（台北：藝文印書館，民國 57 年）。

149. 脫脫（元），《新校本宋史》，四九六卷（台北：鼎文書局，民國 67 年 9 月初版）。

150. 焦竑（明），《國朝獻徵錄》，一二〇卷（台北：台灣學生書局，民國 54 年 1 月初版）。

151. 焦竑（明），《玉堂叢話》，八卷（台北：木鐸出版社，民國 71 年 2 月初版），293 頁。

152. 傅鳳翔（明）編纂，《皇明詔令》，據嘉靖版本景印（台北：成文出版社，民國 56 年 9 月 1 日台一版）。

153. 傅維鱗（明），《明書》，一七一卷，《百部叢書集成》之九十四，《畿輔叢書》三十六函，據清光緒王灝輯刊《畿輔叢書》本影印（台北：藝文印書館，民國 55 年）。

154. 彭韶（明），《彭惠安集》，十卷，《附錄》一卷，《四庫全書珍本》三集，文淵閣本（台北：台灣商務印書館，民國 60 年）。

155. 乾隆四十年敕撰，《御選明臣奏議四十卷》，《四庫全書珍本》九集，文淵閣本（台北：台灣商務印書館景印，民國 67 年）。

156. 黃光昇（明），《昭代典則二十八卷》，明萬曆庚子（二十八年）金陵周日校刊本，國立中央圖書館公藏善本書。

157. 黃仲昭（明），《未軒文集》，十二卷，《四庫全書珍本》三集，文淵閣本（台北：台灣商務印書館景印，民國 60 年）。

158. 黃宗羲（清），《明文海》，四八二卷，《四庫全書珍本》七集，文淵閣本（台北：台灣商務印書館景印，民國 65 年）。

159. 黃省曾（明），《養魚經》，一卷，《百部叢書集成》之八，《百陵學山》第三函，據明隆慶王文祿輯刊《百陵學山》本景印（台北：藝文印書館，民國 56 年）。

160. 黃省曾（明），《西洋朝貢典錄》，三卷，《百部叢書集成》之六十四，《粵

雅堂叢書》第三函,清咸豐伍崇曜校刊（台北：藝文印書館,民國 54 年）。

161. 黃佐（明）,《廣州人物傳》,二十四卷,《百部叢書集成》之九十三,《嶺南遺書》第一函,據清道光伍崇曜校刊《嶺南遺書》本景印（台北：藝文印書館,民國 57 年）。

162. 黃衷（明）,《海語》,三卷,《百部叢書集成》之九十三,《嶺南遺書》第三函,據清道光伍崇曜校刊《嶺南遺書》景印（台北：藝文印書館,民國 57 年）。

163. 黃訓（明）,《名臣經濟錄》,五十三卷,《四庫全書珍本》三集,文淵閣本（台北：台灣商務印書館景印,民國 60 年）。

164. 黃瑜（明）,《雙槐歲鈔》,十卷,《百部叢書集成》之九三,《嶺南遺書》第一函,據清道光伍崇曜校刊《嶺南遺書》本景印（台北：藝文印書館景印,民國 57 年）。

165. 新餉司（明）,《度支奏議》,一卷,明崇禎年間刊本,中央圖書館公藏善本書。

166. 溫體仁（明）等,《明神宗實錄》,五九六卷,據國立北平圖書館紅格鈔本微捲景印（台北：國立中央研究院歷史語言研究所校勘印行,民國 55 年 4 月刊行）。

167. 溫純（明）,《溫恭毅集》,三十卷,《四庫全書珍本》七集,文淵閣本（台北：台灣商務印書館景印,民國 65 年）。

168. 葉春及（明）,《石洞集》,十八卷,《四庫全書珍本》五集,文淵閣本（台北：台灣商務印書館景印,民國 61 年）。

169. 葉盛（明）,《兩廣奏草》,十六卷,明崇禎刊本,國立中央圖書館公藏善本書。

170. 葉盛（明）,《水東日記》（台北：台灣學生書局,民國 54 年 11 月初版）。

171. 楊士奇（明）等修,《明仁宗實錄》,十卷,據國立北平圖書館紅格鈔本微捲景印（台北：國立中央研究院歷史語言研究所校勘印行,民國 57 年 2 月二版）。

172. 楊士奇（明）等修,《明宣宗實錄》,一一五卷,據國立北平圖書館紅格鈔本微捲景印（台北：國立中央研究院歷史語言研究所校勘印行,民國 57 年 2 月二版）。

173. 楊士奇（明）,《東里全集》,九十三卷,《文集》二十五卷,《詩集》三卷,《續集》六十二卷,《別集》三卷,《四庫全書珍本》七集,文淵閣本（台北：台灣商務印書館景印,民國 65 年）。

174. 楊寅秋（明）,《臨皋文集》,四卷,《四庫全書珍本》二集,文淵閣本（台北：台灣商務印書館景印,民國 59 年）。

175. 楊慎、胡世宇（明）,《異魚圖贊》,四卷,《異魚圖贊閏集》,一卷,《百

部叢書集成》之三十七,《函海》第八函,清乾隆李調元輯刊道光李朝夔
重修補刊（台北：藝文印書館,民國 57 年）。

176. 雷禮（明）纂輯,《國朝列卿紀》,一六五卷,徐鑑校梓,明代刊本影印
（台北：成文出版社,民國 59 年 10 月台一版）。

177. 雷禮（明）《皇明大政記》,二十五卷,明萬曆壬寅（三十年）秣陵周時
泰刊本。

178. 費宏（明）等,《明武宗實錄》,一九七卷,據國立北平圖書館紅格鈔本
微卷景印（台北：國立中央研究院歷史語言研究所校勘印行,民國 53 年
月 4 月）。

179. 萬昕（明）,《集玉山房稿》,十卷,《四庫全書珍本》三集,文淵閣本（台
北：台灣商務印書館景印,民國 60 年）。

180. 萬表（明）,《海寇議》,一卷,《百部叢書集成》之四十八,《借月山房彙
鈔》第八函,據清嘉慶張海鵬輯刊借月山房彙鈔影印（台北：藝文印書
館,民國 56 年）。

181. 萬曆年間奉敕（明）,《大明律集解附例》,三十卷,明萬曆間浙江官刊本
景印（台北：台灣學生書局,民國 59 年 12 月景印初版）。

182. 解縉（明）等,《明太祖實錄》,二五七卷,據國立北平圖書館紅格鈔本
微捲景印（台北：國立中央研究院歷史語言研究所校勘印行,民國 57 年
6 月二版）。

183. 趙撝謙（明）,《考古文集》,二卷,《四庫全書珍本》四集,文淵閣本（台
北：台灣商務印書館景印,民國 61 年）。

184. 樓鑰（宋）,《玫瑰集》,一一二卷,《四部叢刊初編》,上海商務印書館編
印武英殿本聚珍版本（台北：台灣商務印書館景印,民國 54 年 8 月）。

185. 談遷（明遺民）,《國榷》,一四〇卷（台北：鼎文書局,民國 67 年 7 月
初版）。

186. 鄭若曾（明）,《鄭開陽雜著》,十一卷,清康熙三十一年版本景印（台北：
成文出版社,民國 60 年 4 月台一版）。

187. 鄭岳（明）,《山齋文集》,《四庫全書珍本》四集,文淵閣本（台北：台
灣商務印書館景印,民國 61 年）。

188. 鄭曉（明）,《吾學編》,六十九卷,明隆慶元年海鹽鄭氏原刊本,國立中
央圖書館公藏善本書。

189. 潘希曾（明）,《竹澗集奏議》,四卷,《四庫全書珍本》四集,文淵閣本
（台北：台灣商務印書館,民國 61 年）。

190. 潘季馴（明）,《潘司空奏疏》,七卷,《四庫全書珍本》四集,文淵閣本
（台北：台灣商務印書館景印,民國 61 年）。

191. 鄧天錫（明）,《皇明書存》,四十四卷,明萬曆間刊本,中央圖書館公藏

善本書。

192. 歐陽修（宋）等，《新校本新唐書》，二二五卷（台北：鼎文書局出版，民國 68 年 2 月二版）。

193. 歐陽修（宋），《新校本新五代史》，七十四卷（台北：鼎文書局，民國 68 年 2 月二版）。

194. 劉吉（明）等，《明憲宗實錄》，二九七卷，據國立北平圖書館紅格鈔本微捲景印（台北：國立中央研究院歷史語言研究所校勘印行，民國 57 年 2 月二版）。

195. 劉恂（唐），《嶺表錄異》，三卷，《四庫全書珍本》別集，文淵閣本（台北：台灣商務印書館景印，民國 64 年）。

196. 劉恂（後晉）等，《新校本舊唐書》，二○○卷（台北：鼎文書局出版，民國 68 年 2 月二版）。

197. 鮑振方（清），《輿地形勢論》，不分卷，據清光緒鮑廷爵校刊《後知不足齋叢書》本景印，《百部叢書集成》之七十一，《後知不足齋叢書》四（台北：藝文印書館，民國 57 年）。

198. 馮應京（明）編纂，《皇明經世實用編》，二十八卷，據明萬曆版本景印（台北：成文出版社，民國 56 年 8 月一版）。

199. 薛應旂（明），《憲章錄》，四十七卷，明萬曆二年平湖陸光宅刊本，中央圖書館公藏善本書。

200. 龍文彬（清），《明會要》，八十卷（台北：世界書局，民國 52 年 4 月二版）。

201. 謝肇淛（明），《五雜俎》，十六卷（台北：偉文圖書出版社印行，民國 66 年 4 月），頁 433。

202. 謝肇淛（明），《史觿》，十七卷，明崇禎庚午（三年）建安黃師表刊本。

203. 薛三才（明），《薛恭敏公奏疏》，十四卷（台北：偉文圖書出版社，民國 66 年 9 月）。

204. 薛居正（宋），《新校本舊五代史》，一五○卷（台北：鼎文書局，民國 67 年 11 月二版）。

205. 鍾肇斗（明），《鍾秉文烏槎幕府記》，據明天啓樊維城輯刊《鹽邑志林》本景印，《百部叢書集成》之九十七，《鹽邑志林》二函（台北：藝文印書館，民國 56 年）。

206. 韓奕（清），《海防集要》，一卷，《百部叢書集成》之二十四，《學海類編》十一函，據清曹溶輯，陶越增訂，《學海類編》景印，民國 56 年。

207. 韓愈（唐）著，朱熹校，《昌黎先生文集》，四十卷，《外集》十卷，《四部叢刊初編》集部，上海商務印書館編印元刊本（台北：台灣商務印書館景印，民國 64 年 6 月三版）。

208. 韓雍（明），《襄毅文集》，十五卷，《四庫全書珍本》四集，文淵閣本（台北：台灣商務印書館景印，民國 61 年）。

209. 蕭騰鳳（明），《議稿》，五卷，明刊本，漢學研究資料中心七十一年度蒐集流佚海外古籍景照本。

210. 蕭彥（明），《制府疏草》，上下二卷，據清道光趙紹祖趙繩祖校刊《涇川叢書》本景印，《百部叢書集成》之九十八，《涇川叢書》第二函（台北：藝文印書館，民國 56 年）。

211. 歸有光（明），周本淳校點，《震川先生集》，《全集》三十卷，《別集》十卷（台北：源流文化事業有限公司出版，民國 72 年 4 月初版）。

212. 魏校（明），《莊渠遺書》，十六卷，《四庫全書珍本》五集，文淵閣本（台北：台灣商務印書館景印，民國 62 年）。

213. 魏徵（唐），《隋書》，八十五卷（台北：鼎文書局，民國 68 年 2 月二版）。

214. 譚綸（明），《譚襄敏奏議》，十卷，《四庫全書珍本》六集，文淵閣本（台北：台灣商務印書館景印，民國 64 年）。

215. 羅天尺（清），《五山志林》，八卷，《百部叢書集成》之九十三，《嶺南遺書》第九函，據清道光伍崇曜校刊《嶺南遺書》景印（台北：藝文印書館，民國 57 年）。

216. 羅欽順（明），《整庵存稿》，二十卷，《四庫全書珍本》四集，文淵閣本（台北：台灣商務印書館景印，民國 61 年）。

217. 羅欽順（明），《羅整庵先生存稿》，二卷，《百部叢書集成》之二十六，《正誼堂全書》十三函，據清康熙張伯行輯編，同治左宗棠增刊《正誼堂全書》本景印，民國 57 年。

218. 龐尚鵬（明），《龐氏家訓》，一卷，《百部叢書集成》之九十三，《嶺南遺書》第五函，據清道光伍崇曜校刊《嶺南遺書》景印（台北：藝文印書館，民國 57 年）。

219. 嚴從簡（明），《殊域周咨錄》，二十四卷，據國立台灣大學圖書館藏本景印（台北：台灣華文書局）。

220. 顧炎武（清），《日知錄》，三十卷（台北：台灣商務印書館，民國 57 年 3 月台一版）。

221. 顧炎武（清），《天下郡國利病書》，一二〇卷（台北：廣文書局，民國 68 年 11 月初版）。

222. 顧祖禹（明），《讀史方輿紀要》，一三〇卷（台北：洪氏出版社，民國 71 年 1 月出版）。

223. 龔柴（清），《小方壺齋輿地叢鈔》（台北：廣文書局，民國 51 年 4 月初版）。

224. 不書撰者，《大明官制天下輿地水陸程限備覽》，十七卷，明刊本，漢學

研究資料中心七十一年度蒐集流佚海外古籍景照本目錄。

225. 不書撰者,《明內廷規制考》,三卷,據清嘉慶張海鵬輯刊《借月山房彙鈔》本景印,《百部叢書集成》之四十八,《借月山房彙鈔》第七函(台北:藝文印書館,民國 56 年)。

226. 不書撰者,《三輔黃圖》,《四部分類叢書集成》續編之十六,《關中叢書》第一函(台北:藝文印書館,民國 50 年)。

227. 不書撰者,《謏聞續筆》,四卷,《筆記小說大觀》二十二編第八冊,文明刊歷代善本(台北:台灣新興書局景印,民國 67 年 9 月)。

228. 不書撰者,《大明一統文武諸司衙門官制》,十六卷,明嘉靖二十年焦璉刊本景印(台北:台灣學生書局,民國 59 年 12 月景印初版)。

229. 不書撰者,《明崇禎實錄》,十七卷,據國立北平圖書館紅格鈔本微卷景印(台北:國立中央研究院歷史語言研究所校勘印行,民國 56 年 3 月印行)。

230. 不書撰者,《崇禎長編》,六十六卷,據國立北平圖書館紅格鈔本微捲景印(台北:國立中央研究院歷史語言研究所校勘印行,民國 56 年 3 月初版)。

231. 不書撰者,《大明統一文武諸司衙門官制》,十六卷,明嘉靖二十年焦璉刊本景印(台北:台灣學生書局,民國 59 年 12 月景印初版)。

232. 不書撰者,《廣東鹽法考》,一卷,舊鈔本,國立中央圖書館公藏善本書。

233. 不書撰者,《嶺表紀年》,四卷,常熟周氏鴿峰草堂鈔本,近人周大輔校,國立中央圖書館公藏善本書。

貳、地方志

1. 于煌(清)纂修,《會同縣志》,十卷,清乾隆三十八年刊本,國立北平故宮博物院公藏普通善本書(以下簡稱故宮普舊)。

2. 方向祖(明)纂修,《封川縣志》,二十二卷,六冊,明天啟二年修清康熙二十四年刊本,故宮普舊。

3. 王之正(清)修,《陸豐縣志》,十二卷,清乾隆十年刊本,故宮普舊。

4. 王永名(清)修,《花縣志》,四卷,康熙二十六年刊本,故宮普舊。

5. 王植(清)纂修,《新會縣志》,十三卷,清乾隆六年刊本,故宮普舊。

6. 王植(清)纂修,《羅定州志》,六卷首一卷,清雍正八年刊本,故宮普舊。

7. 王槩(清)纂修,《高州府志》,十六卷,清乾隆二十四年刊本,故宮普舊。

8. 毛昌善(清)修,《吳川縣志》,十卷,清光緒十四年刊本,國立中央圖

書館臺灣分館公藏善本書。

9. 朱潤（明）等纂修，《西寧縣志》，十卷，一冊，明萬曆二十年刊本，國立中央圖書館公藏善本書。

10. 任果（清）等修，《番禺縣志》，二十卷，清乾隆三十九年刊本，故宮普舊。

11. 任衡（清）纂修，《樂昌縣志》，十卷，清康熙五十八年刊本，故宮普舊。

12. 沈峻（清）纂修，《吳川縣志》，十卷，清乾隆五十五年刊本，故宮普舊。

13. 沈濤（清）纂修，《長寧縣志》，六卷，清乾隆十三年刊本，故宮普舊。

14. 宋國用（清）修，《遂溪縣志》，四卷，清康熙二十六年刊本，故宮普舊。

15. 宋錦（清）纂修，《崖州心》，十卷，清乾隆二十年刊本，故宮普舊。

16. 李文煊（清）修，《瓊山縣志》，三十卷首一卷，清咸豐七年刊本，國立中央研究院歷史語言研究所公藏善本書。

17. 李來章（清）撰，《連陽八排風土記》，八卷，清康熙四十七年刊印（台北：成文出版社中國方志華南地方一一八號影印本）。

18. 李玉鉉（清）纂修，《西寧縣志》，十二卷，清康熙五十七年刊本，故宮普舊。

19. 李本潔（清）等纂修，《廣寧縣志》，十卷，清乾隆十四年刊本，故宮普舊。

20. 李紹膺（清）修，《長寧縣志》，十卷，清雍正九年刊本，故宮普舊。

21. 李夢鷥（清）纂修，《仁化縣志》，二卷，清康熙二十五年刊本，故宮普舊。

22. 李玘（明）等，《惠州府志》，十二卷，二冊，明嘉靖二十一年刊本，國立中央圖書館漢學資料中心七十一年度蒐集流佚海外古籍景照本。

23. 李琰（清）纂修，《萬州志》，四卷，清康熙十八年刊本，故宮普舊。

24. 李澐（清）等修，《陽江縣志》，八卷，清道光二年刊本，國立中央研究院歷史語言研究所公藏善本書。

25. 李賢（明）等修，《大明一統志》，九十卷（台北：統一出版印刷公司印行，民國 54 年 8 月初版）。

26. 阮以臨（明）修，《普寧縣志略》，存八卷，二冊，藍格舊鈔本，萬曆間修全十卷缺卷三、四，國立中央圖書館公藏善本書。

27. 阮元（清）等修，《廣東通志》，三三四卷，清道光壬午刊本（台北：中華叢書編審委員會出版，民國 48 年 12 月印行）。

28. 吳宗焯（清）修，《嘉應州志》，三十二卷，清光緒二十四年刊本，孫逸仙圖書館公藏善本書。

29. 吳繩年（清）修，《肇慶府志》，二十八卷，清乾隆二十五年刊本，故宮普舊。

30. 呂應奎（清）等修，《惠州府志》，二十卷，清康熙二十七年刊本，故宮普舊。

31. 余瀚（清）纂修，《開建縣志》，五卷，五冊，清道光三年序鈔本，國立中央圖書館公藏善本書。

32. 屈大均（明），《廣東新語》，二十八卷（台北：廣文書局，民國 67 年 3 月初編）。

33. 邵元龍（清）纂修，《開建縣志》，十卷，清康熙三十一年刊本，故宮普舊。

34. 林大春（明）修，《重修潮陽縣志》，存五卷一冊，明隆慶六年刊本，全十五卷存首五卷，國立中央圖書館公藏善本書。

35. 明誼（清）修，《瓊州府志》，四十四卷首一卷，清光緒十六年補刊本，國立中央研究院歷史語言研究所公藏善本書。

36. 周碩勛（清）纂修，《廉州府志》，二十卷，清乾隆二十年刊本，故宮普舊。

37. 周碩勛（清）纂修，《潮州府志》，四十二卷首一卷，清乾隆二十七年刊本，故宮普舊。

38. 金烈廷（清）纂修，《澄海縣志》，二十九卷，清乾隆二十九年刊本，故宮普舊。

39. 姜山（清）纂修，《陽春縣志》，十四卷，清乾隆二十三年刊本，故宮普舊。

40. 胡曦（清）撰，《興寧圖志考》，十一卷，清光緒八年刊本，興寧希山書藏所藏。

41. 姚虞（明）撰，《嶺海輿圖》，一卷，一冊，清文淵閣《四庫全書》本，故宮普舊。

42. 高魁標（清）纂修，《澄邁縣志》，十卷，清康熙四十九年刊本，故宮普舊。

43. 唐宗堯（清）纂修，《韶州府志》，十八卷，清康熙二十六年刊本，故宮普舊。

44. 凌錫華纂修，《連山縣志》，不分卷六冊，民國 17 年排印本，國立中央圖書館公藏善本書。

45. 祝允明（明）等修，《正德興寧縣志》，四卷，祝氏手稿影印本（台北：台灣學生書局，民國 62 年 9 月景印初版）。

46. 夏修恕（清）等纂，《高要縣志》，二十二卷首一卷，清道光六年刊本，故宮普舊。

47. 馬日炳（清）纂修，《文昌縣志》，十卷，清康熙五十七年刊本，故宮普舊。

48. 袁業泗（明），《漳州府志》，三十八卷，十二冊，明崇禎元年刊本，國立中央圖書館漢學資料中心七十一年度蒐集流佚海外古籍景照本。

49. 秦熙祚（清）修，《重修曲江縣志》，四卷，清康熙二十六年刊本，故宮普舊。

50. 孫蕙（清）纂修，《長樂縣志》，八卷，清康熙三十六年刊本，故宮普舊。

51. 郝玉麟（清）等修，《廣東通志》，六十四卷，清雍正九年刊本，故宮普舊。

52. 梁廷枏（清）等纂修，《粵海關志》，三十卷（台北：成文出版社，民國57年9月台一版）。

53. 梁宏勛（清）等纂修，《南雄府志》，十九卷，清乾隆二十八年刊本，故宮普舊。

54. 郭指南（清）纂修，《電白縣志》，八卷，清康熙十二年刊本，故宮普舊。

55. 郭春震（明）等，《潮州府志》，八卷，四冊，明嘉靖二十六年刊本，國立中央圖書館漢學資料中心七十一年度蒐集流佚海外古籍景照本。

56. 郭遇熙（清）纂修，《從化縣志》，五卷，清雍正八年刊本，故宮普舊。

57. 郭棐（明）等，《廣東通志》，七十二卷，三十二冊，明萬曆三十年刊本，國立中央圖書館漢學資料中心七十一年度蒐集流佚海外古籍景照本。

58. 郭棐（明），《粵大記》，三十二卷，十冊，明刊本，國立中央圖書館漢學資料中心七十一年度蒐集流佚海外古籍影照本。

59. 章壽彭（清）等修，《歸善縣志》，十八卷首一卷，清乾隆四十八年刊本，故宮普舊。

60. 章鴻（清）等修，《電白縣志》，二十卷，清道光六年刊本，國立中央研究院歷史語言研究所公藏善本書。

61. 曹鵬翊（清）等纂修，《和平縣志》，八卷，清乾隆二十八年刊本，故宮普舊。

62. 曹學銓（明），《大明一統名勝志》，二〇八卷，七十二冊，明崇禎三年刊本，國立中央圖書館公藏善本書。

63. 張希京（清）等纂，《曲江縣志》，十六卷，清光緒元年刊本，國立中央研究院歷史語言研究所公藏善本書。

64. 張洗易（清）纂修，《乳源縣志》，八卷，清康熙二十三年修鈔本，故宮普舊。

65. 張紹美（清）纂修，《惠來縣志》，十八卷首一卷，清雍正九年刊本，故宮普舊。

66. 張士璉（清）纂修，《海陽縣志》，十二卷首一卷，清雍正十一年刊本，故宮普舊。

67. 張國經（明）等，《廉州府志》，十四卷，八冊，明崇禎十年刊本，國立中央圖書館漢學資料中心七十一年度蒐集流佚海外古籍景照本。

68. 張進錄（清）纂修，《永安縣志》，十七卷，清康熙二十六年刊本，故宮普舊。

69. 張鶴齡（清）修，《咸豐興寧縣志》，十二卷首一卷，咸豐六年原刊傳鈔本，興寧希山書藏。

70. 莊大中（清）纂修，《陽江縣志》，八卷，清乾隆十一年刊本，故宮普舊。

71. 陳志喆（清）等修，《光緒四會縣志》，十編首二編末一編，清光緒二十二年刊本，國立中央圖書館公藏善本書。

72. 陳志儀（清）纂修，《保昌縣志》，十四卷，清乾隆十八年刊本，故宮普舊。

73. 陳裔虞（清）纂修，《博羅縣志》，十四卷，清乾隆二十八年刊本，故宮普舊。

74. 陳璉（明）撰，《羅浮志》，十卷，據清道光伍崇曜校刊嶺南遺書影印，百部叢書集成之九十二，嶺南遺書第五函。台北：藝文印書館，民國 57 年。

75. 陸鏊（明）等，《肇慶府志》，五十卷，十二冊，明崇禎十三年刊本，國立中央圖書館漢學資料中心七十一年度蒐集流佚海外古籍景照本。

76. 符錫（明）等纂，《韶州府志》，十卷，四冊，明嘉靖二十一年刊本，國立中央圖書館公藏善本書。

77. 曾萼（清）纂修，《恩平縣志》，十卷，清乾隆三十一年刊本，故宮普舊。

78. 彭人傑（清）等修，《東莞縣志》，四十六卷續志二卷，清嘉慶三年刊本，故宮普舊。

79. 黃元基（清）纂修，《靈山縣志》，十二卷，清乾隆二十九年刊本，故宮普舊。

80. 黃恩藻（清）纂修，《廣寧縣志》，十七卷，清道光四年修民國 22 年刊本，孫逸仙圖書館公藏善本書。

81. 黃佐（明）撰，《廣東通志》，七十卷首一卷，嘉靖本（香港：大東圖書公司印行，1977 年 9 月第一版）。

82. 黃佐（明）等撰，《羅浮志》，十二卷，明嘉靖三十六年刊本，國立中央圖書館公藏善本書。

83. 黃淳（明）等纂，《新會縣志》，七卷，七冊，明萬曆三十七年刊本，國立中央圖書館公藏善本書。

84. 屠英（清）等修，《肇慶府志》，二十二卷首一卷，清道光十三年修，國立中央研究院歷史語言研究所公藏善本書。

85. 喻炳榮（清）等修，《遂溪縣志》，十三卷，清道光三十一年刊本，國立中央研究院歷史語言研究所公藏善本書。

86. 舒懋官（清）修，《新安縣志》，二十四卷，清嘉慶二十五年刊，見成文出版社中國方志華南地方一七二號影印本。

87. 葉春及（明）纂修，《順德縣志》，十卷，二冊，明萬曆十三年刊本，國立中央圖書館公藏善本書。

88. 葉石洞（清）等纂，《永安縣三志》，五卷首一卷末一卷，清道光二年刊本，國立中央圖書館公藏善本書。

89. 葛曙（清）纂修，《豐順縣志》，八卷，清乾隆十一年刊本，故宮普舊。

90. 董紹美（清）等纂修，《欽州志》，十四卷，清雍正元年刊本，故宮普舊。

91. 董興祚（清）纂修，《安定縣志》，四卷，清康熙二十九年刊本，故宮普舊。

92. 楊楚技（清）修，《翁源縣志》，八卷，清乾隆三十年刊本，故宮普舊。

93. 楊楚技（清）纂修，《連州志》，十二卷，清乾隆三十六年刊本，故宮普舊。

94. 楊文駿（清）修，《光緒德慶州志》，十五卷，清光緒二十五年刊本，國立中央研究院歷史語言研究所公藏善本書。

95. 楊芳撰，《廣西通志》，四十二卷，明代地方志選六、七冊（台北：台灣學生書局，民國54年5月初版）。

96. 楊棻（清）纂修，《化州志》，十卷，清乾隆十三年刊本，故宮普舊。

97. 楊霽（清）修，《高州府志》，五十四卷首一卷尾一卷，清光緒十五年刊本，國立中央圖書館台灣分館公藏善本書。

98. 虞金鑠（清）纂修，《茂名縣續志》，六卷，清雍正八年刊本，故宮普舊。

99. 熊學原（清）等修，《增城縣志》，二十卷首一卷，清嘉慶二十五年刊本，國立中央研究院歷史語言研究所公藏善本書。

100. 管一清（清）纂修，《增城縣志》，二十卷，清乾隆十九年刊本，故宮普舊。

101. 潘承焯（清）修，《重修鎮平縣志》，六卷，乾隆四十八年刊本，故宮普舊。

102. 潘尚楫（清）等修，《南海縣志》，四十四卷末一卷，清道光十五年修，清同治八年重刊本，國立中央研究院歷史語言研究所公藏善本書。

103. 談愷（明）撰，《虔台續志》，五卷，三冊，明嘉靖三十四年序刊本，國立中央圖書館漢學資料中心七十一年度蒐集流佚海外古籍景照本。

104. 鄭玫（清）纂修，《三水縣志》，十五卷，清康熙四十九年刊本，故宮普舊。

105. 鄭炳（清）修，《始興縣志》，十六卷，清光緒二十年刊本，故宮普舊。

106. 鄭俊（清）修，《海康縣志》，三卷，清康熙二十六年刊本，故宮普舊。

107. 鄧遷（清）等，《香山縣志》，八卷，二冊，明嘉靖二十七年刊本，國立中央圖書館漢學資料中心七十一年度蒐集流佚海外古籍景照本。

108. 暴煜（清）纂修，《香山縣志》，十卷，清乾隆十五年刊本，故宮普舊。

109. 劉允元（清）等纂，《連山縣志》，十卷首一卷，清康熙三十二年刊本，故宮普舊。

110. 劉廷元（明）等修，《南海縣志》，存八卷，三冊，明萬曆三十七年刊本，缺卷五至九凡五卷，國立中央圖書館公藏善本書。

111. 劉啟江（清）修，《信宜縣志》，十三卷，清乾隆二十一年刊本，故宮普舊。

112. 劉熙祚（明）等，《興寧縣志》，六卷，二冊，明崇禎十年刊本，國立中央圖書館漢學資料中心七一年度蒐集流佚海外古籍景照本。

113. 劉業勤（清）等纂修，《揭陽縣志》，八卷首一卷，乾隆四十九年補刊本，故宮普舊。

114. 劉汴（清）修，《饒平縣志》，四卷，清康熙二十五年刊本，故宮普舊。

115. 劉芳（清）纂修，《新興縣志》，三十卷，清乾隆二十三年刊本，故宮普舊。

116. 劉繼（清）纂修，《鶴山縣志》，十二卷，清光緒二十五年刊本，國立中央研究院歷史語言研究所公藏善本書。

117. 盧俊廷（清）等纂，《連平州志》，十卷，清雍正八年刊本，故宮普舊。

118. 盧祥（明）撰，《重刻盧中丞東莞舊誌》，存三卷，一冊，明刊本，天順八年修，全十二卷存首三卷，國立中央圖書館公藏善本書。

119. 謝詔（明）等，《重修虔臺續志》，十二卷，八冊，明天啟三序刊本，國立中央圖書館漢學資料中心七十一年度蒐集海外流佚古籍影照本。

120. 應檟（明）修，《蒼梧總督軍門志》，三十四卷，明萬曆九年廣東布政司刊本影印，國立中央圖書館公藏善本書。

121. 蕭應植（清）修，《瓊州府志》，十卷，清乾隆四十年刊本，故宮普舊。

122. 蕭麟趾（清）修，《普寧縣志》，十卷首一卷，清乾隆十年刊本，故宮普舊。

123. 瞿雲魁（清）等纂修，《高明縣志》，十八卷，清嘉慶五年刊本，故宮普舊。

124. 魏綰（清）修，《南海縣志》，二十卷，清乾隆六年刊本，故宮普舊。

125. 譚桓（清）修，《高要縣志》，二十九卷，清康熙十二年刊本，故宮普舊。

126. 藺璹（清）纂修，《大埔縣志》，十二卷，清乾隆九年刊本，故宮普舊。

127. 顧炎武（清），《肇域志》，存五十卷，五十冊，清同治間鈔本，國立中央圖書館公藏善本書。

128. 歐陽璨（明）等，《瓊州府志》，十二卷，十四冊，明萬曆刊本，國立中央圖書館漢學資料中心七十一年度蒐集流佚海外古景影照本。

129. 《永樂大典本地方志彙刊二》，廣州府、潮州府（日本：中文出版社，1981年4月），頁 2012。

參、一般論著

一、中　文

（一）專　書

1. 王士君，《明史資料叢刊第二輯》（江蘇：新華書店出版，1982年1月第一次印刷），176 頁。

2. 王益崖，《中國地理》，全二冊（台北：正中書局，民國 59 年 10 月台一版），789 頁。

3. 中國社會科學院歷史研究所明史研究室編，《中國近八十年明史論著目錄》（江蘇：江蘇人民出版社出版，1931 年 2 月第一版），449 頁。

4. 加藤繁著，杜正勝、蕭正誼譯，《中國經濟社會史概說》，全一冊（台北：華世出版社，民國 67 年 9 月台一版），173 頁。

5. 朱東潤，《張居正大傳》（台北：台灣開明書店，民國 64 年 10 月台二版發行），407 頁。

6. 向達，《唐代長安與西域文明》，全一冊（台北：明文書局印行，民國 70 年 9 月初版），660 頁。

7. 全漢昇，《中國經濟史論叢》第一、二冊（香港：新亞研究所印行，1972 年 8 月出版），815 頁。

8. 李劍農，《宋元明經濟史稿》（台北：華世出版社，民國 70 年 12 月台初版），292 頁。

9. 吳晗，《明史簡述》，全一冊（北平：中華書局，1980 年 9 月第一版），95 頁。

10. 何維凝，《中國鹽書目錄》，全一冊（台南：台灣新生報發行，民國 40 年 3 月增改再版）。

11. 伯希和等著，馮承鈞譯，《西域南海史地考證譯叢》，全一冊（台北：台灣商務印書館，民國 51 年 9 月台一版）。

12. 孟森，《明代史》，全一冊（台北：華世出版社，民國 64 年 10 月初版），292 頁。

13. 孟森，《明清史講義》，全一冊（台北：里仁書局，民國 71 年 9 月 1 日），747 頁。

14. 周康燮主編，《廣東風俗綴錄》，全一冊（香港：崇文書店印行，1972 年 9 月）。

15. 桑原隲藏書，馮承鈞譯，《中國阿剌伯海上交通史》（台北：台灣商務印書館，民國 56 年 5 月台二版）。

16. 徐玉虎著，《明代鄭和航海圖之研究》，全一冊（台北：台灣學生書局，民國 65 年 7 月初版），176 頁。

17. 徐玉虎，《明鄭和之研究》（台北：德馨室出版社，民國 69 年 6 月 1 日出版），590 頁。

18. 梁嘉彬著，《廣東十三行考》，全一冊（台中：私立東海大學出版，民國 49 年 3 月再版），343 頁。

19. 張奕善，《東南亞史研究論集》（台北：台灣學生書局，民國 69 年 10 月再版），524 頁。

20. 張維華，《明代海外貿易簡論》（上海：上海人民出版社，1956 年 12 月第一次印刷），114 頁。

21. 張維華，《明史歐州四國傳注釋》，全一冊（上海：上海古籍出版社，1980 年 12 月），209 頁。

22. 陳致平，《中華通史》，第七篇近古史，明史篇，第九冊～十冊（台北：黎明文化事業公司，民國 69 年 12 月再版）。

23. 陳荊和著，《十六世紀之菲律賓華僑》，全一冊（香港：新亞研究所東南研究室刊，1963 年 8 月出版），163 頁。

24. 曾滿華著，《唐代嶺南發展的核心性》（香港：中文大學，1973 年 1 月出版），99 頁。

25. 費瑯著，馮承鈞譯，《崑崙及南海古代航行考》，全一冊（台北：台灣商務印書館，民國 51 年 9 月台一版）。

26. 華世出版社編，《中國歷史紀年表》，全一冊（台北：華世出版社，民國 67 年 1 月初版），163 頁。

27. 黃蔭普編，《廣東文獻書目知見錄》，全一冊（香港：崇文書店印行，1972 年 9 月），328 頁。

28. 廣東文物展覽會編，《廣東文物》（香港：中國文化協進會印行，民國 30 年 1 月出版），650 頁。

29. 臧勵龢等編，《中國古今地名大辭典》，全一冊（台北：台灣商務印書館，民國 71 年 11 月台六版），2201 頁。

30. 謝國楨編著，《明清筆記叢談》，全二冊（上海：上海古籍出版社出版，1981 年 3 月第一版），371 頁。

31. 戴裔煊，《宋代鈔鹽制度研究》（台北：華世出版社，民國 71 年 9 月台一版），382 頁。

32. 譚宗義，《漢代中國水陸路交通考》（香港：新亞研究所印行，民國 56 年 12 月出版），224 頁。

33. 藪內清等作，蘇薌雨等譯，《天工開物之研究》，全一冊（台北：中華叢書委員會印行，民國 45 年 10 月印行），250 頁。

34. 羅香林，《唐代廣州光孝寺與中印交通之關係》，全一冊（香港：中國學社印行，民國 49 年 6 月），192 頁。

35. 蘇同炳，《明代驛遞制度》（台北：中華叢書編審委員會印行，民國 58 年 6 月初版），483 頁。

（二）論 文

1. 伍銳麟，《三水河口蜑民生活狀況之調查》，《嶺南學報》，第五卷，第二期，民國 65 年 8 月，頁 1～53。

2. 李龍華，《明代的開中法》，《中國文化研究所學報》，四卷二期，西元 1971 年 12 月，頁 371～490。

3. 吳尚時，曾昭璇，《廣東南路》，《嶺南學報》，第七卷，第一期，1929 年至 1948 年，頁 85～189。

4. 吳晗，《十六世紀前的中國與南洋》，《清華學報》，十一卷十一期，民國 25 年 1 月，頁 137～186。

5. 何格恩，《明代倭寇侵擾沿海各地年表》，《嶺南學報》，第二卷，第四期，民國 22 年 6 月，頁 137～234。

6. 何格恩，《蜑族的來源質疑》，《嶺南學報》，第五卷，第一期，民國 25 年 7 月，頁 23～36。

7. 何維凝，《明代之鹽戶》，《中國社會經濟史集刊》，七卷二期，民國 33 年 12 月，頁 134～135。

8. 徐岳寶，《中國與泰國之歷史關係》（香港：珠海書院中國歷史研究所研究生畢業論文，民國 64 年 5 月），頁 372。

9. 徐泓，《明代的鹽法》（台北：國立台灣大學歷史學研究所，六十一學年度博士畢業論文），頁 260。

10. 梁方仲，《明代國際貿易與銀的輸入》，中研院《中國近代經濟史研究集刊》，六卷二期，民國 28 年，頁 289～504。

11. 郭永亮，《明季澳門與日本之交通》，香港：中國文史研究所研究生畢業論文，民國 60 年 5 月，頁 214。

12. 張德昌，《明代廣州之海舶貿易》，《清華學報》，七卷二期，民國 21 年 6 月，頁 1～18。

13. 陳啓樵，《明代中國與滿剌加之關係》（香港：珠海書院中國歷史研究所研究生畢業論文，民國 63 年 5 月），頁 330。

14. 薛澄清，《明末海關情況及其地點變遷考略》，《禹貢半月刊》，五卷七期，民國 25 年 6 月 1 日，頁 43～45。

15. 不著撰人，《沙南蛋民調查專號》，《嶺南學報》，民國 23 年 1 月，第三卷，第一期，頁 1～151。

二、日 文

1. 小葉田淳，《中世日支通交貿易史の研究》（日本：刀江書院，昭和 16 年 11 月 28 日發行），頁 498。

三、英 文

1. RAY HUANG, *Taxation and Governmental Finance in sixteenth-century Ming China*, Cambridge univerity press 1974, p.385.

2. HIROAKI KANI, *A general Survey of The Boat People In Hong Kong*, HONG KONG, published by Southeast Asia studies section New Asia Research Institude The chinese university of Hong Kong, 1967, 12, p.100.

3. JONATHAN D. SPENCE and JOHN E. WILLS, Jr., *From Ming To Ch, ING-conquest Region, and continuity in seventeenth-entury china*, New Haven and London Yale university press, 1979, p.413.